John W. Kurtz · Johann Friedrich Oberlin

JOHN W. KURTZ

Johann Friedrich Oberlin

SEIN LEBEN UND WIRKEN

1740–1826

Verlag Ernst Franz · Metzingen/Württ.

Die Orginalausgabe »Johann Friedrich Oberlin« erschien bei Westviex Press, Boulder/Colorado (USA)

CIP-Kurztitelaufnahme der Deutschen Bibliothek

Kurtz, John W.
Johann Friedrich Oberlin, Sein Leben und Wirken/John W. Kurtz
(Übers. aus d. Amerikan. von Ursula Stechow)
– 3. Auflage –
Metzingen/Württ.: Franz 2002
Einheitssacht.: Johann Friedrich Oberlin
ISBN 3-7722-0188-1

Umschlaggestaltung: Grafisches Atelier Arnold
Herstellung: Heinzelmann Druck-Service, Metzingen
Printed in Germany

Meiner Frau Edith Mae,
geborene Davis
zur Erinnerung an
den 1. Januar 1932

VORWORT

Dieses Buch will – mehr als 150 Jahre nach dem Tod Johann Friedrich Oberlins – das Interesse an dem schlichten, einfachen Landpfarrer aus dem Steintal wachhalten und neue Freunde Oberlins gewinnen. Als Leser meines Buchs habe ich mir in erster Linie Menschen vorgestellt, die – ohne besondere geschichtliche, theologische und biographische Vorkenntnisse – etwas über Oberlins Leben erfahren wollen. Ihnen ein plastisches Bild der damaligen Zeit, der Lebensumstände im Steintal und des Wirkens Oberlins zu vermitteln, war meine Absicht.

Wer Freunde Oberlins gewinnen will, muß auch zusehen, daß er ihm keine falschen Freunde gewinnt. Dies ist namentlich durch eine Beschönigung seiner Person und seines Tuns geschehen in einer Reihe von romanhaften Biographien, die durch ihre eher schwärmerische Darstellung Oberlin zu einem Heiligen emporstilisiert haben, der er nicht gewesen ist und für den er sich auch nicht gehalten hat. Man fühlt sich dadurch angetrieben, das Andenken Oberlins aus den Händen seiner Verehrer zu retten. Einige von Oberlins Biographen sind so weit gegangen, unbequeme Tatsachen aus seinem Leben einfach zu verschweigen. Besonders deutlich wird dies bei der Behandlung der Visionen Oberlins, die bei manchen von ihnen Verlegenheit oder gar Verwirrung ausgelöst haben.

Die Originalausgabe dieses Buchs ist vor sechs Jahren, im 150. Todesjahr Oberlins, in den Vereinigten Staaten im Verlag Westview Press erschienen. Die deutsche Ausgabe ist eine Neubearbeitung, an der die Übersetzerin, Frau Ursula Stechow aus Oberlin/Ohio, Herr Wilhelm Richmann und Herr Peter Nabholz mitgewirkt haben. Die Änderungen umfassen zwei Punkte:

1. Die Darstellung wurde gerafft durch die Auslassung von Ausführungen, die für ein amerikanisches Publikum notwendig, aber für die mit den politischen, gesellschaftlichen und religiösen Verhältnissen der damaligen Zeit vertrauteren Europäer überflüssig waren. Weiter wurden einige Ausführungen zu speziellen Aspekten und zu Nebenpersonen gestrichen.
2. Um die Übersichtlichkeit zu verbessern, wurden Reihenfolge der Kapitel und Anordnung des Materials innerhalb der Kapitel geändert und Unterkapitel eingeführt.

Mein besonderer Dank gebührt Frau Ursula Stechow, einer langjährigen Freundin meiner Familie, die auf eigene Faust schon begonnen hatte, an der Übersetzung dieses Buchs zu arbeiten, bevor ich überhaupt eine deutsche Ausgabe ins Auge gefaßt hatte. Außerdem soll hier nochmals für die freundliche Unterstützung gedankt werden, die ich bei der Arbeit an der amerikanischen Ausgabe genossen habe. Herr Archivar Josef Fuchs vom Straßburger Stadtarchiv leistete mir fachmännische Hilfe. Frau Anne-Margrit Meyer aus Belmont, die Gründerin des Oberlin-Kolloquiums, machte mir Übersetzungen und Mitteilungen von Materialien aus der reichhaltigen Oberlin-Sammlung ihres Vaters zugänglich. Den Mitgliedern des Oberlin-Kolloquiums Prof. R. Peter und Pfarrer G. Koch danke ich für die Mitteilung ihrer Publikationen. Besondere Anregung erhielt ich durch Pfarrer Erich Psczolla aus Mühltal, nicht nur für die amerikanische Ausgabe, sondern durch sein 1979 erschienenes Oberlin-Buch auch für die deutsche Ausgabe.

Oberlin/Ohio
Im Februar 1982 *John William Kurtz*

EINLEITUNG

»... O Freund! Was ist unser Leben, wenn es nur für unser Vergnügen
und Prestige soll angewendet werden! ... Sehen Sie, ich wünsche
mir keinen Augenblick länger zu leben, als ich nützlich sein kann.
Und außer meinem eigentlichen Amt, so ich etwas erfahren, ausfischen,
erhaschen, erfinden, anderen absehen, ablernen kann, wodurch das
allgemeine Beste befördert und die Not, Jammer und Elend so vieler Bedrängter
erleichtert werden kann, ... da dauert mich keine Mühe, da hindert
mich kein Widerstand, kein Undank, da dauert mich kein Geld. ...
So ist auch mein Leben, ohngeachtet der unzähligen Widerwärtigkeiten
von allerlei boshaften Leuten, dennoch ein beständiges, freudevolles Wohlleben,
und der Tod ein Übergang zur vergnügten Tätigkeit im folgenden Leben.«

(Johann Friedrich Oberlin)

Die Zeit, in der Oberlin lebte, die Jahre zwischen 1750 und 1830, ist die Zeit eines großen Umbruchs in Staat, Gesellschaft und Wissenschaft. Vor 1789 war die französische Gesellschaft nach Ständen gegliedert: Die ersten beiden Stände, die hohe Geistlichkeit und der Adel, waren privilegiert. Sie waren von allen Steuern befreit und übten - vor allem in den entlegenen Landesteilen wie dem Elsaß - noch als Grundherren ihre Herrschaft über die ansässige Bevölkerung aus. Gegen den König und den dritten Stand verteidigten sie ihre Vorrechte mit wechselndem Erfolg. Der dritte Stand umfaßte die restlichen 95 Prozent der Bevölkerung: wohlhabende Bürger und Handwerker, reiche und arme Bauern, Landarbeiter und Arbeiter in den Städten. An der Spitze des Staates stand der König, Ludwig XVI., der seine Herrschaft von Gott ableitete.

Dieses ganze Staatsgebäude geriet ins Wanken, als wegen der vielen Schulden der Staatsbankrott drohte, das Bürgertum die politische Verantwortung übernehmen wollte und sich die Lage der Bauern und Arbeiter immer mehr verschlechterte. Die Französische Revolution von 1789 machte dem Absolutismus ein Ende. Die Grundherrschaft fiel, der Kirchenbesitz wurde enteignet, eine neue, zentrale Verwaltung wurde aufgebaut. Aber einmal im Besitz der Staatsmacht, entbrannte ein Streit darüber, wer jetzt im Staat bestimmen durfte. Monarchisten, Bürger und Jakobiner bekämpften sich fünf Jahre lang, bis nach dem Sturz Robespierres die Bürger die Oberhand bekamen und eine neue Regierung einsetzten, das Direktorium. Später setzte sich Napoleon in den Besitz der Herrschaft. In ganz Europa begann eine Restauration, eine Wiederherstellung der alten Verhältnisse. Diese neue Ordnung war jedoch nicht von Dauer. Immer wieder im 19. Jahrhundert lehnten sich Bürger und auch Arbeiter gegen den Staat auf und erkämpften schließlich die Demokratie.

Den politischen Umwälzungen am Ende des 18. Jahrhunderts wurde durch die Philosophie der Aufklärung der Boden bereitet, die eine Verteilung der Macht im Staat auf verschiedene Personen forderte (Montesquieu) und die Freiheit des Menschen theoretisch begründete (Rousseau). Von Frankreich aus trat die Aufklärung ihren Siegeszug durch Europa und Nordamerika an. Ihre Wirkungen sind bis in die Philosophie Kants, Fichtes und Hegels spürbar.

Es war jedoch nicht nur die Philosophie, deren Weltbild zu Oberlins Zeit grundlegende Veränderungen erfuhr. Die Naturwissenschaften empfingen neue Anstöße von der Erforschung fremder Erdteile - es ist die Zeit der wissenschaftlichen Forschungsreisen Cooks und Humboldts. Ein schulischer Pflichtunterricht wurde in immer mehr Staaten eingeführt - oft nach dem Vorbild Preußens. Der Staat überließ auch die Aufsicht über die Schulen nicht mehr der Kirche, sondern übernahm sie in eigener Regie. Für die Methoden der Erziehung entstand eine neue Wissenschaft, die Pädagogik, die auch die Inhalte und Ziele der Erziehung einer Prüfung unterzog. Ihre Gründer waren zum überwiegenden Teil Praktiker wie Campe, Pestalozzi, Francke, Basedow und Fröbel; viele von ihnen waren Theologen.

Unter dem Einfluß der Aufklärung und als Gegenströmung zur rationalistischen Theologie entwickelte sich in der evangelischen Kirche des 18. Jahrhunderts aus dem in Süddeutschland besonders verbreiteten Pietismus (zu dem damals zum Beispiel Bengel und Oetinger zu zählen wären) die sogenannte Erweckungsbewegung. Im Übergang zwischen Pietismus und Erweckungsbewegung stand das Elsaß unter dem Einfluß des Züricher Pfarrers Lavater und des Arztes Jung-Stilling - beide mit Oberlin befreundet. Die im Zuge der Glaubenserneuerung gegründeten Vereinigungen zur Verbreitung der Bibel und Vertiefung des Glaubens hatten mit der Basler »Christentumsgesellschaft« eines ihrer Zentren im süddeutschen Raum. Mit solchen Bibel- und Missionsgesellschaften und mit der von Zinzendorf gegründeten Herrnhuter Brüdergemeine stand Oberlin in brieflichem Kontakt.

Das Leben Oberlins steht zugleich jedoch am Beginn der Industriellen Revolution, der Anwendung technischer Erfindungen für den Produktionsprozeß. Zuerst in England, später (noch zu Lebzeiten Oberlins) in Mitteleuropa und Nordamerika wälzte die Veränderung der Produktion auch die Lebensbedingungen der ganzen Bevölkerung um: machte Handwerker überflüssig und setzte Arbeiter ins Brot, gab ehemaligen Landarbeitern einen Arbeitsplatz in der Industrie und riß die Familien auseinander.

Oberlin im Alter von 62 Jahren (Stich von Ch. L. Schuler aus dem Jahre 1803)

Johann Friedrich Oberlin war nicht einer von denen, die diesem Zeitalter seine Prägung gaben. Aber als gebildeter Bürger seiner Zeit las er die Schriften der führenden Männer auf den Gebieten Naturwissenschaft, Technik, Theologie, Philosophie und Sozialtheorie, und in seinem Werktagsleben als Landpfarrer und sozialer und pädagogischer Reformer fand er neue Wege, die Lehren der Denker in praktisch anwendbare Maßnahmen umzusetzen zur Verbesserung der Lebensbedingungen für das ärmliche Volk im Steintal, für die abgelegene, rückständige Gemeinde, in der und für die er lebte und um die er sich abmühte, die dreimal zwanzig Jahre seiner Amtszeit hindurch. Er machte aus seinem hinterwäldlerischen Völkchen ein lebendiges, funktionierendes Musterbeispiel der »idealen Gemeinde«, wie sie sich so manche utopischen Romane und Traktate erträumten. Die Geschichte dieser entlegenen kleinen Gemeinde liegt vor uns als ein Beweis dafür, was ein einzelner Mann an sozialen und sittlichen Verbesserungen erreichen kann, wenn er das beste Wissen seiner Zeit nutzbar und fruchtbar macht.

Was Oberlin führte und leitete, war nicht irgendein vernunftgemäßes philosophisches System, sondern seine zutiefst religiöse Denkweise. Sein Glaube hatte Ähnlichkeit mit der »Herzensreligion« der deutschen Pietisten und der strengen Disziplin der Herrnhuter mit ihrer Betonung der persönlichen Verantwortlichkeit eines jeden in einem Leben des Gebets in der Hingabe an Christus. Aber ungeachtet aller Glaubenslehren und Bekenntnisse wandte Oberlin sich immer, zuerst und zuletzt, an die Heilige Schrift, die ihm Führer und Wegweiser zum Heil seiner Gemeinde im irdischen Leben, wie zum Heil ihrer Seelen im ewigen Leben war.

Der Leser, der Oberlin in seinen ganz eigenen Gefühlen, seinen Gedanken und Vorstellungen verstehen will, wird versuchen müssen, sich in ihn hineinzuversetzen und auch seine Einsamkeit und seine Empfindlichkeit angesichts so mancher Kritik und vieler Anfeindungen in Betracht zu ziehen. Er wird versuchen müssen, sich auch da in Oberlin hineinzuversetzen, wo er mit ihm nicht einverstanden ist. Und er muß der Versuchung widerstehen, ihn mit den Maßstäben unseres Jahrhunderts zu messen, und muß ihn aus seiner Zeit und ihren Ideen begreifen. Dann wird er in Oberlin einen Menschen entdecken, in dem sich das Wissen der Aufklärung, der lebensvolle Enthusiasmus der Glaubensmänner und die Eingebungen der Propheten und Heiligen aus dem Alten und dem Neuen Testament vereinten und durch den eine Gemeinschaft ins Leben gerufen wurde, die so stark den Stempel seiner Persönlichkeit trägt, daß er weit über die Grenzen seiner eigenen Zeit hinausragt.

I

Von Straßburg nach Waldersbach (1740–1767)

1. KAPITEL

Herkommen und Kindheit

Soviel wir wissen, taucht der Familienname Oberlin im Elsaß zum erstenmal im Kirchenregister von Sundhofen auf, einer kleinen Stadt in der Nähe von Straßburg, die damals zu der Württembergischen Grafschaft von Hoburg gehörte. Die Eintragung besagt, daß ein Jakob Oberlin, Müller und Bäcker, zugezogen aus Meßkirch im Lande Württemberg und wohnhaft in Colmar, am 7. Juni 1574 seinen Sohn Johannes in der Kirche zur Taufe dargebracht habe.[1] Wahrscheinlich war der Protestant Jakob Oberlin für die Taufe nach Sundhofen gegangen, weil das lutherische Bekenntnis in Colmar noch nicht eingeführt war. In der Familientradition also reicht das Luthertum noch weiter zurück als der Beginn und die Verwurzelung des Protestantismus am Wohnort. Jakob Oberlin und seine Nachkommen blieben dem lutherischen Bekenntnis auch treu durch den ganzen Dreißigjährigen Krieg hindurch, während Colmar im wechselnden Glück der Schlachten hin- und hergeworfen wurde zwischen Protestantismus und Katholizismus.

Im Jahre 1632 zog dann ein zweiter Johannes Oberlin, ein Sohn des 1574 in Sundhofen getauften, mit seiner Familie nach Straßburg, weil der Protestantismus dort fester Fuß gefaßt hatte.[2] Durch zwei weitere Generationen hindurch waren die Oberlins noch Bäcker, bis im frühen 18. Jahrhundert ein Johann Georg Oberlin (1701–1770) mit der Familientradition brach, an der Universität studierte und schließlich am berühmten protestantischen Gymnasium von Straßburg Lehrer wurde. Er heiratete Maria Magdalena Feltz (1718–1787) und wurde der Vater von zwei Töchtern und acht Söhnen, von denen sich zwei im Elsaß einen Namen machen sollten: Der ältere von beiden, Jeremias Jakob Oberlin (1735–1806), wurde zunächst wie sein Vater Lehrer am prote-

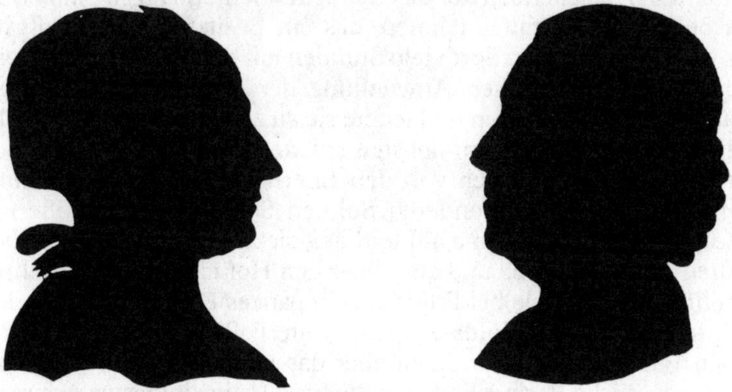

Oberlins Eltern: Maria Magdalena Oberlin, geb. Feltz (1718–1787) und Johann Georg Oberlin (1701–1770) (Schattenrisse)

stantischen Gymnasium, dann aber als Professor an die Universität Straßburg berufen, wo er sich als Historiker und Philologe einen Namen machte. Zu seinen Freunden und Hörern an der Universität zählte auch der junge Goethe, der ihm in *Dichtung und Wahrheit* hohes Lob zollt.[3] Der andere war Johann Friedrich Oberlin, geboren am 31. August 1740. Von ihm handelt dieses Buch.

Die Veranlagungen, die für Johann Friedrich Oberlins Gaben und Interessen ausschlaggebend gewesen sein mögen, kamen wohl meist von der Seite seiner Mutter. Ihre Ahnenreihe läßt sich bis zum Beginn des 14. Jahrhunderts zurückverfolgen. Unter den Vorfahren Oberlins finden wir etwa einen Marx Heyland (1500–1550), der in Vaihingen/Enz zunächst als Schneider gelebt hatte, dann – wie Luther – Augustiner-Mönch geworden war, sich aber bald – vielleicht in Nachahmung seines berühmten Ordensbruders – von Rom und vom Zölibat losgesagt hatte. 1525 heiratete er Mergeli Iselin, die Tochter einer wohlhabenden jüdischen Familie in Basel. Als die Augsburger Konfession in Basel anerkannt wurde, wurde Heyland lutherischer Pfarrer und begründete die Familientradition des lutherischen Pfarrerstandes: in den neun Generationen zwischen Marx Heyland und Johann Friedrich Oberlin hat es sieben lutherische Pfarrer gegeben, von denen sechs auch Pfarrerstöchter zur Frau nahmen.[4] Der erste unter den mütterlichen Vorfahren Oberlins, der nicht Pfarrer wurde, war sein Großvater Johann Heinrich Feltz, Professor der Rechte.

Oberlins Vater war eine eindrucksvolle Erscheinung, gebildet, aufgeklärt, lebhaft und verantwortungsbewußt, eine starke, feste Persönlichkeit. Es machte ihm besondere Freude, seine acht Söhne und zwei

Töchter an Wochenenden auf das Landgut »Schloß Hägeli« in Schiltigheim bei Straßburg mitzunehmen, das ein Besitztum des Großvaters Feltz war. Er verbrachte dort viele Stunden mit dem Unterrichten seiner Kinder in der praktischen Anwendung der Botanik und Ackerbaukunde, lehrte sie das Reiten und leitete sie an zu lehrreichen Spielen und fröhlichem Zeitvertreib. Am liebsten spielten der Vater und sein Sohn Fritz (wie Johann Friedrich von den Eltern und Geschwistern immer genannt wurde) mit den anderen Söhnen Soldaten. Der Größe nach stellte der Vater seine Söhne auf und ließ sie zum Schlag einer verbeulten alten Trommel kreuz und quer über den Hof marschieren. Während die militärischen Spiele bei Fritz für sein ganzes Leben ein bewunderndes Interesse für das Soldatenleben hinterließen, erwarb er sich an solchen Wochenenden vor allem aber das landwirtschaftliche Wissen, das die eigentliche Basis schaffen sollte für all seine intensive Arbeit und sein Experimentieren für die Landwirtschaft im Steintal.[5]

Während der Kindheit von Oberlins Mutter hatten Literatur und Kunst in ihrem Elternhaus eine bedeutende Rolle gespielt. Eine ihrer Schwestern, die spätere Madame Link, machte sich einen Namen als Übersetzerin literarischer Werke aus dem Französischen ins Deutsche. Ihre kulturellen Interessen erhielt Oberlins Mutter selbst unter den hohen Anforderungen ihres großen Haushalts aufrecht. Begierig las sie die besten französischen Schriftsteller und übersetzte, wie ihre Schwester, mehrere Werke ins Deutsche. Sie war eine hervorragende Hausfrau und Mutter, lebendig, phantasievoll und von warmherziger Frömmigkeit. Allabendlich versammelte sie ihre Kinder um den Familientisch, nicht nur zu Gebet und Andacht, sondern auch zu Gespräch und Diskussion, und um ihnen aus der zeitgenössischen deutschen Literatur vorzulesen, vorzugsweise aus den erbaulichen Werken Klopstocks und Gellerts.

Über Oberlins Kindheit besitzen wir fast keine Dokumente. Er wurde am 31. August in Straßburg geboren und am 1. September in der Thomaskirche getauft. Authentisch sind darüber hinaus nur noch einige wenige Anekdoten, die Oberlins Tochter Louise Witz wohl als Erinnerungen ihres Vaters und anderer Familienmitglieder gehört haben muß. Sie hat sie Ehrenfried Stoeber, dem ersten französischen Biographen ihres Vaters, mitgeteilt. Seit Stoeber hat dann fast jeder der späteren Biographen sie alle wiederholt, manchmal theatralisch aufgeputzt als nachgemachte Dialoge. Aus diesen Geschichten hat sich später eine Art von Heiligenlegenden um Oberlin entwickelt, die aus ihm einen frommen Musterknaben machen:

»Eines Tages ging der zwölfjährige Fritz über den Markt und sah ein paar lose Buben einer Bäuerin, die Eier feil hatte, mutwillig den Korb vom Kopf stoßen. Das Weib war untröstlich. Fritz blickte die Mutwilligen mit einem durchbohrenden Blick an, schalt sie tüchtig durch, ohne sich von der Zahl einschüchtern zu lassen, bat das Weib, etwas zu warten, eilte nach Hause, nahm seine Habe in die Hände, kehrte eilig zurück, leerte seine ganze Habe in die Hände der erstaunten Bäuerin aus und lief ebenso schnell wieder davon.«

»Ein andermal ging er bei der Bude einer Trödlerin vorüber und bemerkte, wie eine arme Frau um einen alten Unterrock handelte. Es fehlten noch zwei Sous am geforderten Preis; die arme Frau, die nicht so viel hatte, bat die Verkäuferin vergebens um Nachlaß. Fritz wartete nur auf den Augenblick ihres Weggehens, drückte der unerbittlichen Trödlerin die zwei Sous in die Hand, rief die Frau zurück und sagte ihr ins Ohr, daß der Rest bezahlt sei. Beglückt vor Freude hierüber, gab die kaum zuvor noch betrübte Frau ihr Geld und nahm den Rock, indessen Oberlin davon lief.«

»An die Seite dieses Zugs in Oberlins Charakter reihen wir noch einen andern, gleichfalls bemerkenswerten an. Als er nämlich durch eine Straße ging, warf ihm ein kleiner ungezogener Bube den Hut vom Kopfe und gab ihm einen gemeinen Schimpfnamen. Die Zuschauer, die ihn kannten und liebten, gaben ihm zu verstehen, daß es nur eines Winks bedürfe, um sie alle bereit zu finden, diese Beleidigung zu bestrafen. Aber Oberlin erinnerte sich an die Worte unseres Herrn: ›Rächet euch nicht!‹, ging ruhig hin, um seinen Hut aufzuheben und wieder auf den Kopf zu setzen. Er fand bald, wie wohl er daran getan, dieser Mäßigung sich hinzugeben, denn er hätte sicher, als er einige Zeit nachher die von den Jungen und seinen Kameraden bewohnte Straße ging, ihre Rache erdulden müssen, wenn er sich gerächt hätte. Er begegnete in der Tat wieder dem Angreifer, aber dieser gab durch seine bescheidene Haltung zu erkennen, welchen Eindruck das Benehmen Oberlins auf ihn gemacht hatte.«[6]

Die Militärgarnison, die in der Grenzstadt Straßburg sehr deutlich zum Leben dazugehörte, steigerte Oberlins Interesse am Soldatenleben. Aber schon sein Vater hatte, ungeachtet seiner eigenen Bewunderung für das Militär, eine akademische Laufbahn gewählt, und Fritz fühlte sich verpflichtet, dasselbe zu tun. In seiner Lebensweise aber machte er sich die militärische Disziplin, die er so bewunderte, zu eigen. Der Ausdruck »Soldat Christi« war für ihn mehr als nur eine fromme Redensart.

2. KAPITEL

Vorbereitung

Der Student Oberlin

Oberlin besuchte das protestantische Gymnasium, beendete seine Schulzeit dort (mit bescheidenem Erfolg) im Alter von fünfzehn Jahren und schrieb sich sofort an der Universität ein. Seine Absicht war, letzten Endes Theologie zu studieren, aber in seinen ersten Semestern durchstreifte er ein weites Feld von allgemeinen Fächern. Die beste Auskunft über seinen Studiengang gibt ein Brief aus dem Jahre 1820, in dem Oberlin einem jungen Verehrer, einem angehenden Theologie-Studenten, auf dessen Frage nach seinen eigenen Studien zu seiner Vorbereitung auf das Pfarramt antwortet. Nachdem er seinen jungen Partner gebeten hat, Nachsicht zu haben mit seinem »hochbetagten Gedächtnis«, gibt er ihm die folgende Liste unter dem Titel »Allgemeine Studienfächer«: Latein, Griechisch, Hebräisch; Logik, Rhetorik, Metaphysik; Arithmetik, Geometrie, Trigonometrie; Astronomie, antike und moderne Geographie; Physik, Naturgeschichte; Geschichte der Philosophie; Naturrecht; ägyptische, griechische, römische und hebräische Altertümer.[7] Daß er die medizinischen Studien auf dieser Liste ausgelassen hat, muß ein Versehen gewesen sein; denn es ist bekannt, daß er medizinische Vorlesungen besucht und sogar in der Anatomie gearbeitet hat.

Unter den Professoren, bei denen er gehört hat, waren der Historiker Johann Daniel Schoepflin, »Straßburgs größter Gelehrter des 18. Jahrhunderts«, der Historiker J. M. Lorenz, der Mathematiker Brackenhoffer, der Professor der Medizin und der Anatomie Spielmann, der Professor der Rechte Silberrad.[8] Man muß dazu jedoch wissen, daß von einer wissenschaftlichen Spezialisierung im modernen Sinn damals noch keine Rede sein konnte. Die Scheidung der Wissenschaft in Teildisziplinen hatte erst angefangen. So las zum Beispiel der Philosoph Christian Wolff, ein Vertreter der Aufklärung, in Halle nicht nur über Logik, Metaphysik und Ethik, sondern auch über Kosmologie, Physik, Mathematik, Politik, Naturgeschichte und Religionsphilosophie. Auch wenn die Straßburger Professoren sicher nicht an Wolff heranreichten, so sollte man sie trotzdem nicht als Autoritäten nur auf dem einen Gebiet ansehen. Es war der akademische Lebensstil der Zeit, für Studenten wie für Professoren, das Studium weitläufig über viele Gebiete auszudehnen, und Oberlins Tagebücher und Briefe zeigen zur Genüge, daß auch er sein ganzes Leben hindurch ein lebhaftes Interesse für nachgerade jedes der vielen Fächer bewahrt hat, mit denen er sich in seinen ersten drei Jahren auf der Universität beschäftigt hatte. Aus seinen eigenen Worten und angesichts all seiner lebenslangen Nebenbeschäftigungen wissen wir, wie gerne er sich technischen Studien und den Naturwissenschaften hingab.[9] Für ihn ist der Theologe jemand, der mehr wissen muß als ein Jurist oder Mediziner.[10]

Schule und Universitätsstudium hatten gewiß einen starken Einfluß auf die Entwicklung seiner Persönlichkeit und seiner Einstellung zu den Forderungen des Lebens. Wichtiger noch war jedoch die religiöse Atmosphäre, die ihn in seiner Kindheit und Jugend umgeben hatte. Seine Eltern fühlten sich hingezogen zu den Pietisten, denen es um einen Herzensglauben ging, nicht so sehr um die Annahme von Lehren in einer eher verstandesmäßig erfaßten Religion. Der Pietismus wurde damals von der Obrigkeit, im Elsaß wie fast überall sonst, stark bekämpft. Dennoch hatte er eine beträchtliche Anhängerschaft, die sich über den Sonntagsgottesdienst hinaus auch während der Woche in kleinen Gruppen zusammenfand zu Bibelstunden und Andachten. Eine dieser Gemeinschaften in Straßburg pflegte ihre Betrachtungen aufzubauen auf die Schriften des Grafen Zinzendorf. Diese »Freunde der Brüdergemeine«, wie sie sich nannten, standen unter der Leitung zweier junger Theologen, Magister Franz Christian Lembke und Johann Sigismund Lorenz. Lembke war Abendprediger an der Kirche Alt-St. Peter, ein Kollege von Oberlins Vater am Gymnasium und Taufpate Oberlins.

Der andere Leiter dieser Zinzendorf-Gruppe, Johann Sigismund Lorenz, war Prediger zuerst an St. Nikolaus, dann an Jung-St. Peter. Es lohnt sich, diesen Mann etwas näher zu betrachten, denn er war es, der von allen Lehrern in seinem Leben den größten Einfluß auf Oberlin hatte – in seinem theologischen Denken wie in seiner Art zu predigen. Die Gefühlswärme dieses jungen Predigers, seine immer neuen Aufrufe zu echter Bekehrung im pietistischen Sinne, sein Bestehen darauf, daß die Christen »Täter des Worts und nicht Hörer allein« sein müßten, und vor allem sein wiederholtes Predigen gegen jede Zurschaustellung in der

Kleidung, gegen den Besuch von Lustbarkeiten wie Theater oder Tanzveranstaltungen – durch all dies erregte er zwar das Mißfallen und den Widerstand der Spitzen der Straßburger Gesellschaft; auf Oberlin jedoch machte er einen tiefen und bleibenden Eindruck. Das Jahr 1768 brachte Lorenz einen Ruf an die Theologische Fakultät, obwohl seine orthodoxen Kollegen ein scharfes Auge auf ihn hatten. 1769 übernahm er die Leitung des theologischen Seminars von St. Guillaume und wurde schließlich 1771 Pfarrer an Jung-St. Peter. In seinen Vorlesungen widersetzte er sich besonders stark solchen »intellektualistischen« Auffassungen der Religion wie der herkömmlichen mit ihrer erstarrten »kirchlichen Ehrbarkeit«, die sich auf das Bekenntnis der »*einen* richtigen und wahren Lehre« stützte, aber auch dem Rationalismus, der aus England kam und sich nun in Frankreich und Deutschland unter den Gebildeten breitmachte. Ihm war es darum zu tun, in seinen Studenten, den Pfarrern der Zukunft, einen Herzensglauben zu erwecken und eine ganz persönliche, innige Liebe zu Christus wachzurufen und sie bereit zu machen für einen Dienst in völliger Hingabe an ihn.

Durchdrungen von diesem Begriff der persönlichen Hingabe, gewannen seine Predigten immer mehr an Wirkung, besonders beim Mittelstand und unter den Handwerkern, die ihn bewunderten und mit dem Titel »Jesus-Prediger« ehrten. Er war ungemein beredt in seinem Eintreten für einen tätigen Glauben, der sich erweisen sollte in persönlicher Hingabe an Gott, in einem Christentum der Tat, der guten Werke, der Selbstaufopferung für den Mitmenschen durch getreue Pflichterfüllung im Beruf. Ein außergewöhnliches Merkmal seiner Predigten war, daß die praktische Anwendung des Bibeltextes, die sich in landläufigen Predigten meist auf eine knappe Anmerkung beschränkte, bei ihm fast die gesamte Predigt ausmachte. Oft auch wandten sich seine Predigten an einzelne Berufe: eine über den zwölfjährigen Jesus im Tempel wandte sich an die Schulkinder, eine über den Hauptmann von Kapernaum galt den Soldaten und der Polizei, und eine über Paulus sprach die Kaufleute und Handwerker an. Es war eine Art zu predigen, wie Oberlin sie später in seiner eigenen Amtszeit häufig nachahmte.

Durch diese Begabung, diesen tiefgründigen Glauben, diese Wesensart gewann Lorenz die Hochachtung und die Zuneigung des jungen Oberlin. Er ermutigte ihn, selbst Geistlicher zu werden, und er behielt immer einen starken Einfluß auf Oberlins theologische Einstellung und seinen Predigtstil.

Die Freundschaft aber zwischen Meister und Schüler kam schließlich doch ins Wanken, weil Lorenz so mit aller Macht darauf bestand, daß das ewige Höllenfeuer jeden erwarte, der sich nicht vor seinem Tode einer wahren Erweckungsbekehrung unterziehe. Die eigentliche Entzweiung kam im Jahre 1770, als Oberlins Vater gestorben war. »Der Tod Eures Vaters, mein lieber Oberlin«, schrieb Lorenz damals, »muß Euch großen Kummer verursachen und zwar umso mehr noch, als ihm, obgleich er ein vollkommen rechtschaffener Mann gewesen ist, doch keine Hoffnung haben darf, daß die Himmelspforten sich für ihn öffnen werden, denn er gehörte nicht unter die Zahl der Wiedergeborenen.« In der brieflichen Antwort Oberlins heißt es: »Mein Herr Professor! in dieser Hinsicht bin ich sehr beruhigt; denn soviel ich von Gott weiß, hat er denen, die an ihn glauben, versprochen, daß er ihr Gebet erhören werde, deshalb bin ich auch versichert, daß mein vortrefflicher Vater im Himmel ist.«[11]

Der Vorstellung von einer so blinden Grausamkeit Gottes einem Menschen gegenüber, den er von Herzen liebte, und einer Auffassung, die dem göttlichen Erlösungswillen solche engen Schranken setzte, begegnete Oberlin mit Abscheu. Aber wir werden Gelegenheit haben, uns dessen zu entsinnen, wenn er einige Jahre später, in einer besonders wortgewandten Predigt, beinahe demselben Irrtum erlegen wäre.

Die Vollendung der drei herkömmlichen Studienjahre (des »Triennium Academicum«) brachte ihm am 6. April 1758 sein Bakkalaureat, den niedrigsten akademischen Grad ein. Da sich Oberlin aber zum Pfarrerberuf entschlossen hatte, blieb er an der Universität und setzte seine Studien fort, nunmehr an der Theologischen Fakultät. In der Liste in dem oben schon zitierten Brief von 1820 nennt Oberlin als spezifisch theologische Fächer: Dogmatik, Exegese, Kirchengeschichte (»mit der dazugehörigen Erdkunde«), Dogmengeschichte (»Lehren der verschiedenen Kirchen und Gemeinschaften im Zusammenhang mit den Lehren der Heiligen Schrift«), Pfarramtliche Theologie und »tägliches Lesen der Bibel, vom Anfang bis zum Ende«. Seine Theologie-Professoren waren Lorenz, Beyckert, Reuchlin und Elie Stoeber.[12]

Die »Gottesweihe«

Am ersten Tag des Jahres 1760, einige Monate vor seinem zwanzigsten Geburtstag, setzte Oberlin eine »Feierliche Akte der Gottesweihe« auf. Die Anregung für dieses Schriftstück kam gewiß von Lorenz, rührte aber im Grunde wohl von dem englischen Sektierer Philip Doddridge her, der in seinem *Rise and Progress of Religion in the Soul* (1744) – das 1751 auf Französisch erschien – empfahl, daß jeder ernsthaft Gläubige seinen Entschluß, Gott zu dienen, auf diese Art in einer schriftlichen Erklärung bekräftigen solle. Auch die Herrnhuter Gemeine befürwortete solche schriftlichen Selbstverpflichtungen, die alle wahrhaft Gläubigen im Laufe ihres Lebens von Zeit zu Zeit wieder betrachten und innerlich erneuern sollten. Oberlins Schriftstück umfaßt etwa vier Druckseiten und ist erfüllt von der hingebungsvollen Inbrunst der Pietisten seiner Zeit:

»*Unendlicher, ewig seliger Gott!* ich wünsche sehnlich, mich Dir in tiefster Demut und Erniedrigung meines Herzens darstellen zu können . . ., da ich mit Dir eben einen förmlichen Bund errichten will. . . .

So komme ich nun zu Dir und bekenne, daß ich ein großer Übeltäter gewesen. Ich schlage an meine Brust und spreche mit dem demütigen Zöllner: ›Gott! sei mir gnädig.‹

Ich komme eingeladen im Namen Deines Sohnes und verlasse mich gänzlich auf dessen vollkommene Gerechtigkeit. . . .

Heiliger Gott! ich übergebe mich Dir jetzt auf das feierlichste. . . . Ich bekenne und bezeuge, daß ich eines von den Kindern und Volkes seines Bundes sei. . . .

Im Namen des Herrn . . . kündige ich allen vorigen Herren auf, die über mich geherrscht haben, allen Weltfreuden, denen ich ergeben war. . . .

Dir widme ich alles, was ich bin und habe: die Kräfte meiner Seele, die Glieder meines Leibes, meine Zeit und zeitlichen Güter. . . .

Trägst Du mir in diesem Leben die Aufsicht und Sorge über andere auf, o so schenke mir auch Mut und Stärke, daß ich mich am meisten für Deinen Ruhm erkläre. . . .

Dir überlasse ich die Regierung aller Begebenheiten und spreche: Nicht mein, sondern Dein Wille geschehe. . . .

Habe ich dann Deinen Willen hier auf Erden getan und ertragen, so rufe mich von dannen, *wann* und *wie* es Dir gefällt. Gib mir nur Gnade, daß ich noch in den Augenblicken meines Todes und selbst an den Toren der Ewigkeit dieser meiner Verbindlichkeiten eingedenke und noch meinen letzten Odem zu Deinem Dienst verwende. Und gedenke Du, Herr! noch alsdann dieses Bundes. . . .

Und so unterschreibe ich willigst und freudigst dem Herrn mit meiner Hand.

Straßburg, den 1. Januar 1760.

Johann Friedrich Oberlin«[13]

Daß Oberlin dieses Dokument nicht etwa zu den Akten legte und vergaß, ist dadurch bezeugt, daß er es in späteren Jahren dreimal kommentierte: 1765 mit einer längeren Randbemerkung über das Ertragen von Schmerzen; ein zweites Mal, indem er unter seine erste Unterschrift schrieb: »Bestätigt 1770«, und schließlich 1822 mit der Randbemerkung nicht nur in deutscher, sondern auch in französischer Sprache: »Herr, erbarme dich meiner.«

Einige Oberlin-Biographen haben dieses Dokument als den Beweis seiner Bekehrung und einer plötzlichen geistigen Erweckung gedeutet, wie die Pietisten sie als Voraussetzung für ein Leben in Gott forderten. Oberlin war zwar in der lutherischen Lehre aufgewachsen und erzogen, aber er sah in ihr nicht (wie viele pietistische Theologen) den Glauben an die völlige Verderbtheit des Menschen durch die Erbsünde. Vieles an den Theorien und den Gepflogenheiten der Pietisten fand er bewunderns- und nachahmenswert, jedoch teilte er nicht ihre Überzeugung, daß einem Kind, ehe die wahre Erziehung einsetzen könne, zunächst das Böse (das ihm vom Sündenfall her angeboren sei) ausgetrieben und ganz und gar zunichte gemacht werden müsse. Er neigte eher zum Optimismus der Aufklärung, der unter dem Einfluß von Locke und Kant an das Gute im Menschen glaubte. Wahrscheinlich glaubte Oberlin mit Leibniz an diese Welt als die beste aller möglichen Welten, doch war seine Zuversicht nicht uneingeschränkt; denn er wußte sehr wohl, daß selbst in der besten aller möglichen Welten das Böse dazugehören muß. So erkannte er auch die Notwendigkeit, unablässig wachsam zu sein gegenüber Versuchungen zum Bösen und die Gefahr zu sehen in den »Freuden der Welt« und den »Begierden des Fleisches«, in der Trägheit des Körpers und des Geistes, in der Selbstsucht und der Unersättlichkeit. Und um den Kampf gegen diese und andere nur allzu menschliche Schwächen kämpfen zu können, sah Oberlin die Notwendigkeit, ein festes Ziel vor Augen zu haben. Dieses Ziel fand er in der moralischen Vervollkommnung, die im Gesetz Moses gefordert und im Gehorsam gegen den Willen Gottes gelebt wird.

In diesem Zusammenhang ist Oberlins Erklärung weit mehr als nur das Dokument für eine plötzliche Bekehrung. Es ist eine nüchterne, aufrichtige Zusammenfassung von Einstellungen und Entschlüssen, die schon in seiner Kindheit begonnen hatten, Gestalt anzunehmen, und für die er nun, auf der Schwelle zum Mannesalter, in dieser »Akte der Gottesweihe« die rechten Worte fand. Es war ein Versprechen der Hingabe, ernsthaft erdacht, besonnen geplant, in Abständen erneuert, gewissenhaft und mit Bedacht gehalten.

Diese ausdrückliche Hingabe seines Lebens an Gott wurde bis an sein Lebensende bestärkt durch strenge Regeln der Lebensführung, die sich Oberlin auferlegte, wie aus einer Reihe von Eintragungen in seinen Tagebüchern zwischen 1760 und etwa 1765 hervorgeht. So verpflichtet er sich, jeweils das Gegenteil von dem zu tun, was seine Sinne sich wünschten; niemals mehr zu essen und zu trinken, als zur Erhaltung der Gesundheit vonnöten sei, und von den guten Speisen sogar weniger zu essen als von anderen; zu versuchen, sein ungestümes Temperament zu bezwingen; alle Schmähungen zu unterlassen; alle Pflichten mit der größten Genauigkeit und Pünktlichkeit zu erfüllen; alle freie Zeit mit geistiger Arbeit zu heiligen und sich mit einem Minimum an Kleidung und Mobiliar zu bescheiden, um nicht gezwungen zu sein, allzu viele Privatstunden zu geben, dafür aber den Schülern, die er schon habe, umso besseren Untericht zuteil werden zu lassen mit weniger Unterbrechung seiner eigenen Arbeit.

Über solche Vorsätze hinaus fügte er noch weitere Regeln hinzu: »Spare immer einen Teil Deines Einkommens für die Armen . . .; sei so sparsam als möglich; zahle diejenigen, die Dich bedienen, auf eine Weise, daß sie zufrieden sein können; suche dabei Dich von unnützen Ausgaben frei zu halten; lege selbst Hand an und sorge dafür, daß Deine Kleidung reinlich, aber einfach sei gleichwie Deine Fahrnis (bewegliche Habe).«[14]

Es ist bezeugt, daß Oberlin tatsächlich nach diesen strengen Regeln gelebt hat: er aß nur zweimal am Tage, eine richtige Mahlzeit zur Mittagszeit (obwohl meist ohne Fleisch und Wein) und abends Brot und Wasser; er erlaubte sich nur wenige Stunden Schlaf und wies mit puritanischer Strenge sein Leben lang »Versuchungen des Fleisches« zurück. Daß er früh gelernt hatte, Schmerzen zu ertragen, erweist sich aus einem Vorkommnis im Dezember 1766. An seiner Backe hatte sich ein Abszeß gebildet, der rasch größer wurde und ihm starke Schmerzen verursachte. Er hatte jedoch versprochen, in einer der Kirchen von Straßburg den Frühgottesdienst abzuhalten. So machte er sich denn zu Fuß auf den Weg dorthin, trotz der Schmerzen und der bitteren Kälte, und hielt die Predigt um sieben Uhr morgens. Dann ging er zurück in seine Wohnung, öffnete selber den Abszeß und setzte dann seine Studien dort fort, wo er den Abend vorher aufgehört hatte.

Als er im Jahre 1763 alle akademischen Bedingungen dafür erfüllt hatte, wurde Oberlin am 21. Juli zum Doktor der Philosophie promoviert.[15] Er hat jedoch niemals von diesem Titel Gebrauch gemacht, und außer seinen engsten Vertrauten wußten nicht einmal seine Biographen, daß er ihn besaß. Er mag ihn verschwiegen haben aus seiner natürlichen Bescheidenheit heraus und aus dem Wunsch, so wenig wie irgend möglich an geistiger oder gesellschaftlicher Überlegenheit zu zeigen, die ihn von seiner schlichten Gemeinde getrennt haben würde. Die einzigen Titel, die er immer führte, waren »Pfarrer«, »Pastor« oder »Ministre« – das französische Wort für »Prediger«.

Der Hauslehrer Oberlin

Nach der Promotion legte Oberlin die akademische Arbeit für eine Weile beiseite, um einer Stellung willen, die ihm praktische Erfahrung einbringen sollte. Im 18. Jahrhundert war es üblich, daß Adlige und andere hochgestellte Persönlichkeiten ihre Kinder, besonders ihre Söhne, nicht etwa auf öffentliche Schulen schickten, wo auch die Kinder gewöhnlicher Bürger waren, sondern ihre Erziehung einem privaten Hauslehrer anvertrauten, den man im Elsaß auf deutsch »Hofmeister«, auf französisch »précepteur« nannte. Studenten der Theologie waren wegen des hohen Ansehens ihres Berufs als Hauslehrer besonders gesucht, und viele nahmen nach Abschluß des Studiums zunächst eine Hauslehrerstelle an. Einige der bedeutendsten unter Oberlins Zeitgenossen waren für eine Weile »Hofmeister« gewesen, darunter Klopstock, Hamann, Wieland und Hölderlin. Und zweifellos waren auch unter den Schülern solcher Präzeptoren viele, die, wie Wilhelm und Alexander von Humboldt, mit Zuneigung und Hochschätzung von ihren ersten Lehrern sprachen. In der Literatur aber (wie z. B. in dem Schauspiel *Der Hofmeister* von J. M. R. Lenz) ist der typische Hauslehrer der hilflose, einsame, gelegentlich verbitterte Mann, der dem Hohn seines Herrn ebenso ausgesetzt ist wie der unablässigen Demütigung seitens der Kinder und Eltern, die seinen Posten etwa dem des Hausdieners oder gar Stallknechts gleichsetzen, während er seinerseits sich bitterlich beklagt über die Ungebärdigkeit und die Dummheit seiner Zöglinge.[16]

Oberlin hatte nun das große Glück, als Hofmeister von einem klugen, hochherzigen und gütigen Mann angestellt zu werden, der in keiner Weise der Karikatur des höhnischen Arbeitgebers entsprach. Daniel Gottlieb Ziegenhagen, der Sohn eines lutherischen Pfarrers aus Brandenburg, war als Medizinstudent nach Straßburg gekommen und nach Beendigung des Studiums als Arzt dort geblieben. Schon im Jahre 1762 galt er als der beste Chirurg der Stadt. Auf der Suche nach einem Lehrer für vier von seinen elf Kindern fiel ihm Oberlin ein, den er durch seine Beziehungen zu der St. Nikolaus-Kirche her kannte.

Die Verbindung zwischen Oberlin und der Familie Ziegenhagen sollte sich für beide Teile als sehr wertvoll erweisen, obgleich es zunächst so aussah, als käme sie gar nicht zustande wegen der Ungeschicklichkeit eines Freundes, den Ziegenhagen beauftragt hatte, Oberlin in seinem Namen zu gewinnen. Einige Bedingungen, die der Vermittler stellte, sind von Leenhardt festgehalten worden, und manche von ihnen sind wegen Oberlins Antworten von Interesse:

»Bedingung: Die Kinder müssen immer reinlich angezogen und gewaschen sein.

Antwort: Ich werde meinen Zöglingen die Reinlichkeit anempfehlen, aber ich werde mich nicht mit Beschäftigungen für Domestiken (Hausangestellte) befassen, die mir nur die Zeit für den Unterricht sowie für meine eigenen Studien rauben würden.

Bedingung: Der Hofmeister wird dreimal in der Woche mit den Kindern spazieren gehen.

Antwort: Dies wird mehr oder weniger oft geschehen, je nach Zeit und Umständen.

Bedingung: Während des Spaziergangs wird der Hofmeister sich mit seinen Zöglingen über nützliche Gegenstände unterhalten.

Antwort: Dieser Gewohnheit pflege ich stets nachzukommen, wenn die Umstände es erlauben.

Bedingung: Bei Tische wird der Hofmeister das Fleisch tranchieren.

Antwort: Damit werde ich mich nicht abgeben!«[17]

Auf diese Weise trat Oberlin zum erstenmal für die Würde des Lehrerstandes ein, so wie er es später sein ganzes Leben hindurch viele Male und auf vielerlei Art tun sollte. Es spricht für Dr. Ziegenhagen, daß er in diesen unerschrockenen Antworten nicht etwa Anzeichen der Unbotmäßigkeit sah. Im Gegenteil, sie scheinen ihm gefallen zu haben, denn er stellte Oberlin sofort an. In den drei Jahren seiner Zugehörigkeit zu dem Ziegenhagenschen Haushalt genoß Oberlin die Achtung und Zuneigung des Arztes, der ihm auch bis zu seinem Tode im Jahre 1771 ein guter Freund und großmütiger Beistand blieb. Seine Stellung gab Oberlin nicht nur die Möglichkeit, wertvolle pädagogische Erfahrung zu sammeln und dabei doch Zeit zu behalten für eigenes Arbeiten, sondern sie bot ihm auch Gelegenheit, allerlei Wissen und Können zu erwerben, das seiner Lebensarbeit im Steintal zugute kommen sollte. Sein wohlwollender Hausherr führte ihn in die Geheimnisse der Medizin ein und lehrte ihn die grundlegenden Handgriffe in der Chirurgie, vor allem die damals unerläßliche Kunst des Aderlasses. Stoeber berichtet von Oberlins erstem Versuch: »Eines Tages, nach einer Unterhaltung über medizinische Theorie und Praxis, zog Dr. Ziegenhagen plötzlich den Rock aus, krempelte den Hemdsärmel auf und sagte lächelnd: ›Ich fühle, daß ich einen Aderlaß nötig habe, und Sie sollen ihn bei mir vornehmen; wohlan, bereiten Sie sich auf Ihre erste chirurgische Heldentat vor.‹ Oberlin zauderte aus Angst, seinen verehrten Lehrer zu verletzen; Ziegenhagen aber ließ es sich nicht ausreden, und der Neuling bestand die Prüfung mit tadellosem Erfolg.«

Oberlins Hauptaufgabe in diesem Haushalt war natürlich die Erziehung der Kinder, und er widmete sich ihr auch mit dem ganzen Eifer und der Hingabe, die er immer schon jeder Aufgabe hatte zukommen lassen. In dem Tagebuch aus dieser Zeit schreibt er: »Ein Präzeptor kann niemals genug Wissen erwerben, um die Bedürfnisse seiner Zöglinge hinreichend zu befriedigen. Er muß sogar mehr tun als die Eltern; er muß die Seele der Kinder kennen, nicht nur ihre Körper und ihren Verstand.« Oberlins Formulierung: »die Seele, nicht nur den Körper und den Verstand« greift einen zentralen Gedanken auf, der damals gerade von Rousseau in seinem Erziehungsroman *Emile* formuliert worden war und der zugleich als Leitsatz über Oberlins ganzem Wirken als Erzieher stehen könnte.

So lehrreich und nutzbringend sein Aufenthalt im Haushalt von Dr. Ziegenhagen auch war, so war er doch nicht ganz ohne Schattenseiten. Frau Ziegenhagen, eine ausgesprochen willensstarke Persönlichkeit und eine nachsichtige Mutter, widersprach Oberlin gelegentlich in Fragen der Disziplin und befahl ihm dann schroff und unerbittlich, seine Ansichten und seine Methoden zu ändern. Oft zwar klagte Oberlin in seinen Tagebüchern selber über sein eigenes Übermaß an »Lebhaftigkeit, Ungeduld und Zudringlichkeit«, fand es aber trotzdem in solchen Augenblicken schwierig, die Grenzen einzuhalten, die seine untergeordnete Stellung ihm auferlegte. Gewiß hat Stoeber recht, wenn er Oberlin als einen Mann beurteilt, der eher zum Befehlen geboren war als zum Gehorchen. Im Juni 1765 gab Oberlin seine Stellung als Hofmeister auf. Jedoch entsprang der Entschluß dazu wohl weniger aus solchen Ärgernissen als aus dem Wunsch, seine theologischen Studien zu beenden und sein Lebenswerk aufzunehmen; außerdem war eine Präzeptorenstelle traditionsgemäß von kurzer Dauer.[18]

Vorbereitung auf das geistliche Amt

Oberlin hatte seine Universitätsausbildung mit 15 Jahren begonnen; nun, da er sie im Jahre 1765 wiederaufnahm, war er ein reifer junger Mensch von 25 Jahren. Außer mit Professoren und Kommilitonen verkehrte er hauptsächlich mit Mitgliedern der pietistischen Bewegung und mit den »Freunden der Brüdergemeine«, lauter ernsten, besonnenen Männern und Frauen mit festen Überzeugungen von einem wahrhaft christlichen Lebenswandel auf Erden und der Hoffnung auf himmlischen Lohn nach dem Tode für sich selbst und für alle, die wie sie waren. Als Stoeber seine Oberlin-Biographie schrieb, sammelte er auch

Informationen von Leuten, die Oberlin schon in seiner Studienzeit gekannt hatten. Alle, so sagt Stoeber, berichteten von dem starken Einfluß, den Oberlin auf jeden gehabt habe, ganz unabhängig von seinem Alter oder seinem Stand. Einige der Zeugnisse schreiben Oberlin sogar etwas wie engelhafte Eigenschaften zu und sagen zum Beispiel: »Seine Augen leuchteten von dem göttlichen Feuer, das einer Seele innewohnt, die auf den Himmel bedacht ist.«[19] Aber auch mit diesen frommen Weggenossen stand Oberlin fast niemals in geselligem Verkehr. Er wohnte nicht bei seinen Eltern, sondern in einem ungeheizten Dachzimmer, das er in der Stadt gemietet hatte und wo er sich sein bescheidenes Brot durch Nachhilfestunden verdiente. Die meiste Zeit verbrachte er mit einsamen Studien und stillem Nachdenken.

Der Tod eines geliebten Bruders im Jahre 1765 gab seinem theologischen Sinnen einen Hang zur Melancholie. Seine Tagebücher aus der Zeit sprechen oft von Sehnsucht nach dem Tode und von dem Dasein über den Tod hinaus: »Ach, mein Herr und Heiland, wann wird die Stunde herannahen, wo Du Dein Kind zu Dir nehmen wirst? Ach, sprich doch mit Lächeln zu den Himmelsbewohnern: ›Wie, meine Lieben, wollen wir nicht bald meinen Fritz Oberlin heimholen?‹«[20] Von dieser Zeit an richtete Oberlin seine Gedanken oft auf Spekulationen über den Zustand der abgeschiedenen Seelen, bis er in späteren Jahren ein einzigartiges eschatologisches System, eine wahre Lehre von den Wohnungen der Toten entwickelte.

In Übereinstimmung mit seiner strengen Lebensweise war Oberlin entschlossen, es sich nicht in einer gut eingerichteten Gemeinde bequem zu machen, sondern sich stattdessen eine Stellung zu suchen, wo es galt, mit Mühen und Beschwerden fertig zu werden, Not und Entbehrungen zu ertragen, Widerstände und Anfeindungen zu überwinden – kurz, einen Platz, wo er die Tiefe seiner Hingabe an Gott und seiner Liebe zu den Kindern Gottes in einem Leben der Mühsal, der Demut und der Aufopferung zeigen konnte.

Ein Amt, das einige Möglichkeiten zur Erfüllung dieser Absichten geboten hätte, war ihm nach Beendigung seines *triennium academicum* angeboten worden: er solle sich um eine Stelle als Feldgeistlicher beim Militär bewerben. »Mit schwerem Herzen« schlug er das Angebot nach langem Überlegen aus. Was Oberlin dazu bewogen hat, wissen wir nicht; jedenfalls spielten diese Bedenken und Hindernisse keine Rolle mehr, als ihm 1767, etwa acht Jahre später, die Feldgeistlichenstelle wieder angeboten wurde. Er flehte zu Gott um die »Gabe völliger Unterwerfung unter Seinen Willen«, und dann bewarb er sich. Zugleich beschaffte er sich die Schriften der zeitgenössischen Philosophen, von denen er wußte, daß sie von den Offizieren in der Garnison gelesen wurden. Mit aller Macht vertiefte er sich in die Schriften von Voltaire, Rousseau, Diderot, Holbach und La Mettrie.[21]

Seine Beurteilung dieser Weisen seiner Zeit war gemischt. Viele Erkenntnisse in ihren Werken fand er bewunderswert und nützlich; an manchen Sozialtheorien lobte er die humanitäre Einstellung; und von ihrem pädagogischem Wissen übernahm er vieles für seinen eigenen Gebrauch als Erzieher. Aber er entsetzte sich über ihren religiösen Skeptizismus, ihre Gegnerschaft zum Christentum und über ihren materialistischen Atheismus. Bei den jungen Offizieren hatte er beobachtet, mit welcher Begeisterung sie die Schriften dieser Männer verschlangen und wie willig sie sich deren rationalistische Weltanschauung aneigneten. Von seinem religiösen Standpunkt aus sah Oberlin in diesen »gottlosen Philosophen« den Antichristen, und er fühlte sich berufen, nun dessen Macht über den Geist der jungen Soldaten zu brechen und auszurotten. Er wollte den Feind gründlich kennen, um ihn dann mit um so größerer Sicherheit zu schlagen.

Unerklärlicherweise aber ließ die erwartete Ernennung wochenlang auf sich warten. Waren die höheren Kreise des Militärs sich etwa nicht ganz sicher, ob es klug sei, dem Offizierskorps diesen eifernden pietistischen Soldaten Christi gegenüberzustellen? Oder war die Verzögerung vielleicht ein Zeichen von Gott, daß er andere Arbeit für Oberlin im Sinn habe? Während Oberlin noch wartete, an einem Wintertag zu Beginn des Jahres 1767, klopfte es an seine Tür. Der unverhoffte Gast war der Pfarrer Stuber aus Waldersbach im Steintal, den Oberlin ein Jahr zuvor durch seine Mutter in Straßburg kennengelernt hatte. Stubers erster Eindruck von Oberlins Lebensverhältnissen ist uns überliefert: Hinter halboffenen Papiervorhängen ein ungemachtes Bett (Oberlin hatte, von Zahnschmerzen heimgesucht, etwas darauf geruht), was Stuber sofort an die Zimmer im Steintal erinnerte. Während Oberlin sich nun bemühte, es seinem Gast so bequem wie möglich zu machen und das Bett aufzuräumen, scherzte Stuber mit ihm über die Papiervorhänge. »Und was ist denn das für ein eisernes Pfännchen, das da über Ihrem Tisch hängt?« – »Das ist meine Küche«, kam die Antwort, »ich speise mittags bei meinen Eltern, und sie erlauben es mir, daß ich jedesmal ein Stück Brot mitnehme. Abends um acht Uhr lege ich das Brot in das Pfännchen, gieße Wasser mit etwas Salz darüber, stelle meine Lampe darunter und studiere fort, bis mich um zehn oder elf der Hunger mahnt; dann mache ich mich über meine selbstgekochte Suppe her, und die schmeckt mir wohl besser als der beste Leckerbissen.« Stuber dachte: »Das ist mein Mann!«[22]

Und so rückte Stuber auch bald mit seinem Vorschlag heraus: Oberlin solle sein Nachfolger als Pfarrer in Waldersbach werden, da er aus gesundheitlichen Gründen sein Amt dort nicht länger versehen könne und ihm sehr daran gelegen sei, den rechten Nachfolger zu finden, der seine Arbeit fortsetzen könne. Oberlins Antwort war zuerst ein glattes Nein: er hatte sich doch gerade als Militärpfarrer verpflichtet. Aber als Stuber in seiner ernsten und überzeugenden Art weitersprach, als er von dem primitiven Leben, von der Armut der Leute erzählte und davon, daß sie einer starken, opferbereiten und erfinderischen geistigen Führung bedurften; und besonders als er von den Mühen sprach, die der Seelsorger dort auf sich nehmen und durchstehen müsse, da kam Oberlin der Gedanke, daß dies tatsächlich ein Ruf von Gott sein könne. Und noch ehe Stuber mit seinen Ausführungen am Ende angelangt war, hatte sich dieser Gedanke schon zu einer klaren Überzeugung gefestigt. Daß die Bestätigung seines Militärpostens so rätselhaft lange auf sich hatte warten lassen, das nahm er nun als ein Zeichen von Gott: nicht die gottlosen Ungläubigen im Heer seiner Allerchristlichsten Majestät bedurften seiner Dienste, sondern das schlichte Bauernvolk im Steintal brauchte sie.

Um diese Deutung aber auf die Probe zu stellen, stellte er drei Bedingungen, ehe er den Ruf annahm: Erstens, daß die Militärverwaltung ihm gestatte, seinen Antrag zurückzuziehen; zweitens, daß sich ein neuer geeigneter Kandidat dafür finde; und drittens, daß andere Kandidaten für die Waldersbacher Pfarrei ihr vielleicht älteres Anrecht auf sie aufgäben. Alle drei Bedingungen wurden bald erfüllt: die erste dank dem Beistand von einflußreichen Freunden Stubers, die zweite durch den Zufall, daß schon ein anderer Kandidat für den Militärposten bereitstand, und die dritte durch die klare Tatsache, daß niemand sonst unter der Geistlichkeit für die zweifelhafte Pfründe in Waldersbach Interesse zeigte. So wurde denn am 1. April 1767 der Ruf des Kirchenrats an Oberlin genehmigt und durch den Grafen d'Argenson bestätigt, der als Lehnsherr über das Steintal das Aufsichtsrecht über die Kirche innehatte.

3. KAPITEL

Oberlin geht nach Waldersbach

Oberlins Ankunft

Bald nach Sonnenaufgang an einem feuchtkalten Tag Ende März des Jahres 1767 verließ eine schwere herrschaftliche Kutsche das Stadtzentrum Straßburgs. Die Kutsche gehörte dem Grafen d'Argenson, dem Lehnsherrn des Steintals. Sie war schwer beladen mit Haushaltsgerät und Lebensmitteln und trug außerdem drei Fahrgäste und ihr Gepäck: Johann Friedrich Oberlin, seine Mutter und seine Schwester Sophie. Johann Friedrich war nun also auf dem Weg, seine Lebensarbeit aufzunehmen, und zu freundlichem Willkommen und Geleit hatte d'Argenson seinem neuen Pfarrer Wagen und Pferde für die Reise gestellt. Sophie sollte in der ersten Zeit Haushälterin im Pfarrhaus sein. Madame Oberlin aber machte die Reise nur, um darauf zu sehen, daß ihre Kinder in dem neuen Haushalt ordnungsgemäß eingerichtet seien.

Am späten Nachmittag erreichte das Gefährt die Kreisstadt Schirmeck in den Vogesen, etwa fünfzig Kilometer von Straßburg entfernt. Oberhalb Schirmecks führte der Weg in eine enge Schlucht, wo die Breusch, von der Schneeschmelze in den Bergen angeschwollen, sogar das steinige Gesims mit überspülte, das die Straße zwischen der Felswand und dem tobenden Wasser aufnahm. Flußaufwärts, auf der Höhe von Rothau, wichen die Wände der Schlucht etwas zurück. Hier jedoch hielt das Gefährt plötzlich an. Das Endziel Waldersbach war keineswegs erreicht, doch war der Wagen auf ein Hindernis gestoßen, das nicht zu überwinden war. Im Sommer hätte man an dieser Stelle den Fluß durchfahren können, obwohl es für das schwere Gefährt wegen der steilen Ufer auch dann ein Wagnis gewesen wäre. Jetzt aber machten das Hochwasser und die starke Strömung ein solches Unternehmen schier undenkbar. Der einzige Zugang, den es um diese Jahreszeit zum Steintal gab, war ein gefällter Baum, der als Steg über den Fluß diente. Schon in Erwartung der Kutsche hatten sich die Dorfältesten von Waldersbach mit anderen Männern der Gemeinde an dem so primitiven Brückenkopf aufgestellt und halfen nun den Reisenden über den beängstigend schlüpfrigen Steg. Am anderen Ufer hob man alle drei für den Rest des Wegs auf einen zweirädrigen, hochsitzigen Pferdekarren, neben dem rechts und links Männer gingen, deren Aufgabe es war, das Gefährt an den ärgsten Stellen vorm Kippen zu bewahren und es bei den tiefsten Löchern durch den Schlamm hindurchzuschieben. Das Gepäck und das Hausgerät wurden von Trägern aus der Gemeinde über den Fluß geschafft und dann auf Ochsenkarren hinauf nach Waldersbach gebracht.

Das Pfarrhaus, das man nun endlich erreichte, sah trostlos aus. Verfallen und dunkel lag es da, tief überhangen von dem alten vermoosten und löchrigen Strohdach. Schon Pfarrer Stuber hatte es als einen »alten Kasten« bezeichnet, der nur wenig besser sei als ein Stall. Stubers Frau war mit den Kindern noch hier zurückgeblieben, vielleicht um günstigeres Wetter und sicherere Wegverhältnisse abzuwarten. So waren denn die neuen Bewohner auf ein paar Tage Hausgäste bei den alten, bis die Familie Stuber dann die Reise wagte. Bald darauf reiste Madame Oberlin wieder ab und überließ die Jugend ihrem eigenen Geschick.

Zwei Monate danach, am 12. Juni 1767, fuhr auch Oberlin selbst zurück nach Straßburg zur theologischen Abschlußprüfung und um die letzten Formalitäten für seine Promotion zu erledigen. Oberlin hatte nämlich seine Stelle – mit Genehmigung des Kirchenvorstands – im Steintal angetreten, noch bevor er seine Dissertation eingereicht hatte und zum Pfarrer ordiniert worden war. Jetzt, im Juni 1767, legte er Professor Beyckert seine theologische Dissertation vor mit dem Titel *De commodis et incommodis studii theologici (Über die Vorzüge und Beschwerlichkeiten des theologischen Studiums)*, ganz in lateinischer Sprache abgefaßt.[23] Es ist kein bedeutendes Werk, sondern ähnelt nach heutigen Maßstäben eher einer Seminarübung, entsprach aber den damaligen Anforderungen.

Das Ablegen der Abschlußprüfung war für Oberlin jedoch auch mit finanziellen Problemen verbunden. Auf die besorgte Frage seiner Mutter, ob sein Gehalt als Seelsorger in Waldersbach es ihm ermögliche, die Universitätsgebühren nun zu zahlen, sagte er ganz schlicht »Nein« und fügt dann hinzu: »Warum, liebe Mama, sollte ich mich sorgen? Ich bin doch ein Soldat Christi, und Gott der Herr hat mir durch meine Vorgesetzten den Befehl erteilt, dorthin zu gehen und in dem armen Tal sein Werk zu tun. Und das hab ich getan. Doch so beladen war ich mit der Arbeit, daß ich nichts anderes im Sinn haben konnte oder wollte; nach meinem Wohl zu sehen, das überlaß ich ihm, in dessen Dienst ich steh.«

Waldersbach mit der von Oberlin angelegten Allee auf die Perheu links von der Bildmitte und dem Mont Donon im Hintergrund (Ölgemälde von Juliet Kessler, um 1930)

Vogesenlandschaft und Bauernhaus bei Belmont

Viele Jahre später, in einem Brief an einen Freund, entsinnt sich Oberlin des Gesprächs mit seiner Mutter und stellt dann fest: »Der Herr aber, der alle Herzen lenkt, wie er auch die Flüsse lenkt, leitete alles so zum Guten, daß ich mich, sehr zum Staunen meiner lieben Mutter, bei der Abreise nach Straßburg unerwartet im Besitz von mehreren Sechs-Pfund-Talern fand.«[24] Siebenundzwanzig Jahre war er alt, als er, von solchem Geist erfüllt, sein Lebenswerk begann.

*Kurze Geschichte des Steintals**

Oberlin wußte, worauf er sich mit der Annahme der Pfarrei Waldersbach eingelassen hatte. Schon von seinem Großvater hatte er allerlei über das Steintal gehört, und von Ziegenhagen hatte er manches über Pfarrer Stuber und sein Werk als Waldersbacher Pfarrer erfahren.

Das Steintal liegt im Elsaß nahe der Grenze zu Lothringen und gehört heute zum Département Niederrhein. Es ist nur ein kleines Tal, eingebettet zwischen den östlichen und den westlichen Hängen der Vogesen. Nach Westen öffnet es sich zur Breusch. Im Norden und Süden wird es von zwei schmalen Bächen begrenzt, die in die Breusch fließen. Im Osten wird es durch einen Berg abgeschlossen, das »Hochfeld« (französisch »Haut Champ« oder »Champ du Feu«) genannt. Das Tal umfaßt acht Dörfer, die auf zwei Pfarrbezirke verteilt sind und als Gemeinden nach dem Dorf ihres Pfarramts heißen: die Gemeinde Rothau mit Wildersbach und Neuviller und die Gemeinde Waldersbach mit Bellefosse, Belmont, Fouday und Solbach sowie die kleinen Weiler Le Trouchy, La Hutte und Le Pendbois (oder Hangholz, heute Freudeneck). Dazwischen liegen noch einige abgelegene Gehöfte, die zu Oberlins Zeit noch für allen Fahrverkehr unzugänglich und oft im Winter wegen der ungeheuren Schneemassen nicht einmal zu Fuß zu erreichen waren. Ob »Steintal« oder »Ban de la Roche« genannt, bezieht das Tal seinen Namen von der mittelalterlichen Burgruine, die als »Burg Stein« oder »Château de la Roche« von ihrem hohen Felsen oberhalb von Bellefosse auf alle ihre Dörfer hinabblickt, außer auf Solbach, das hinter der Perheu, dem Hochplateau oberhalb von Waldersbach, liegt. Die Höhenunterschiede zwischen den Ortschaften der Gemeinde Waldersbach sind erstaunlich. Das Hochfeld als höchster Punkt liegt 1100 Meter hoch, Fouday an der Breusch 410 Meter. Die Entfernungen in der Luftlinie zwischen Waldersbach und seinen Dörfern betra-

* siehe Übersichtskarte auf dem vorderen Vorsatzblatt

gen jedoch meist weniger als drei Kilometer.[25] So klein und gebirgig ist das Tal.

Das Steintal ist regenreicher als andere Gegenden des Elsaß. Der reiche Niederschlag legte jedoch im Winter die Verbindungen zwischen den Dörfern lahm. Oberlins Tagebücher beschreiben einen Winter, in dem der Schnee in Bellefosse einen Meter über dem Dachrand einiger Häuser und in Belmont sogar acht Meter hoch gelegen habe. Die Schneemassen sind außerdem durch den Verlauf der Schluchten und Steiltäler von Ost nach West kaum der ohnehin niedrig stehenden Sonne ausgesetzt, was die Dauer der Abgeschnittenheit noch verlängerte.

Der früheste dokumentarische Nachweis der Existenz der Burg Stein stammt aus der Mitte des 14. Jahrhunderts, als die Ritter von Ratsamhausen als Lehnsherren über das Tal sie bewohnten.[26] Der mittelalterlichen Tradition gemäß hielten sie die Gegend als Raubritter und Wegelagerer in Schrecken, bis die Bürger von Straßburg einen Feldzug gegen sie unternahmen. Die Burg wurde dabei zerstört, aber den Rittern von Ratsamhausen verblieb weiterhin das Recht, Lehnsherren über das Steintal zu sein. Hundert Jahre später verkauften sie das Lehen an die Pfalzgrafen von Veldenz-Lützelstein. Deren Linie starb aber aus, und das Lehen fiel an die französische Krone zurück. Im Jahre 1723 wurde es d'Angervilliers zugestanden. Durch eine Schenkung fiel es im Jahre 1758 an den Grafen Antoine René de Voyer d'Argenson, Kriegsminister unter Ludwig XV. Bald darauf ehrte der König d'Argenson damit, daß er das Lehen zur Grafschaft erhob. In Oberlins viertem Amtsjahr, 1771, verkaufte d'Argenson das Lehen für 330 000 Francs an einen anderen Günstling des Königs, einen geachteten Patrizier von Straßburg, den Baron Jean de Dietrich, der ein kluger, leutseliger und großmütiger Gebieter für das bisher so tyrannisch regierte Gebiet wurde.

Als die Revolution 1789 alle Adelsrechte und -besitztümer aufgehoben hatte, wurde das gesamte Steintal zunächst zum Département Niederrhein geschlagen, dann aber auf die Départements Vogesen und Niederrhein aufgeteilt.

So abgelegen und versteckt es auch liegt, ist das Steintal doch öfter als andere Gegenden des Elsaß der Schauplatz für blutige Kämpfe und bittere Fehden gewesen. Der Dreißigjährige Krieg und seine Folgen verwüsteten das Land und rotteten die Bevölkerung nahezu aus. Besonders unter der schwedischen Besatzung war die Not groß. Selbst der Westfälische Friede stellte die Ruhe nicht wieder her. Der Vertrag verlangte einen hohen Kriegstribut, um die Schweden zufriedenzustellen, und gab dem Volk eine schwere Steuerlast zu tragen. Zwei Jahre später zogen Weimarer Truppen durch das Land, und wieder wurde der Bevölkerung ein Tribut auferlegt, zur Unterstützung des Kaiserreichs und für den Unterhalt der Truppen. Im Steintal wie im Breuschtal überhaupt starb die Bevölkerung fast aus. Als ob Krieg, Pest und Hungersnot nicht hingereicht hätten, um diesen unglücklichen Erdstrich zu entvölkern, forderte auch die Torheit ihre Opfer: auf der Perheu, der Hochebene oberhalb von Waldersbach, wurden angebliche Hexen in so großer Zahl enthauptet oder zu Tode gefoltert, daß der regierende Fürst »kaum glauben wollte, unter seinen armen Steintälern so viele Zauberer gehabt zu haben«.[27] Die Kirchenregister weisen in den fünf Dörfern der Waldersbacher Gemeinde während der achtzehn Jahre zwischen 1640 und 1658 nur sechs Heiraten auf. Die niedrigste Bevölkerungszahl scheint auf das Jahr 1650 zu fallen, mit insgesamt nur etwa fünfzig Seelen; in Fouday waren es sogar nur zwei, eine Witwe und ihr siebenjähriges Kind. Bis 1655 hatten dann zurückkehrende Flüchtlinge die Zahl der Haushalte in der gesamten Gemeinde wieder auf 38 gebracht, aber im nächsten halben Jahrzehnt kamen nur fünf weitere dazu.

Dieses langsame Wachstum ist nicht zu verwundern: das Volk lebte unter der erbarmungslosen Geißel der Armut, wie sie der unfruchtbare Boden und die häufigen Mißernten in diesem rauhen Klima mit sich brachten, und ebenso unter der Last der Plünderungen der Soldaten und der Tribute, die habgierige Landesherren über die Lehnspflicht hinaus erhoben. Hier regierten Lehnsherren noch lange, nachdem der Feudalismus im übrigen Elsaß, fast sogar in ganz Frankreich aufgehoben war.

Die nächste Besonderheit des Steintals war eine sprachliche: Mit Ausnahme des Steintals war der gesamte Oberlauf der Breusch mit ihren Nebentälern von deutschsprachigen Alemannen besiedelt worden. Das Steintal selbst aber war und blieb französisch. Bei dem Mangel an Verkehr mit der Umwelt verwilderte der Patois, der Dialekt des Tales, zu einer merkwürdigen Mundart, deren Wortschatz ein Gemisch war von zeitgenössischem Französisch, durchsetzt mit Archaismen aus dem Deutschen, das aus der Nachbarschaft hereinsickerte, und dem Italienischen, das durch die Arbeiter hereinkam, die sich der Lehnsherr aus Italien und der Schweiz hergeholt hatte. Mit ihren Gutturallauten erinnert die Sprache etwas an das Schweizerdeutsche. Der Dialekt wurde nur im Steintal gesprochen und war für Ortsfremde praktisch nicht zu verstehen. Noch 1807 schreibt Oberlin in einem Brief an die Predigerkonferenz in Herrnhut: »Belieben Sie zu bemerken, daß, wenn die Steintäler unter sich sprechen, ich nichts davon verstehe, ob ich schon jetzt über vierzig Jahre bei ihnen bin und auch manche Worte kenne.« Während der Steintaler Patois (in erster Linie dank der Bemühungen Stubers und Oberlins) heute verschwunden ist, hat sich im Steintal und den umliegenden Vogesentälern ein französischer Patois erhalten, der von der älteren Generation noch gesprochen wird.

Eine weitere Erklärung für die Einsamkeit des Steintals war die Tatsache, daß es eine protestantische Insel war in dem Meer des Katholizismus ringsherum. Wir haben keinerlei dokumentarischen Hinweis, wann die Reformation das Tal erreicht hat; aber es wird allgemein angenommen, daß sie unter der Losung »cuius regio, eius religio« vom Lehnsherrn eingeführt worden ist, als das Haus der Veldenz im Jahre 1570 die Lehnsherrschaft übernahm.[28] Der Konfessionswechsel löste keine besondere Störung aus. Der Gemeindepriester zu jener Zeit soll ein geselliger, heiterer Mensch gewesen sein, der bei Hochzeiten »so leidenschaftlich wie jeder andere Junggeselle« mit den Bauerntöchtern seiner Gemeinde tanzte und sogar Soutane und Wams ablegte, wenn es ein gar zu warmer Abend war. Als die Nachricht von der neuen Lehre ihn erreichte, stellte er sich mühelos und ohne große Gewissensbisse um, zog die neue Amtstracht an und hielt fortan seinen Gottesdienst gemäß der lutherischen Lehre, »so gut er sie verstand«.[29]

Während des Dreißigjährigen Krieges war der Geistliche für das gesamte Steintal ein Nicolas Marmet. Marmet scheint ein aufgeklärter Mann gewesen zu sein; er bemühte sich, Aberglauben und Abgötterei in seiner Gemeinde auszurotten und verlor dabei einmal fast das Leben. Stoeber erzählt die Geschichte auf diese Art: »Obgleich der Protestantismus die Verehrung der Bilder verbietet, hatte man nichtsdestoweniger in der alten kleinen Kirche von Fouday einen hölzernen Kopf von Johannes dem Täufer aufbewahrt, dem die Frauen beim Eintritt in die Kirche einen Kuß gaben oder wenigstens mit der Hand einen solchen zuwarfen. Marmet, dieses Bilderdienstes müde, ließ das Abbild wegnehmen; ... die Frauen, angefeuert durch die Gefühle der Empörung und der Rache, stürmten in das Pfarrhaus, bemächtigten sich des Pfarrers Marmet und schickten sich an, ihn in die Breusch zu werfen. Glücklicherweise kamen Männer dazu und befreiten ihn von diesen Furien; der Holzkopf aber kam nie wieder zum Vorschein.«[30] Die guten Steintäler haben eben seit eh und je den Hang gehabt, auf diese Weise mit Zugezogenen umzugehen, die sie reformieren wollten; auch Oberlin selbst ist es ähnlich ergangen zu seiner Zeit.

Noch zur Zeit Marmets wurden wieder Schullehrer ins Steintal geschickt (1663) und bekam der Pfarrer, der in Rothau amtierte, einen Vikar, der in Waldersbach wohnte. Das Steintal wurde auf zwei Gemeinden verteilt, Rothau und Waldersbach, denn die Kapelle in Waldersbach war bereits 1618 vom Lehnsherrn zur »Mutterkirche« erhoben worden. Bis zum heutigen Tage ist die Namensreihe der Pfarrer in beiden Gemeinden lückenlos erhalten. Im Jahre 1700 wurde ein Pierre Christophe Morel Seelsorger in Waldersbach. Er war der erste, der in einem regelrechten Pfarrhaus wohnte, obwohl dieses Gebäude nur um weniges besser war als eine Hütte. Aber es blieb das Waldersbacher Pfarrhaus, bis schließlich ein neues gebaut wurde, lange nach Oberlins Ankunft in der Gemeinde.

Im 17. und 18. Jahrhundert war der Pfarrer nicht nur der geistliche Hirte seiner Gemeinde und der Aufseher über das Schulwesen, sondern als der einzige Gebildete vielerorts auch in weltlichen Dingen der Mann, auf den das Dorf hörte. So auch in Waldersbach. Johann Georg Stuber, Oberlins Vorgänger, stellt dies in einem Brief an Oberlin durch einen Vergleich dar: »In deutschen Gemeinden ist der Pfarrer eine Art Maschine, den Bauern etwas fremd und nicht wirklich ihre Sache. Der Posten im Steintal ist gewiß nicht ganz, was er sein sollte, aber alles ist viel natürlicher. Der Pfarrer ist Freund, Vater, Bruder, Lehrer.«[31] – In den ersten Jahrzehnten nach der Reformation hatte man der Besonderheit der Steintaler Verhältnisse dadurch Rechnung getragen, daß die Seelsorger meist aus Montbéliard (Mömpelgard) angeworben wurden, das eine zwar französisch sprechende, aber dennoch protestantische Grafschaft war, die den Herzögen von Württemberg gehörte. Im Zuge der Gegenreformation ergriffen Ludwig XIV. und Ludwig XV. eine Reihe von Maßnahmen, um den Protestantismus im Elsaß zurückzudrängen. Dazu gehörten Steuererleichterungen für Katholiken, das Verbot der Bekehrung zum lutherischen Glauben und andere Behinderungen. Für das Steintal wirkte sich besonders nachteilig die 1727 erlassene Vorschrift aus, daß alle staatlichen Ämter, die Geistlichkeit eingeschlossen, mit französischen Staatsbürgern zu besetzen seien. Das zwang die beiden Gemeinden im Steintal dazu, sich an Straßburg zu wenden, obwohl dort nur wenige Theologiestudenten imstande waren, auf französisch zu predigen. Dann aber wurde das Finden geeigneter Kandidaten so schwierig, daß die kirchlichen Autoritäten in Straßburg im Jahre 1737 nach dem Prinzip: »Wenn der Prophet nicht zum Berg gehen will, dann muß der Berg zum Propheten kommen«, den Steintälern eröffneten, einen französisch sprechenden Pfarrer hätten sie nicht zu erwarten, sie sollten doch deutsch statt französisch sprechen. Die Folgen waren absehbar: die Steintäler fühlten sich nun sogar von denen verlassen, die bisher, zumindest zeitweilig, ihr einziger Trost und Beistand gewesen waren, nämlich ihren Seelsorgern. Der damalige Straßburger Kirchenvorstand betrachtete das Steintal als eine Art Sibirien, wohin man Geistliche verbannen konnte, die in Ungnade gefallen waren, sei es wegen ihres Lebenswandels oder weil sie aus einem anderen Grund ihrer hohen Berufung nicht würdig erschienen. »Seit einigen Jahren«, schreibt Stuber, »hat dieses Volk nur gleichgültige, wenn nicht gar mürrische und verdrossene Pfarrer gekannt; denn beide Gemeinden sind verrufen als zu magere Pfründe; die Gegend ist abgelegen; das

Leben primitiv und voller Mühsal; und jeder Geistliche, der sich dorthin verschlagen läßt, kann sicher sein, von Straßburg zunächst Verachtung und letzten Endes Vergessenheit zu ernten, anstatt Mitgefühl, wohlwollende Beaufsichtigung oder gar Beistand zu erfahren.«[32]

Der Dienst dort zehrte jedoch auch an den Waldersbacher Pfarrern; die meisten gingen nach zwei Jahren wieder, und länger als sechs Jahre blieb keiner. Der erste Schimmer einer Hoffnung kam für die Waldersbacher Gemeinde, als Johann Georg Stuber dort sein Amt antrat. Unter seiner weisen, hingebungsvollen Betreuung wurde der Grund gelegt für die großen Reformen, die Oberlin dann durchführen sollte.

Johann Georg Stuber – Oberlins Vorgänger

Stuber wurde im Jahre 1750 in sein Amt im Steintal eingesetzt. Er blieb bis 1754, legte dann aber aus Gesundheitsgründen das Amt nieder. Jedoch kam er 1760 noch einmal zurück und blieb nun bis 1767. Er hatte sich durchaus nicht Waldersbach zu seiner ersten Pfarrei auserwählt. Aber kurz vor seiner Ordination war eine kirchliche Verordnung erlassen worden, in der es hieß: »Keiner, der den Vorteil des Theologischen Seminars in Straßburg genossen hat, soll irgendeinen Ruf annehmen, der nicht vom Kirchlichen Rat ausgegangen ist.« Das ließ Stuber keine Wahl; er mußte dem Ruf folgen. Im Rückblick auf seine Amtszeit aber schreibt er später: »Jenes Dekret war für mich meine zweite Geburt, denn es verursachte meine Vokation (Berufung) ins Steintal.«[33] Den Zustand der Gemeinde, wie er sie im Jahre 1750 vorfand, beschreibt er so:

»Die Steintäler sind insgesamt sehr arm, und reich heißen nur die, die weniger Not leiden. Sie wohnen unter Strohdächern, gehen in Holzschuhen und nähren sich von einem geringen Ackerbau und unbedeutender Viehzucht. Ihre Sprache ist ein lothringisches Patois, ihre Speise Kartoffeln; Brot haben sie nur von Roggen und nicht im Überflusse. Nur wenige können solches für das ganze Jahr pflanzen, viele haben die meiste Zeit Mangel daran, etliche sogar an Kartoffeln, denen jedoch die anderen brüderlich aushelfen, so daß kein Steintäler betteln geht. Fleisch essen viele das ganze Jahr nicht, es wäre denn etwa bei einem Gastmahle. Man findet Leute, die in ihrem Leben kein Rindfleisch gegessen haben und denen die Schafe sogar der Gestalt nach unbekannt sind. Etwas Hafer, Hanf und Flachs wächst allda; Weizen wenig oder gar nicht und kein Wein. Ihr Vieh besteht aus wenigen kleinen Pferden (sie haben keine Esel) und einer geringen Art Rindvieh, welches wegen

Johann Georg Stuber (1722–1797), Oberlins Vorgänger im Steintal (Schattenriß)

Mangels genügsamen dürren Futters im Winter schmachtet und im Sommer die steinigen und entfernten Gegenden mit Mühe besteigt, wo es mehr Moos als Gras findet und wo ohnedem der eigentliche Sommer nur vier Monate dauert. Holz zum Brennen, Bauen und anderem, z. B. zu Fuhrwerk, zu Holzschuhen, ist im Steintal jetzt beinahe so selten wie Brot, das Geld noch viel mehr.

So arm aber dieses Volk ist, so kann man dasselbe, seiner Sprache und Religion wegen, wirklich ein Kleinod unserer evangelischen Kirche augsburgischer Konfession nennen, welche, außer Mömpelgard, sonst nichts oder doch gar weniges (sonderlich unter französischer Herrschaft) von der französischen Nation in ihrer Gemeinschaft zählt und billig mit Zärtlichkeit und Mitleid auf diese ihre fast verlassene und beinahe einzige französische Schwester hinschaut.«[34]

Den Zustand der Schulen fand Stuber besonders beklagenswert. Im Waldersbacher Kirchspiel gab es nur drei Lehrerstellen: Waldersbach und Bellefosse mit 104 Kindern, Fouday, Trouchy und Solbach mit 65, Belmont und Pendbois mit 63.

Ausgebildete Erzieher gab es nicht. Es waren einfach Leute, die sozusagen den niedrigsten Kostenvoranschlag für diese Arbeit vorgelegt hatten. Sehr häufig sogar gab der Dorfhirt den Lehrer ab. Offenbar erschien diese Kombination dem Bauernvolk durchaus sinnvoll, denn sie gab dem Kuhhirten Brot und Obdach während der Wintermonate, wenn weder das Vieh noch die Kinder auf den Feldern und Wiesen draußen sein konnten, und außerdem sah man offenbar eine Art Übereinstimmung in der Tätigkeit und den Methoden der beiden Berufe. Der

Wert, den man dem allgemeinen Nutzen und den Diensten von Lehrern und Hirten zuschrieb, läßt sich aus Abrechnungen ersehen: das durchschnittliche Jahresgehalt für Hirten war 44 Francs und acht Sack Roggen, für Lehrer 43 Francs und fünf Sack.[35]

Eine Schulpflicht gab es nicht. Von den zwanzig Schülern, die den ganzen Unterricht besucht hatten, konnte nur einer überhaupt lesen. Keine zwei hatten Bücher mit demselben Inhalt. Dank der Hilfe eines Straßburger Freundes, des Magisters Ott, der selber Lehrer war, konnte Stuber sich aber genug Exemplare jeweils ein und desselben Buches beschaffen, so daß in einem Dorf alle Schüler derselben Stufe gleichzeitig aus demselben Buch lernen konnten. Jedes Dorf benutzte aber ein anderes Buch. Indem die Bücher zwischen den Dörfern zirkulierten, konnte jede der Schulen, eine nach der anderen, aus den verschiedenen Schulbüchern Nutzen ziehen. Dadurch, daß es nun gleiche Bücher überhaupt gab, konnte Stuber »etwas von preußischer Lehrweise« einführen. Aber trotz allem, was sie nun an Büchern besaßen, hatten die Schüler wie auch ihre Lehrer »vom Alten und vom Neuen Testament nur eine sehr schwache Vorstellung; sie kannten sich nicht aus mit Bibelstellen«:

»Zeigt man den Schülern den Anfang eines Kapitels und fragt dabei nach dem Ende des vorigen, so finden sie es nicht; auch hat niemand in der Schule ihnen je gesagt, was ein Blatt, eine Seite, eine Linie, eine Silbe, oder ein Wort sei. ... Hatte ein Kind sich von oben bis unten durch eine Seite hindurchgestammelt, so hielt es dort unten an, selbst wenn die Seite mit der ersten Silbe oder mit zweien aus einem mehrsilbigen Wort endete. ... Das Buch, das den Schülern am vertrautesten war, war das Kirchengesangbuch ..., gab man ihnen jedoch ein anderes in die Hand, so waren sie wie in der Fremde, wo ihnen nichts mehr bekannt zu sein schien. Sie verwechselten *Jésus* mit *je suis; cœur* mit *cour; herbeux* mit *heureux, ardeur* mit *ordure; honneur* mit *horreur* etc.«[36]

Stubers langfristige Bemühungen zielten auf eine bessere Ausbildung für Lehrer. Er wählte sich die besten seiner älteren Schüler aus und unterrichtete sie selbst, um sie zu Lehrern zu machen. In der Hoffnung, daß es ihnen in der Gemeinde größeres Ansehen verschaffe, wenn er sie mit einem Titel auszeichnete, nannte er sie fortan »Messieurs les Régents d'écoles«: »die Herren Schulvorsteher«. Und wiederum mit Hilfe des Professors Ott erhielt er aus Straßburg 2000 Francs, die er gegen Zinsen anlegte, um davon an die sonst nur spärlich besoldeten Lehrer Preise zu verteilen für jeden tüchtigen Schüler, den sie hervorbrachten, etwas mehr für ältere Schüler als für jüngere, aber einen doppelten Preis für

»Kinder von geringem Fassungsvermögen, wenn sie dennoch Fortschritte gemacht hatten«. Er brachte aber auch eine gewisse Ordnung in den Erziehungsprozeß, indem er die Schüler in Gruppen oder Klassen aufteilte, je nach ihrem Entwicklungsstand.

Für die Kinder der Gemeinde bedeuteten die Anfänge im Lesen auch eine erste Begegnung mit einer ihnen im Grunde fremden Sprache. Um diesem schwierigen Problem abzuhelfen, arbeitete Stuber ein kleines Lesebuch für das Erlernen des Französischen aus, das in Straßburg 1762 erschien und dessen Titel auf deutsch so lauten würde: *Methodisches Alphabet zur Erleichterung des Buchstabierens und Lesens auf Französisch.*[37]

Sein sichtbarer Erfolg mit dem Lesen und Schreiben der Kinder brachte ihm die Bewunderung der Eltern ein, und einige von ihnen, die sich ihres eigenen Unwissens schämten, baten ihn, doch auch sie zu unterrichten. So kam es dazu, daß Stuber eine Schule für Erwachsene einrichtete. Von 1760 an gab er jeden Winter Unterricht, für Männer und Frauen getrennt. So lernten in den Jahren seiner Amtszeit an die zweihundert Erwachsene lesen und schreiben. Als Lesematerial beschaffte er sich aus Basel eine Reihe von Bibeln. Um diese nun aber auch so weit wie möglich zu verbreiten, nahm er sie auseinander und band sie neu in mehreren Teilbänden, die er mit Pergamentdeckeln versah. Diese Bücher machten dann die Runde unter den Familien innerhalb der Gemeinde. Manche sollen sogar den Weg hinaus gefunden haben in die Häuser von Katholiken in den Nachbargemeinden, die sich in aller Heimlichkeit diese schmalen Bibeln kauften, um das Verbot der Priester zu umgehen.

Zusammen mit dem Lesen und Schreiben von Französisch förderte Stuber auch mit aller Macht den Unterricht im Singen. Zuerst brachte er den Schullehrern »etwas von den Noten« bei, und schließlich sangen dann alle die Schulkinder in Gruppen von zwanzig oder dreißig aus dem Gesangbuch Kirchenlieder zu der begleitenden Baßstimme der jungen Lehrer. »Wir brachten es dazu, daß die gesamte Gemeinde vertraute Kirchenlieder jeweils zweistimmig sang. Ein paar mutige Männer konnte ich dazu bewegen, nach dem Gehör die Baßstimme zu lernen; der Schullehrer pflegte das ganze Singen jeweils damit einzuleiten, und alle Männerstimmen fielen dann mit ein. Im zweiten oder dritten Takt kamen dann die Frauen dazu, gestützt auf ein paar vorgeschulte Stimmen, und so ging es fröhlich fort, wobei die Männer immer mit ihren Baßstimmen den Gesang abrundeten.«[38]

Jeden Monat, an einem festgesetzten Sonntag, mußte einer der Lehrer seine Schüler zur öffentlichen Prüfung vorstellen. Die Kinder standen dann um den Altar herum, sagten den Katechismus auf oder Gesangbuchverse und Stellen aus der Bibel »so sauber ausgesprochen in einem so klaren, so natürlichen Französisch und so gleichmäßig gut bei ihnen allen, daß man ohne hinzusehen kaum wissen konnte, wo ein Kind aufhörte und das nächste begann«.

In seiner theologischen Einstellung und in seinem Leben als Pfarrer war Stuber ein unabhängiger Denker und nicht der Anhänger irgendeiner Bewegung oder Schule oder eines besonderen Bekenntnisses. Die Bibel war ihm der Mittelpunkt seines Lehrens, in den Schulen ebenso wie in den Kirchen. Er nahm nicht am theologischen Streit teil und war ganz gegen jeden Zwang durch Kirchenlehre oder Dogmen. Seinen eigentlichen Zweck als Seelsorger sah er darin, daß er seiner Gemeinde die schlichte Botschaft des Evangeliums bringe, und zwar in einer Sprache, die sie auch verstand; er wollte sie mit dem Evangelium durchdringen, ihr Dasein so davon erfüllen, daß sie ein wahres Gottesvolk würde. Der Glaube war für ihn nicht ein bloßes Bekennen, sondern mußte sich in der Lebensführung des Alltags widerspiegeln. Typisch für Stuber ist seine Antwort auf die Frage: »Daß unsere Kinder heutzutage alles anders lernen, ist das, weil wir jetzt einen anderen Gott haben als damals zu unserer Zeit?« Stubers Antwort lautete nämlich so: »Gewiß, denn damals war es der Gott der Dunkelheit; jetzt aber mühen wir uns um den Gott des Lichts.«[39]

Der Optimismus Stubers wird auch in dem deutlich, was er rückblikkend über seine Waldersbacher Zeit sagt und was sich zugleich liest wie eine Kurzfassung von Oberlins Gründen, sein Leben der Gemeinde im Steintal zu widmen: »Die Einzigartigkeit der Gegend macht es durchaus möglich, daß ein guter, tüchtiger Mann auf lange Zeit dort bleiben und zum Guten wirken könnte; denn es gibt so vieles dort, das nicht seinesgleichen hat, wie die Lebensweise, die Sprache und Gedankenwelt und anderes mehr, dessen ein Pfarrer sich bewußt sein soll. Und keine andere Gemeinde irgendwo im Elsaß oder in ganz Frankreich läßt sich mit dieser hier vergleichen.«

II

Der Lehrer, Pfarrer, Armenhelfer (1767–1782)

4. KAPITEL

Das Erziehungswerk

»Der Quell der Mühseligkeiten und des Schweißes, der wird zugleich auch der überströmendste Quell der göttlichen Gnade sein. Nach dem Maße der Mühen, die einem Diener des göttlichen Wortes zu überwinden auferlegt werden, beschert ihm der Heilige Geist auch seine Gnade.«

(Johann Friedrich Oberlin)[1]

Oberlins Anfänge

In den ersten Wochen seiner Amtszeit in Waldersbach verwendete Oberlin viel Zeit darauf, sein Arbeitsfeld zu sichten und zu überblicken. Gleich zu Beginn erkannte er, daß es hier nicht damit getan war, das Evangelium zu verkünden, sondern daß er auch als einer gefragt war, der die Not seiner Gemeinde lindern, der Nächstenliebe üben konnte. Und wie viele andere pietistisch geprägte Pfarrer - denken wir nur an Flattich! - war er sich der Nähe, ja des Aufeinander-Angewiesenseins von Erziehung und Seelsorge bewußt. Eine seiner ersten Waldersbacher Predigten befaßt sich mit diesem Zusammenhang und ist zugleich ein Appell an die Eltern, sich die Erziehung ihrer Kinder angelegen sein zu lassen:

»Gott hat dem Steintal die Gnade geschenkt, daß es jetzt Schulen gibt, auch solche, in denen die Erwachsenen lesen lernen können, und jetzt gibt es sogar solche, in denen man zur Ehre Gottes und zur Erbauung seiner Seele singen lernt. Außerdem hat er uns erbauliche Bücher verschafft, die man euch leihen möchte. Wenn Gott euch Kinder gibt, müssen wir bemüht sein, sie für den Himmel zu erziehen, und aus diesem Grunde werden wir alle Gelegenheiten ergreifen, werden wir alle Mittel anwenden, die ihnen heilsam sind. ... Niemand zwingt euch zu heiraten, aber wenn ihr es tut und wenn euch durch die Heirat Kinder geschenkt werden, dann ist es Gottes Wille, daß ihr alles tut, was zum wahren Guten und zum Heil eurer Kinder dienen kann. Dieses setzt Gott voraus, der von euch Rechenschaft fordert.«[2]

Oberlin setzte alle seine Kräfte rücksichtslos für seine Arbeit ein - in der Gewißheit, daß Gott den Pfarrern »schließlich keine Aufgabe zuweist, deren Ausführung sie nicht gewachsen wären«.[3] Auch seine Leute trieb er so unbeugsam und mit solchem Nachdruck zur Arbeit an, daß er sehr bald in der Gemeinde auf deutlichen Widerstand stieß und so auch Stuber, seinem treuen Ratgeber und Freund, Anlaß gab, sorgenvoll zu schreiben: »Ach, er hütet mir meine Herde mit einem Stab von Eisen.« Aber weit mehr bewegte Stubers Herz der tyrannische Zug in Oberlins Disziplin, die er sich und anderen auferlegte. In einem Brief vom 20. Oktober 1768 bezeugt er seine Furcht, daß sein junger Freund seinen eigenen Absichten durch eine vielleicht unbedachte Verzettelung seiner Bemühungen entgegenwirken könne und daß eben deren Vielfalt ihn ungewollt dazu verleiten könne, seine Seelsorge zu verweltlichen:

»Sie haben eine gewinnende Art, die Sie, wenn Sie nur niemand mehr fürchten als Gott und von vielerlei Projekten sich nicht übertäuben und überwältigen lassen, wirklich viel tüchtiger macht, als ich es war. Ich will Sie aber doch auch erinnern wegen des Christentums, daß man nämlich auch durch gute Werke davon abkommen kann. Sie sind hier bekehrt worden. Wenn Sie nun draußen nicht wachsen, nicht in Gott dringen, dabei aber viel zu tun, viel zu denken, viele löbliche Projekte haben, so können Sie, bei Ermangelung eines stets erweckenden Umgangs und andrer Ermunterungen, die man hier besser als draußen für sich allein findet, nach und nach wieder kalt werden und selbst durch das, was Sie für Gott tun, von Gott abkommen.«[4]

Es mag dieser Warnung zu verdanken gewesen sein, aber es war gewiß auch seiner Veranlagung gemäß, daß Oberlin niemals von seiner Überzeugung abwich, daß seine erste und größte Pflicht in der Seelsorge liege. Sein Leben lang waren all seine vielseitigen Pläne im Grunde jeweils ausgerichtet auf das eine große Ziel: seine in jeder Weise vernachlässigte, gelegentlich auch sittenlose Gemeinde in ein Gottesvolk zu verwandeln. Die höchste Instanz auf Erden war für ihn die Kirche. Jedes Gemeindeprojekt, jeder gemeinsame Entschluß, jedes soziale Werk, jedes wirtschaftliche oder berufliche Unternehmen wurde unter ihrer Schutzherrschaft geplant und durchgeführt; jeder Neubeginn wurde von der Kanzel angekündigt, aller Fortschritt begleitet und weitergeführt von Gebeten vor dem Altar wie auf den Kirchenbänken, jedes erreichte Ziel wurde gemeinschaftlich an Festtagen in der Kirche gefeiert.

Die Eheschließung

Die erste Zeit in Waldersbach führte seine Schwester Sophie Oberlin den Haushalt, denn er war noch unverheiratet. Schon als Student hatte er erwogen, überhaupt unverheiratet zu bleiben, um sich ganz seinem Beruf widmen zu können. Dieser Entschluß stieß auf entschiedenen Widerstand der Eltern. Vor allem Oberlins Mutter meinte, er müsse als Pfarrer eine Frau haben, die ihm nicht nur den Haushalt führe, sondern ihn auch bei seiner täglichen Arbeit ermutige. Mehr aus Hochachtung vor den Eltern als aus Überzeugung ließ sich Oberlin dazu überreden, eine Ehe in Betracht zu ziehen.[5]

Die ersten Bemühungen der Mutter fallen noch in die Vor-Waldersbacher Zeit. So hatte ihr jemand im Vertrauen erzählt, daß eine reiche Brauerswitwe in Straßburg eine Tochter habe, die wahrscheinlich gewillt wäre, Johann Friedrich die Hand zu reichen. So riet sie ihm denn, sein Glück dort zu versuchen. Da es aber seine Gewohnheit war, immer wenn er vor ernsten Entscheidungen stand, ein Zeichen göttlicher Fügung abzuwarten, betete er zuerst, daß Gott ihm seinen Willen kundtun und ihn in seinem Urteil lenken möge. Nach einer Weile erreichte ihn dann auch ein Zeichen, daß er im Haus der jungen Dame einen Anstandsbesuch abstatten solle, und aus der Art, wie deren Mutter ihm begegne, solle er schließen, ob er den nächsten Schritt tun oder sich zurückziehen solle. So ging er denn und zog die Klingel an der Tür. Die Mutter empfing ihn höflich und rief auch die Tochter herbei. Man setzte sich. Sein Eindruck war nicht gerade günstig, doch nahm er höflich teil an dem belanglosen Geplauder über dies und das, bis aller Gesprächsstoff ausgegangen war. Eine Pause trat ein, und der Besuch schlug den Blick zu Boden. Die beiden Damen sahen einander an, wie um zu ergründen, was wohl der Sinn dieses Besuches sei. Dann schlugen auch sie die Augen nieder. Die Stille hing noch eine Weile im Raum; doch dann erhob sich Oberlin, verbeugte sich, murmelte unverständlich ein paar Worte, ging zur Tür und überließ die Damen ihren Spekulationen. An diese Heirat verschwendete er aber keinen Gedanken mehr.

Oberlins Eltern, keineswegs entmutigt durch den Fehlschlag ihres ersten Versuchs, unternahmen sehr bald den zweiten. Unter den Straßburger Familien, mit denen sie freundschaftlich verkehrten, war die eines Kollegen seines Vaters. Für eine seiner Töchter hatte Oberlin »lange schon eine warme Hochachtung empfunden«. Mit Zustimmung der zukünftigen Braut und auch des Bräutigams setzten die beiden Väter den Heiratsvertrag auf. Als sich aber ein reicherer Freier meldete, wurde der Vertrag wieder annulliert. Umso größer das Erstaunen Oberlins, als er ein paar Wochen später einen Brief vom Vater der Braut empfing, der ihm andeutete, es sei doch wünschenswert, die Verbindung mit ihm einzugehen. Oberlin ging sofort zum Haus des Vaters, gab ihm höflich den Brief zurück und erklärte, er sei gewohnt, göttlicher Fügung zu folgen. Deshalb scheine ihm das zwischen ihnen Vorgefallene ein Zeichen zu sein, daß sich die vorgeschlagene Heirat als ein Fehler erweisen würde. Zugleich versicherte er seinen ehemaligen Lehrer seiner fortdauernden herzlichen Dankbarkeit und verabschiedete sich erst, als er sich sicher fühlte, daß das freundschaftliche Verhältnis der beiden Familien keineswegs gelitten hatte.

So verliefen diese Bemühungen im Sande, Oberlin trat seine Stelle in Waldersbach an, und Madame Oberlin fand sich langsam mit dem bestehenden Zustand ab und machte sich nur im Stillen Sorgen, daß sich für Sophie die Heiratsmöglichkeiten immer mehr verringerten, je länger sie den Waldersbacher Haushalt ihres Bruders versah. Etwa ein Jahr nach seinem Amtsantritt lernte er jedoch bei einem Besuch der Verwandten im Waldersbacher Pfarrhaus die junge Maria Magdalena Salomé Witter (1747–1783) näher kennen, die sich in der gesunden Landluft des Steintals von einer Krankheit erholen sollte. Sie war mit Oberlin verwandt (ihr Großvater Feltz war sein Urgroßvater), Tochter eines Straßburger Philosophieprofessors, aber schon im ersten Lebensjahr Waise geworden und von der Großmutter und der Tante großgezogen. Gut gewachsen und elegant gekleidet, pflegte sie – wie dies bei jungen Mädchen ihres Standes allgemein üblich war – die Musik und die Poesie und übte sich in Konversation.

Oberlin hatte die junge Dame lange schon gekannt, aber sie entsprach keineswegs seinen Maßstäben, der er in einem Hause aufgewachsen war, wo schlichte Kleidung und eine einfache Lebensweise mit Frömmigkeit des Herzens und Demut des Geistes gleichgesetzt wurden. So stieß er sich immer aufs neue an ihrer städtischen, weltlichen Art. Während ihres Besuchs hielt er sogar eine Sonntagspredigt über die Eitelkeit und sprach von »gewissen jungen Leuten, die für Luxus, feine Kleidung und dergleichen gar zu empfänglich« seien.

Einige Jahrzehnte später gab Oberlin einem besorgten jungen Mann, der ihn in Dingen der Liebe und der Ehe um Rat gefragt hatte, einen Bericht über die Geschehnisse zur Zeit jenes Besuchs. Dort schreibt er: »Als meine Mutter mir riet, Magdalena Salomé zu heiraten, flehte ich sie an: ›Sprich mir nur nicht von diesem Mädchen . . ., allein schon der Gedanke an eine solche Heirat widert mich an.‹« Seine Mutter reiste zwar ab, aber ein neuer Gast, eine Madame Müller-Fröhlich, riet ihm ebenfalls zu dieser Heirat. Im Innersten bäumte er sich auf: »Alle quälen sie mich mit dem Mädchen!« Doch schon am folgenden Freitag, als er morgens über seinen Büchern saß, traf es ihn: »Nimm sie zur Frau!« Als völlig unsinnig schob er den Gedanken beiseite, »doch er kam ohne Unterlaß zurück und quälte mich ganz unerbittlich«. Er lief davon, nahm den Spaten und grub im Garten bis zur völligen Erschöpfung; er stieg in die Berge, suchte nach Kräutern und Insekten und kam sehr müde heim, doch er war bekümmert und »betrübt ganz wie zuvor«. Dann flehte er zu Gott: »Dieses, o Herr, mein Gott, ist ein gar bittrer Kelch; soll ich ihn wirklich leeren, so gib du mir den Mut dazu!« Nicht etwa, daß ihm danach der Gedanke »angenehmer und weniger als Schmerz« erschienen sei, doch »kam mit der Bereitschaft, mich zu fügen, ein neuer Mut, den Pfad zu gehen, auf dem der Herr mich haben wolle«. Am Samstag wuchs ihm der Mut, und als der Sonntag kam, war Oberlin im Frieden mit sich selbst und fest entschlossen, sich nach dem Gottesdienst an die junge Dame zu wenden und Gottes Willen darin zu erkennen, wie sie ihm auf den ersten Antrag antworte. »Als der Abend gekommen war, fragte ich sie in Gegenwart meiner Schwester, ob sie gewillt sei, meine Frau zu werden; wenn ja, so solle sie zum Zeichen ihre Hand in die meine legen. Und dann geschah's, daß sie, die nahezu ein Gelübde getan hatte, sie werde niemals einen Pfarrer heiraten, und die weit günstigere Anträge sehr sorgfältig erwogen und ausgeschlagen hatte, nun von dem Stuhl aufsprang und schnell und fest ihre Hand in die meine legte.« Das war am 5. Juni 1768; bereits am 6. Juli wurden sie getraut.

Wenn heutige Leser sich etwas über die Art und Weise verwundern, in der Oberlin seine Lebensgefährtin fand, so sollten sie immerhin bedenken, daß im 18. Jahrhundert Liebesheiraten die Ausnahme waren. Auch der theologischen Ansicht der Brüdergemeine zufolge war die Ehe unter Christen ein Symbol für den Bund zwischen Christus und der Gemeinde der Gläubigen. Der Wille Gottes – und nicht menschliche Zuneigung – bestimmte die Wahl des Ehepartners. So war es in der Brüdergemeine denn allgemein der Brauch, daß die Ältesten die Wahl trafen; falls diese sich aber bei mehreren Anwärtern nicht einigen konnten, entschied das Los. Auch in kirchlichen Kreisen sah man die Wahl eines Ehepartners oft als eine Art Geschäftsabkommen an, das Vorteile mit sich brachte. Selbst bekannte Männer der Kirche gaben gelegentlich ein Beispiel dafür ab, daß praktische Erwägungen bei ihrer eigenen Wahl wichtiger gewesen waren als die Liebe. Der Theologe Johann Salomon Semler etwa rechnete überzeugt auf Gottes Zustimmung, als er ein Mädchen, das er liebte, preisgab, um die Tochter einer reichen Witwe zu heiraten, in deren Haus er wohnte; die Heirat ermöglichte es ihm, seine Schulden abzuzahlen und es zu einer Universitäts-Professur zu bringen. »Ich allein weiß«, so bezeugt er, »wie betrübt ich war, bis ich dann schließlich lernte, mich dem allgemeinen Gesetz zu unterwerfen, dem hohen Gesetz Gottes.«[6]

Magdalena Salomé Oberlin, geb. Witter (1747–1783), Oberlins Frau

Im Rückblick auf sein eigenes Leben konnte Oberlin seinem jungen Brieffreund durchaus seinen eigenen Weg, zur Entscheidung zu kommen, empfehlen, denn der hatte ihn gut geführt. Sein eigenes Empfinden, das sich zur Zeit seiner Heirat von Widerwillen und Abneigung zur Fügung in sein Schicksal gewandelt hatte, entwickelte sich bald zu hingebungsvoller Liebe, und er führte dann eine überaus glückliche Ehe.

Über die Hochzeit von Johann Friedrich und Magdalena Salomé ist nicht viel bekannt. In der Stadtbibliothek zu Straßburg befindet sich aber ein Dokument mit dem Titel *Inventarium über den Wohl-Ehrwürdigen J. F. Oberlin ... und M. S. Oberlin, geborene Witterin, 1768.* Es enthält eine Liste von Hochzeitsgaben (zumeist Haushaltsgeräte verschiedener Art) mit den achtzehn Namen derer, die sie geschenkt hatten, und außerdem die sechzig Namen derer, die Geld gespendet hatten (insgesamt 288 Livres), und als letztes eine Aufzeichnung über das Vermögen beider Teile: J. F. Oberlin: 3442 Livres; M. S. Oberlin, geb. Witter: 3200 Livres. Wahrscheinlich stellten diese Summen die Erbteile dar, die Oberlin von seinem Großvater Feltz und Magdalena Salomé von ihren Eltern empfangen hatten.[7]

Bald nach der Heirat setzte Oberlin für sich und seine Frau ein gemeinsames Gebet auf, in dem sie unter anderem baten, Gott möge ihren Bund durch Kinder segnen und ihnen seine Gnade und Weisheit zuteil werden lassen, ihre Kinder auch in seinem Sinne zu erziehen; und sie beteten darum, daß, wenn einer von ihnen sterbe, es dem anderen vergönnt sein möge, ihm bald nachzufolgen.[8] Die erste Bitte wurde reichlich erfüllt: neun Kinder entsprangen ihrer Ehe; zwei starben jung, jedoch die anderen sieben wuchsen heran und überlebten die Mutter um viele Jahrzehnte. Die letzte Bitte aber wurde nicht erhört: Magdalena Salomé sollte schon mit 35 Jahren sterben, 43 lange Jahre vor ihrem Mann.

Die Gründung der Kleinkinderschulen

Bald nach seiner Ankunft in Waldersbach hatte Oberlin einen Rundgang durch die gesamte, weit verstreute Gemeinde gemacht, jedes der fünf Dörfer und die drei Flecken besucht und sich mit den Einwohnern unterhalten. Er fand, daß bei all den Verbesserungen, die Stuber schon erreicht hatte, dennoch vielerorts weiterhin großes Elend herrschte. Ein Beispiel aus den Aufzeichnungen Oberlins: »Den letzten Mai war ich im Pendbois von Belmont. Die kleinen dasigen Kinder kamen um mich herum zu stürmen. Ich konnte mich der Tränen nicht enthalten, da ich einerseits ihre zarte Jugend und andrerseits die üble Auferziehung, die sie hatten, betrachtete, an einem Ort, wo fluchen, schelten, schwören, schlagen, raufen häufiger als das Brot ist.«[9]

Schon in seinem ersten Amtsjahr scheint Oberlin angesichts dieser Zustände den Plan gefaßt zu haben, einen Hort für vernachlässigte Kinder einzurichten. Zwei Jahre später hat dieser Plan bereits Gestalt angenommen. In einem von Oberlin geführten Notizbuch mit dem Titel »Règlements« findet sich jedenfalls unter der Überschrift »Strickschulen 1770« folgende undatierte Eintragung: »Seit den zwei Jahren, da ich im Amte bin, hat mir die vernachlässigte Erziehung so vieler Kinder in meiner ausgedehnten Pfarrei stets sehr viel Kummer verursacht; es ist dies eine Last, die schwer auf meinem Herzen lag. Ich machte immer Versuche, ein Haus zu kaufen oder zu bauen und sodann ein Erziehungshaus daraus zu machen, aber alles war umsonst.«[10]

Auch hatte Oberlin in diesen zwei Jahren in der Gemeinde nach jungen Frauen gesucht, um die Kinder mit der liebevollen Fürsorge zu umgeben, die er als erste Notwendigkeit für sie ansah. Der Durchbruch kam im Herbst 1769, als er erfuhr, »daß Sara Banzet aus Bellefosse, die bei meinem Vorgänger Stuber in Diensten gestanden hatte, daselbst sehr guten Strick-Unterricht erteilt habe (eine damals im Steintal seltene Fertigkeit), daß sie diese Kunst aus eigenem Antrieb die Kinder des Orts lehre, aber daß ihr Vater es wegen der Zeitversäumnis ungern sähe. Dies war für mich eine höchst erfreuliche Nachricht. Ich ging hinauf zu ihrem Vater und schloß mit ihm einen Vertrag, infolgedessen seine Tochter in meine Dienste als Lehrerin trat.«

Die beiden Verträge, die Oberlin im Frühjahr 1770 zur Anstellung von Sara Banzet und zur Anmietung eines Unterrichtsraums aufsetzte und unterzeichnete, liefern den dokumentarischen Beweis, daß Oberlin in der Tat der erste war, der ein regelrechtes Programm für den Unterricht von Kleinkindern in Gruppen und außerhalb ihres Elternhauses aufstellte. Die Dokumente besagen im wesentlichen folgendes:

»A. Abkommen mit Meister Johann Jakob Banzet. Ich, ... Johann Friedrich Oberlin ..., bezeuge, daß ich mit Meister Johann Jakob Banzet ... ein Abkommen getroffen habe mit den folgenden Bedingungen: Seine Tochter Magdalena (alias) Sara wird mir drei Tage die Woche Dienste leisten. ... Ich werde ihr jährlich 24 Louisdor zahlen. ... Sollte jemand ihr ... außerdem irgendwelche Zuwendungen machen, so gehören die ihr.

B. Abkommen mit Meister Nicolas Hagemann. Ich, der Unterzeichnete, verpflichte mich, dem Meister Nicolas Hagemann in Belmont die

Summe von ... (unleserlich) zu zahlen für die Benutzung seines Hinterzimmers mit Ofen, und für was auch immer ihm die Strickschule an Unannehmlichkeiten verursachen möge.«[11]

Nun, da die erforderlichen Bedingungen für einen Beginn in Belmont erfüllt waren, wurde es offenbar auch leichter, junge Frauen zu finden, die in den übrigen Dörfern den Unterricht erteilen würden. Die folgende Beschreibung (aus den »Règlements«) bietet uns ein gutes Beispiel für das Talent Oberlins, Menschen für eine Aufgabe zu gewinnen. Dabei appellierte er gleichzeitig an das Pflichtgefühl der Öffentlichkeit und das persönliche Gewissen jedes einzelnen. Eines Tages, im Gebet um göttliche Führung bei diesen Bemühungen, kam ihm der Gedanke, Marie Bohy aus Trouchy kommen zu lassen. Sie selbst war durchaus gewillt, die Aufgaben einer Lehrerin auf sich zu nehmen, aber ihre Mutter leistete starken Widerstand. Oberlin ging zu ihr, um mit ihr zu reden, wurde aber »scharf zurückgewiesen mit vielen der üblichen, obwohl menschlich begreiflichen Entschuldigungen«. So erklärte er denn, er werde sich nicht noch einmal die Mühe machen, so etwas zu erbitten und werde auch die angebotenen Dienste ihrer Tochter nicht annehmen, außer wenn sie, die Mutter, selber zu ihm käme, um Gott um Verzeihung zu bitten und ihre Tochter in seinen Dienst zu stellen. Damit verabschiedete er sich.

Dies geschah an einem Montag. Am Dienstag ließ er die Frau des Johann Martin Loux aus Waldersbach kommen und bat sie in derselben Weise und gegen eine angemessene Entschädigung um die Dienste ihrer Tochter. Diese Frau »war zuvor sehr weltlich gesinnt gewesen, hatte sich aber am vergangenen Sonntag stark angesprochen und bewegt gefühlt von einem ihr besonders eindrucksvollen Gottesdienst«. Auf Oberlins Vorschlag hin »brach sie in Tränen aus und gab ihre Tochter ohne jedes Zögern frei für den Dienst des Herrn, verweigerte aber auch jegliche Vergütung, trotz ihrer ärmlichen Verhältnisse«. Um sie dennoch für den Verlust der Hilfe ihrer Tochter zu entschädigen, konnte Oberlin sie schließlich überreden, ein Mädchen einzustellen, dessen Lohn zu zahlen er übernahm. Noch eine weitere Freude wartete auf ihn: Madame Loux hatte kaum das Pfarrhaus verlassen, als ihr Mann wegen einer anderen Sache dort vorbeikam. Als Oberlin ihm berichtete, daß er seine Frau habe kommen lassen und wie beglückend ihr Verhalten für ihn gewesen sei, »da konnte er vor Tränen der Dankbarkeit über den Wandel in seiner Frau kein Wort über die Lippen bringen«. Und am Mittwoch, schon ganz früh morgens um fünf Uhr, kam Marie Bohy mit der Kunde, daß ihre Mutter, tief beschämt wegen ihrer unchristlichen Haltung, schon am Dienstag nach Solbach zum Amtsrat gegangen sei, um ihm zu sagen, er solle ihre Tochter zur Erziehung der Kinder einsetzen, wo auch immer der Pfarrer Oberlin sie haben wolle.

Oberlin schließt diesen Teil seiner Aufzeichnungen mit den Worten: »So hatten wir nun sogar zwei. Lange schon hatte ich mir jemanden zur Aufsicht für die Kinder in Solbach gewünscht, aber mein Glaube war noch nicht stark genug gewesen, um wirklich zu der Zeit schon nach jemandem zu suchen. Ich wußte nämlich nicht einmal, wie ich die, die ich schon hatte, bezahlen könnte. Aber nun, da Gott mir zwei so ausgezeichnete junge Frauen sandte, warum sollte er, der die Raben nährt und die Lilien kleidet, nicht auch Brot und Kleidung für sie schenken?«[12]

Im Gespräch mit Außenstehenden nannte Oberlin diese neugeschaffenen Einrichtungen »écoles à tricoter« oder »Strickschulen«, aber im Gespräch mit seinen Gemeindemitgliedern nannte er sie »poêles à tricoter« oder »Strickstuben«. Der Sinn dieser Benennung war wohl, daß er die freudlose Vorstellung des üblichen Schulzimmers vermeiden und stattdessen die anheimelnde Vorstellung eines gut geheizten Wohnzimmers wecken wollte. Und aus demselben Grund gab es bei ihm in den Strickstuben keine »Lehrerinnen«, die steif und nach strengen Regeln die Klasse führten. Seine Frauen sollten ihre Kleinen hüten und leiten, als gütige Erwachsene sie an der Hand ins Leben führen und stets ein freundliches Auge auf sie haben. So kam es zu dem Titel »Aufseherin der zarten Jugend« (»Conductrice de la tendre jeunesse«), wie ihn Oberlin offiziell bei feierlichen Veranstaltungen oft benutzte.

Die Besonderheit des pädagogischen Systems, das Oberlin im Steintal entwickelte, lag darin, daß der Schulbesuch in viel früherem Alter begann als sonst irgendwo zu seiner Zeit: wie Oberlin seine eigenen Kinder schon ab einem Alter von zweieinhalb Jahren unterrichtete, so fingen auch die Kinder in den Strickstuben im Alter von drei oder vier Jahren an und traten dann als Sechs- oder Siebenjährige in die öffentliche Schule über.

Durch Oberlins eigene Aufzeichnungen, aber auch aus anderen Quellen, wissen wir, was Zweck, Inhalt und Art des Unterrichts in diesen Kleinkinderschulen waren. Weil die Lebensbedingungen und die geistige Atmosphäre in den Bauernhäusern oft so unzulänglich waren, wollte Oberlin die Kinder so früh wie irgend möglich froheren Erlebnissen und besseren Einflüssen ausgesetzt sehen, ohne die Kleinen jedoch von ihrem eigenen Zuhause ganz und gar zu trennen. Er wollte die Kinder von drei bis sieben Jahren mehrmals die Woche auf ein paar Stunden aus den trübseligen, feuchtkalten und verschmutzten Räumen in ihren Häusern herausholen und sie in hellen, luftigen und vor allem warmen Zimmern zusammenführen. Die erbarmungswürdigsten von allen wollte er ganz von den Eltern trennen, die durch Hunger, Elend und Verzweiflung reizbar und zänkisch geworden und den Kindern gegenüber oft erschreckend grausam waren. Er wollte die Kinder beschäftigen und sie zugleich allerlei Nützliches lehren, vor allem das Stricken, die älteren aber auch das Kämmen von Flachs. Er wollte ihnen die Natur nahebringen, wollte sie zeichnen lehren, sie anleiten, Pflanzen, Insekten und Steine zu sammeln und auch zu bestimmen. Er wollte sie vertraut machen mit der Gestalt und Beschaffenheit des Bodens, von dem ihre Nahrung kam, und er druckte für sie Landkarten ihres Tals, in die sie ihre Häuser selbst einzeichnen konnten, wenn sie die wichtigsten Zeichen der Topographie zu lesen verstanden. Mit dem allem wollte er ihnen die Möglichkeit verschaffen, sich selbst zu beschäftigen, und ebenso die Fähigkeit und die Bereitschaft zu einem echten, frohen Gemeinschaftsleben. Nicht nur zum Besten der Kinder selbst, sondern auch weil er sicher war, daß die von ihnen neu erworbenen Gepflogenheiten bis zu einem gewissen Grade auch einen Einfluß auf das Familienleben zu Hause haben würden, bestand er auf Sauberkeit und Gewöhnung an Körperpflege, auf Höflichkeit und guten Manieren. In jeder erdenklichen Weise suchte er den Verstand der Kinder wachzurufen und ihre Phantasie zu fördern. Aber er lehrte sie auch beten und gab sich alle Mühe, ihre Herzen zu Dankbarkeit zu erziehen und empfänglich zu machen für die Liebe Gottes und die Schönheit seiner Erde. Er gab ihrem Leben einen Sinn und stärkte ihre Selbstachtung und ihre frohe Gewißheit, daß sie Kinder Gottes waren.

In einem Manuskript von 1770 notiert Oberlin selber die Zwecke der Kleinkinderschulen: »1. kommen die Kinder von den Straßen; 2. werden sie nach und nach zur Arbeit angewöhnt; 3. kommen sie unter eine gute Aufsicht, 4. wird früh an ihren Seelen gearbeitet; 5. lernen sie dadurch Französisch (der Patois ist nicht erlaubt, außer in wirklichen Notfällen; dies ist ein ungemein wichtiger Punkt); 6. werden sie fleißiger zur Schule zu gehen gemacht (d. h. man kann erreichen, daß sie eifriger in die Schule gehen); 7. verdienen dadurch die Kinder, wo nicht viel, doch wenig. Ein treuer Haushalter aber verachtet nichts; 8. sollte das Stricken in Aufnahme kommen, so würde manches Geld im Lande bleiben und manche sonst verlorene Zeit nützlich angewendet werden« – und Oberlin schließt gleich eine Rechnung an.[13] Diese Bemerkungen sind das einzige Zeichen dafür, daß er schon bei der Gründung der Strickstuben die Aussicht auch auf wirtschaftliche Vorteile für seine Gemeinde im Sinn gehabt hat. In einem späteren Kapitel werden wir sehen, daß diese Aussicht schließlich greifbare Formen annahm durch die Gründung einer einträglichen Textil-Industrie, die sich auf die in den Strickstuben erlernte Handfertigkeit stützte.

Immer wieder taucht in Oberlins Äußerungen die Forderung nach

Unterricht in sauberem Französisch auf. Dahinter steht freilich kein Sprachpurismus, sondern die nüchterne Überlegung, daß der Patois, der Dialekt der Steintaler Gegend, mit schuld war an der geistigen und gesellschaftlichen Isolierung der Gemeinde. Wenn er den Kindern richtiges Französisch beibrachte, dann – so lautete Oberlins Rechnung – würde die Sprache der Kinder langfristig die der ganzen Gemeinde werden. Oberlin bewegt sich hier exakt auf dem von Stuber vorgezeichneten Weg.

Im Jahre 1794 erreichte das Steintal ganz unerwartet eine ihnen gemeinsam zugedachte Anerkennung: eine lobende Erwähnung durch die französische Nationalversammlung wegen ihrer Beiträge zur Festigung und Verwurzelung der französischen Sprache. Wahrscheinlich hatte keiner der beiden deutschsprachigen Männer eine Ahnung, daß er erinnerungswürdige Beiträge zum Ruhm Frankreichs liefere, wenn er sich rechtschaffen abquälte, sein schlichtes Bauernvolk Wörter und Sätze zu lehren, damit es sich gegenüber Fremden besser verständlich machen konnte.

In einem langen Brief, durch den er sich für diese Ehrung erkenntlich zeigt, erwähnt Oberlin sein Erstaunen, aber auch seine Beschämung, »denn meine Muttersprache ist doch Deutsch; es mag wohl sein, daß ich mir durch Lesen genug Französisch für mein geliebtes Tal angeeignet habe, doch bleibt mein Französisch trotzdem weit hinter dem der gebürtigen Franzosen zurück«.[14]

Im selben Brief beschreibt er rückblickend auch die Lehrmethoden seiner jungen Lehrerinnen: sie zeigten ihren Kleinen Bilder aus der Geschichte und aus dem Tier- und Pflanzenreich, benannten jedes im Patois, aber zugleich auch auf französisch; die Kinder übten und wiederholten dann das französische Wort. Um ihre jungen Hände zu beschäftigen, lehrten sie allen auch das Stricken. Schließlich »gab es zum Spaß Bewegungsspiele, die den Körper schulen, die Glieder kräftigen und zur Erhaltung der Gesundheit beitragen. Die Kleinen lernten, dabei rücksichtsvoll zu sein beim Spiel und sich auch nicht zu zanken. . . . Ich hatte eine kleine Sammlung angelegt von Naturalien, Abbildungen aus der Kunst, einfachen Instrumenten und aufeinander abgestimmten Gläsern. Wenn nun der Fleiß der Kinder etwas nachließ, so konnten wir auf unsere Art mit irgendeiner Zauberei die Lust zum Lernen neu beleben. Auch sollte ich die kleinen Landkarten erwähnen, die ich für den Unterricht in Holz geschnitten und gedruckt habe und aus denen die Kinder mit der Zeit alle Länder der Welt kennengelernt haben.« Wenn die Schüler den Stoff ihrer Lehrbücher beherrschten, wurden sie in der Kirche von den Lehrerinnen vor die versammelte Gemeinde geführt, wo sie dann »die erzielten Fortschritte mit so freudiger Begeisterung vorführten, daß ihren Eltern oft dabei die Tränen kamen. Und mir gab dieses öffentliche Deklamieren Gelegenheit, den Erwachsenen zu zeigen, wie nützlich solche Dinge auch für sie sein würden. Doch es dauerte noch eine längere Zeit, bis ich auch für sie diese Möglichkeit geschaffen hatte.«

Der Hinweis auf Naturalien, Abbildungen aus der Kunst, Instrumente und »Zauberei« in diesem Brief beweist, wie früh und klar Oberlin den Wert und die Wirkung eines Anschauungsunterrichts erkannt hat – wie ihn ja auch Fröbel später, im Jahre 1840, als grundlegend wichtiges Element in sein »Kindergarten«-System im Rahmen seines Allgemeinen Pädagogischen Instituts aufnahm.[15] Ebenso war Oberlin dem »Gründer des ersten Kindergartens« um zwei Generationen darin voraus, daß er nicht nur geistige Führung für wesentlich bei der Erziehung des Kindes hält, sondern auch eine freundliche Umgebung, schöpferische Tätigkeit und körperliche Schulung.

Zum Unterrichten in den Kleinkinderschulen scheint Oberlin nur Frauen herangezogen zu haben, was damals völlig unüblich war. Zugleich mit der Einrichtung der ersten Kleinkinderschulen widmete er sich dem Problem der »Erziehung der Erzieher«, das heißt er fing an, auch die Ausbildung der Lehrerinnen zu planen. Hier war ihm seine Frau eine große Hilfe: Das Ehepaar Oberlin nahm geeignete Mädchen aus der Gemeinde zu sich ins Haus, wo sie mit dem rechten Antrieb und Ausblick ihre Fähigkeiten entwickeln und die nötigen Kenntnisse für ihren Beruf erwerben konnten. Auf diese Weise wurde das Waldersbacher Pfarrhaus zu einer Ausbildungsstätte für Vorschullehrerinnen. Frau Oberlin war sehr bemüht, die jungen Mädchen auch im Haushalt zu unterweisen und jede von ihnen nach ihrem Talent zu fördern. Es galt, die vielen Fertigkeiten zu entwickeln, die eine gute Haushaltsführung verlangt. Dazu gehörten Kinderpflege, Handarbeit, Zeichnen, Singen, Geschichtenerzählen und -schreiben. Bei allem, was über dieses Grundlegende hinausging, teilten sich die Eltern Oberlin die Arbeit: im französischen Sprachunterricht, in der Bibelkunde und im Lehren des Katechismus. In regelmäßig abgehaltenen Feierabendstunden sprachen Lehrer und Lernende gemeinsam über Ziele und Zwecke der Kleinkinder-Erziehung, besprachen Unterrichtsmethoden und entwarfen Darstellungshilfen für den Unterricht.[16] Immer wurden die Mädchen als Teil der Familie angesehen und genossen so die Vorteile des Lebens in einem gebildeten, kultivierten Hause, wo Anstand und ein auf christliche Lehren gegründetes Verhalten in gegenseitiger Hochachtung und Liebe ihnen jederzeit vor Augen waren.

Während Oberlin seine Pläne für die Kleinen im Alter zwischen drei und sieben Jahren entwickelte und ausarbeitete, beschäftigte er sich ebenso stark mit der Verbesserung und der Erweiterung der Erziehung für die älteren Kinder in den öffentlichen Schulen. Im Steintal wie in vielen Bauerngemeinden konnte Schule nur im Winter abgehalten werden, weil die Jugend zwischen Saat- und Erntezeit zur Feldarbeit benötigt wurde. Unter den fünf Dörfern der Gemeinde hatte im Jahr 1767 nur Waldersbach ein Schulhaus. Es war ein kleines, schäbiges Gebäude in sehr schlechtem Zustand; es diente aber nicht nur als Unterrichtsstätte, sondern ebenso als Wohnung, einmal für den Lehrer, das andere Mal für den Dorfhirten, je nach der Jahreszeit. Die Jugend aus Bellefosse besuchte die Schule in Waldersbach; in Fouday, Solbach und Belmont aber wurde der Unterricht von Wanderlehrern in einzelnen Häusern erteilt.[17]

Oberlins erster Schritt zur Verbesserung der Erziehung war der Plan zum Bau eines neuen Schulhauses in Waldersbach. Bei diesem Unternehmen stieß er jedoch auf Widerstand bei der Bevölkerung. Einige Biographen haben diese Feindseligkeit der allgemeinen Faulheit der Bevölkerung zugeschrieben, die sich zufriedengab mit dem Zustand der Unwissenheit und sich nicht aufgerüttelt sehen wollte; dazu aber kam gewiß die Furcht, daß ein solcher Bau den ohnehin mit Steuern und Abgaben schwer belasteten Haushalten weitere unerträgliche Bürden auferlegen würde. Möglicherweise wurde Oberlin auch mit dem Einwand konfrontiert, in Bellefosse (wo es noch kein Schulhaus gab) sei ein Schulhausbau viel nötiger.[18] Wie dem auch sei, Oberlin bestand auf seinem Vorhaben: das neue Schulhaus in Waldersbach sollte Vorbild werden für die Schulen ringsum. Gestützt auf seinen Freund Stuber, der ihm auch hier großzügig beistand, machte er sich unerschrocken an die Verwirklichung seines Plans. Dabei waren sich die beiden einig, daß sie den Widerstand der Behörden und der Einwohner nur überwinden könnten, wenn es ihnen gelang, das Gebäude zu bauen und später zu unterhalten ohne irgendwelche zusätzlichen Kosten für die Bevölkerung oder den Lehnsherrn, Graf d'Argenson.[19]

Stuber übernahm das Sammeln von Spenden in Straßburg, wo seine angesehene Stellung als Seelsorger an der St.Thomas-Kirche ihm Zugang zu wichtigen Persönlichkeiten der Stadt verschaffte. Er begann seinen Werbefeldzug mit einem Besuch bei dem Königlichen Prätor Régemonte, dem Straßburger Vertreter des in Paris lebenden Grafen d'Argenson. Zwar glaubte er nicht, daß er von Régemonte Unterstützung für den Plan erhalten würde, aber er hoffte, ihm zumindest das Versprechen abzuringen, daß sich d'Argenson oder sein örtlicher Stellvertreter dem Bau nicht widersetzen würden. Zu einem solchen Versprechen konnte Stuber Régemonte allerdings nicht bringen. Trotzdem schlägt er Oberlin in einem Brief vom 23. November 1768 vor, getrost und in Gottes Namen mit dem Bau der Schule zu beginnen: »Beschaffen Sie sich in aller Stille einen Bauplatz, zeichnen Sie die Pläne, und bestellen Sie das nötige Material. Ich glaube, jetzt ist die richtige Zeit dafür, und Gott der Herr wird uns schon beistehen. Nur dürfen Sie nicht mehr erträumen, als absolut nötig ist.«[20]

Mit solcher Ermutigung und im Vertrauen auf Gott ging Oberlin ans Werk, indem er mit geborgtem Geld und auf seinen eigenen Namen ein Grundstück gegenüber dem Pfarrhaus erwarb. Er schrieb herzbewegende, überzeugende Briefe an Freunde und Bekannte, die am Fortschritt im Steintal und an seiner Arbeit dort Interesse gezeigt hatten. Eine der ersten und großzügigsten Hilfen für seine Sache kam ihm von der Witwe des Straßburger Senators Reichart, die schon Stuber zu dessen Amtszeit in Waldersbach in seinen Bemühungen um die Erziehung unterstützt hatte und die nun, nachdem sie alles Geld, was sie aufbringen konnte, hergegeben hatte, auch noch den Erlös aus dem Verkauf zweier silberner Leuchter spendete. Von verschiedenen Bekannten empfing Stuber Hilfe in Gestalt von Anleihen, die er und Oberlin gemeinsam zur gegebenen Zeit zurückzuzahlen versprachen. Auch sonst brachte Stubers Spendenaufruf allerlei Beiträge ein, auch von alten Freunden des Steintals wie Magister Ott und Dr. Ziegenhagen.

Aber Oberlin überließ Stuber und Ott nicht die gesamte Bürde der Suche in Straßburg nach Freunden, die er für seine Gemeinde gewinnen könne; er selber unternahm viele Reisen in die Stadt. Um aber für seine Arbeit daheim nicht wertvolle Tagesstunden zu verlieren, bestieg er oft abends erst sein Pferd und ritt bei Mondlicht durch die Nacht nach Straßburg, erledigte dort tagsüber, was es zu tun gab, und ritt in der nächsten Nacht nach Waldersbach zurück.

Er hatte oft Gelegenheit, dankbar in seinem Tagebuch zu verzeichnen, wie berechtigt immer wieder sein Glaube an den Beistand Gottes gewesen sei.[21] So auch am Morgen eines Tages, an dem eine Schuldenzahlung fällig war und er zu seiner großen Sorge nicht einen Pfennig dafür besaß. Wie stets in Zeiten der Not nahm er seine Zuflucht zum Gebet; kaum aber hatte er es ausgesprochen, als ihm ein Brief ausgehändigt wurde, der ihm von einem anonymen Spender fünfhundert Francs brachte.

Als der Baubeginn nach allen Mühen schließlich näher kam, erschien es beiden, Oberlin und Stuber, trotzdem ratsam, eine öffentliche Erklärung abzugeben, die ein für allemal den in der Bevölkerung immer noch schwelenden Verdacht beseitigen sollte, daß man sie doch noch eines Tages für die Kosten des eben begonnenen Gebäudes heranziehen werde. So ließen sie denn ein gemeinsam aufgesetztes Schriftstück von Hand zu Hand gehen, das besagte, daß es ihnen nun, da durch die Spenden einiger Wohltäter ausreichende Mittel beschafft worden seien, auch wirklich möglich gemacht wäre, »besagten Bau zu unternehmen, ohne daß die Einwohner die geringste Beisteuer oder irgendeine Fronarbeit dabei zu leisten haben«.

Der Grundstein wurde am 31. Mai 1769 gelegt. Drei Monate darauf waren das Balkenwerk und der Dachstuhl hergestellt, und das Richtfest konnte gefeiert werden. Der stolze Bau dem armseligen Pfarrhaus gegenüber veranlaßte Oberlin zu der Notiz: »Ich wohne weiter in diesem alten Haus, wo ich mich mit der ständigen Rattenplage und mit dem Durchsickern des Regens durch das löchrige Dach abfinden muß; ich will jedoch so lange keine neue Wohnung haben, bis alle Schulen anständig untergebracht sind.«[22]

Während des Baus hatte Oberlin sein möglichstes getan, um den Waldersbachern anzudeuten, daß freiwillige Hilfe für das neue Unternehmen durchaus willkommen sei. Sein eigenes Beispiel, seine Hingabe an die Sache, seine Opfer an Zeit und Kraft beim Beschaffen der Gelder, seine Bemühungen als Architekt, Bauaufseher, gelegentlich auch seine Geschicklichkeit als Maurer, Zimmermann oder auch nur als Handlanger, alles das sollte – so hoffte er – Interesse bei ihnen wecken und sie zur Mitarbeit anregen. Auch seine Predigten, seine Bemerkungen bei den wöchentlichen Bibel-Abenden und seine persönlichen Gespräche gemahnten die Bevölkerung, besonders die Eltern, an die Notwendigkeit einer ausreichenden Erziehung für die Verbesserung des Lebens wie für ihr Seelenheil. Trotz all seiner Bemühungen blieb der Widerstand dennoch stark. Es kam sogar zu Handgreiflichkeiten, und in einer Winternacht hätte ihn eine Horde von Betrunkenen beinahe in die Breusch geworfen.

Mit der Zeit ließ die Feindseligkeit aber nach, und als er sich im Jahre 1773 anschickte, das zweite Schulhaus zu errichten – dieses nun in Bellefosse –, da hatte er die große Freude, daß die erste Spende dafür diesmal nicht von einem Auswärtigen kam, sondern von jemandem in seiner eigenen Gemeinde. Andere folgten diesem Beispiel, und schließlich waren tausend Francs zusammengetragen. Und diesmal legten die Leute auch Hand an bei der Bauarbeit und nahmen die Lasten auf die Schultern, wie es Oberlin in seiner Chronik am 3. September 1773 beschrieben hat:

»Fast alle Männer von Bellefosse waren im Wald, um die Bäume für die Dachbalken zu fällen«; und: »Die Grundsteine mußte man auf sehr schlechten und gefährlichen Wegen herbeiholen, aber die Bellefosser unterwarfen sich diesem notwendigen Geschäft mit dem besten Willen und aus freien Stücken.« Und schließlich: »Die Steintaler, von ihrem Irrtum geheilt, setzten sich bei diesem Bau voll und ganz ein.«[23] Georg Meyer mag seinerseits auch recht haben, wenn er diese Mithilfe der Bevölkerung deutet als »ein Zeichen, daß dieser große Baumeister Oberlin diesmal die Sache recht gehandhabt hatte. So sah er seine Leute nun, wie sie wirklich waren: begeisterungsfähig und opferbereit«, denn sie waren nun überzeugt von seiner Einsicht und der Notwendigkeit des Unternehmens.[24]

Das Belmonter Schulhaus wurde 1779 errichtet aus Material, das der neue Lehnsherr des Steintals, Baron Johann von Dietrich, dafür gestiftet hatte. Das in Fouday erstand zur Napoleonischen Zeit; dort trug der Präfekt des Départements Niederrhein die Kosten, Adrien de Lezay-Marnésia, ein fortschrittlicher Verwalter, der während seiner Amtszeit ein Bewunderer und naher Freund von Oberlin wurde. Das letzte Schulgebäude aber, das in Solbach, war die Stiftung seines Bürgermeisters Martin Bernard, der kinderlos war. So wurde der große Plan des Baus von Schulen für das ganze Tal allmählich verwirklicht. Was Waldersbach jedoch aus fremder Hand empfangen hatte, erwuchs in Solbach ganz aus eigener Kraft.[25]

Aber nicht nur beim Bau der Schulen, sondern ebenso bei der Entwicklung dessen, was dort erzieherisch geboten werden sollte, hatte Oberlin die unschätzbare Hilfe seines Vorgängers. Stuber hatte bereits Schritte unternommen, die Lebensbedingungen und die berufliche Ausbildung der Lehrer zu verbessern. Im Frankreich des 18. Jahrhunderts war die Ausbildung von Lehrern für ländliche Gemeinden nicht Sache der Hochschulen. Genauso wie ein junger Arzt oder ein angehender Advokat das Nötige für den Beruf bei einem Erfahrenen vom Fach erlernte, so begann auch der junge Pädagoge als Lehrling bei einem Schulmeister. Aber selbst wenn es üblich gewesen wäre, gebildetere Männer aus den Städten anzustellen, hätte Oberlin seine Lehrer wahrscheinlich dennoch im nahen Umkreise gesucht; denn ganz abgesehen von dem Sprachproblem, das aus dem ausschließlichen Gebrauch der Ortssprache erwuchs, glaubten Oberlin und Stuber eben auch, daß nur einheimische Lehrer das rechte Verständnis für die Sorgen dieser Gemeinde aufbringen und auch mit ihnen fertig werden könnten. Oberlin fuhr also fort, wo Stuber aufgehört hatte, nämlich mit der Schulung guter, tatkräftiger Junglehrer aus der Bevölkerung selbst.

Einer, den Stuber entdeckt und ausgebildet hatte, war Johann David

Bohy, der Oberlins Bemühungen nicht nur als Lehrer unterstützte, sondern auch für sie auf Reisen ging, um im Jahre 1773 in Deutschland und in der Schweiz Geld für die Erweiterung der Kirche in Fouday zu sammeln.

Ein zweiter war Sebastian Scheidecker. Schon als Schüler war er dem Pfarrer Stuber wegen seiner Begabung aufgefallen, und er hatte ihn als Siebzehnjährigen nach Barr bei Straßburg geschickt, um dort im Winter die Kinder der Sägemühlen-Arbeiter zu unterrichten und sich so als Lehranwärter zu bewähren. Zwei Jahre später holte er ihn zurück, zunächst als Aushilfslehrer, dann aber als »Vorsteher« in Bellefosse. Als Oberlin ins Steintal kam, war auch er so beeindruckt von Scheideckers Intelligenz und ganzem Wesen, daß er ihn zu seinem ersten Brotherrn schickte, seinem verehrten Lehrer Dr. Ziegenhagen. Dort sollte er sich die Grundlagen der ärztlichen Wissenschaft aneignen und sich zugleich in angewandter Medizin üben, damit er danach Oberlin zur Seite stehen könne in seinem Bemühen um die Gesundheitspflege seiner Gemeinde, die keinen Arzt hatte. So kann man wohl mit Recht annehmen, daß Scheidecker nach Oberlin der bestgeschulte Mann in der Gemeinde war. Als Lehrer zeichnete er sich nicht nur durch sein Geschick im Unterrichten der Kinder aus, sondern auch durch sein Fingerspitzengefühl für Talente zum Lehrberuf unter seinen Schülern, die er dann als neue Anwärter für den Beruf schulte. Oberlin beschrieb ihn einmal als jemanden, der gern Bücher lese, vor allem solche, die sich mit medizinischen Problemen befaßten. Einen weiteren wichtigen Beitrag lieferte er an der Seite Oberlins in späteren Jahren, als er die Baumwollspinnerei im Tal als Industrie einführte. Immer, wenn Oberlin verreisen mußte, setzte er ihn zum Stellvertreter ein, zum »ersten Bürger« der Gemeinde. Nach Oberlins Tod blieb Scheidecker auch weiterhin im Tal und lebte bis ins hohe Alter ganz seinem Beruf.

In einem Brief an Magister Ott schrieb Oberlin über die anderen Lehrer etwa so: »Benoit Louis, in Belmont: klug und treu und sehr dienstbereit. Aber er widmet sich nicht genügend der Lektüre der vielen Bücher, die man ihm empfiehlt. – J. J. Masson, in Bellefosse: ist wohl mehr guten Willens als wirklich leistungsfähig. – Vernier Masson, in Waldersbach: tut jeweils sein Bestes, um zu lernen, was er nicht weiß, und somit fähiger und nützlicher zu werden.«[26]

Wir haben gesehen, wie Oberlin zu den ersten Leiterinnen für seine Strickstuben kam. Welche Mühe er sich aber auch gab, wenn es galt, für eine der Schulen einen neuen Lehrer zu finden, der nicht nur den Menschen, sondern auch Gott gefällig sein würde, das geht aus zwei Dokumenten hervor, auf die mich Anne-Margrit Meyer hingewiesen hat: das erste ist eine Predigt, die er in Solbach gehalten hat; das andere ein

Gebet aus demselben Gottesdienst. Beide liefern ein gutes Beispiel dafür, wie Oberlin seine pädagogischen Aufgaben mit den seelsorgerlichen verband. Zugleich beweisen sie, welch hohe Auffassung er vom Lehrerberuf hatte.

»Meine lieben Freunde in Solbach«, so wandte er sich an sie in dieser Predigt, »da unser Freund und schon lange treuer Lehrer um seine Verabschiedung gebeten hat, ersuche ich nun euch, zu Gott zu beten, daß er das Besetzen dieser Stelle in seine Hände nehme, damit die Wohlfahrt und die Arbeitsfreude unserer Kinder auch weiterhin gesichert seien ... Und wenn ihr dann so ganz von Herzen dafür gebetet habt, so komme ein jeder von euch am nächsten Sonntag nach dem Gottesdienst zu mir an den Altar und flüstere mir den Namen dessen ins Ohr, den ihr als Lehrer haben möchtet.«[27] In dem Gebet am Schluß des Gottesdienstes nannte er dann im einzelnen die Tugenden eines solchen Lehrers, wie man ihn sich von Gott erhoffte: »Unsere Jugend, o Gott, die so kostbar in Deinen Augen ist, bedarf des besten aller Hirten. ... Er sei ein Mann, inbrünstig erfüllt von Liebe zu Dir ..., der auch die Kinder in seinem Herzen trägt ..., ein Mann der Weisheit und des guten Willens, der Freundlichkeit und der Güte, aber auch der rechten Strenge und Klugheit; einer, der sanft ist, aber nicht schwach; mannhaft, aber nicht grob; freundlich, höflich, liebenswert, rücksichtsvoll, doch ohne Berechnung oder Schmeichelei dahinter; ein Mann ohne Dünkel, aller Ehren wert.«[28]

Es fiel Oberlin aber auch nicht sonderlich schwer, sich von einem Lehrer zu trennen, der seinen hohen Erwartungen nicht entsprach. Das zeigt sich in der folgenden Notiz über denselben Louis Benoit, den er in seinem Brief an Magister Ott schon etwas kritisch beurteilt hatte: »Heute, am 17. August (1771) hat Benoit Louis erklärt, daß ich ihm, da ich jetzt neue, fähige Anwärter für sein Amt hätte, einen großen Gefallen täte, wenn ich ihn entließe; denn es sei ihm klar geworden, daß er niemals einen wirklich guten Lehrer abgeben werde. Er hat recht darin, und ich bin von Herzen froh. Aber als ich dann weiter mit ihm sprach, wurde mir ersichtlich, daß der wahre Grund für seinen Rücktritt darin liegt, daß seine Hoffnung sich nicht erfüllt, daß er demnächst der Bewohner des geräumigen neuen Schulhauses werde. ... Wer hätte je gedacht, daß das Fehlen eines anständigen Schulhauses eine so erfreuliche Wirkung haben könnte?«

Bei einer anderen Gelegenheit allerdings wurde die Unzulänglichkeit eines Lehrers in einer weniger persönlichen Art und Weise erledigt und sogar von der Kanzel herab gebrandmarkt. Im Rahmen einer Predigt verkündete Oberlin am 27. Mai 1790, als die Auswirkungen der Französischen Revolution das Steintal zu erreichen begannen: »Anstatt mit Zittern und Zagen sein Heil zu suchen, anstatt dem Herrn in den Kindern zu dienen, die er so innig liebte, anstatt nach einsamer Stille zu trachten in diesen gefahrvollen Tagen der neuen Freiheit, anstatt Gott zu bitten, daß er seine Schüler verschone vor der Ansteckung des Aufruhrs, ging der Herr Schulvorsteher von Waldersbach selbst hinaus und mischte sich unter den wankelmütigen Pöbel und hat dadurch in aller Öffentlichkeit eine solche Leichtfertigkeit an den Tag gelegt und sich solcher Sorglosigkeit schuldig gemacht, daß es mir unverzeihlich scheint.«

Das allgemeine Wohl der Lehrer lag Oberlin allezeit sehr am Herzen, und er bemühte sich auf vielerlei Art, ihre Lebensbedingungen zu verbessern, ihre Gehälter zu erhöhen, ihnen eine freie Wohnung im Schulhaus zu stellen sowie freies Heizmaterial und Lebensmittel zu sichern. So sagt er auch in der eben zitierten Predigt etwas später: »Ich hoffe, ihr verschafft eurem Lehrer das nötige Brennholz. So, wie es um seine Gesundheit steht, ist es besonders wichtig, daß ihr eure Verpflichtungen ihm gegenüber nicht vergeßt. . . . Euer Dorfältester, der doch auch sonst in vielem so lobenswert ist, wird euch hierin gewiß sehr bald selber ein Beispiel geben. Ich hoffe, er verübelt es mir nicht, daß ich wage, ihn hier so öffentlich zu nennen. Hingegen möge er verdoppeln, was er zweifellos an Eifer besitzt, und sich auf diese Weise der hohen Meinung, die ich immer schon von ihm hatte, umso würdiger erweisen. Es gibt auch andere gute Bürger in Bellefosse, die sich ihm in diesem frommen Werk zugesellen könnten.«[29] Und im Jahre 1775, in lebhafter Verteidigung des alten Lehrers J. J. Masson (dem gegenüber er sonst durchaus nicht unkritisch war), hält Oberlin den Bürgern von Bellefosse vor:

»Eure Ehre, euer Leumund und euer Gewissen liegen mir als eurem Seelsorger, eurem Pfarrer und wahren Freund stets sehr am Herzen. Täte ich darum recht, wenn ich stumm mitansehen würde, wie ihr, meine lieben Brüder, gegen euer Gewissen und euren guten Namen handelt, indem ihr aus Unachtsamkeit nicht bemerkt, was . . . euer alter Lehrer benötigt? Ihr haltet ihn sozusagen unter Aufsicht und laßt ihn unentgeltlich mühsame Kleinarbeit tun, räumt ihm aber in euren Gedanken keinen Platz ein. Damit verstoßt ihr gegen eure Dankespflicht und gegen die Vernunft, aber auch gegen euer eigenes Wohl und das Wohl eurer Kinder.«

Die Neuerung, Frauen als »Aufseherinnen der zarten Jugend« zu beschäftigen, führte Oberlin aber doch nicht dazu, daß er Frauen etwa auch als Lehrerinnen für ältere Kinder in den öffentlichen Schulen eingestellt hätte. Wahrscheinlich hat er nie daran gedacht. Zwar schien es ihm ganz selbstverständlich, daß die Kleinkinderschulen nur unter weiblicher Leitung stehen sollten, und er vertraute Frauen auch andere öffentliche Ämter an, vor allem gern Fürsorge-Dienste. Aber seine »besondere Hochachtung für das weibliche Geschlecht« bewog ihn dennoch nicht dazu, Schulkinder über das siebente Lebensjahr hinaus etwa Frauen zu überlassen.

War eine Lehrkraft einmal gewählt, ob als »Aufseherin« oder »Schulvorsteher«, so gab es zu deren Einführung in ihr hohes Amt jeweils eine eindrucksvolle Feier im Rahmen des Sonntagsgottesdienstes. Diese Gepflogenheit wirft das rechte Licht auch auf Oberlins Auffassung vom eigentlichen Sinn der Erziehung. Die Kirche war ihm der Kern, das Herz einer guten Gemeinde, und das eine große Ziel bei der Verbesserung der allgemeinen Erziehung war ihm die Stärkung der christlichen Gemeinschaft; er sah seine Pflicht als Seelsorger in der Sorge dafür, daß der Verstand ebenso wie die Seele Nahrung finde, daß die Disziplin des Geistes ebenso gefördert werde wie die Frömmigkeit des Herzens und daß sich im Verständnis für die Welt hier auf Erden auch ein Wissen um die kommende Welt vorbereite. Und indem er dieses hohe Ziel öffentlich den neuen Lehrern mit auf den Weg gab, erhöhte er ihren Stand und das Ansehen des Lehrberufs überhaupt. Auch nützte er solche Gelegenheiten jeweils, die Gemeinde erneut zu ermahnen, daß die Schulerziehung ihrer vollen Unterstützung bedürfe. Bei anderen Gelegenheiten ließ Oberlin auch jeden Lehrer mit seinen Schülern im Rahmen des Sonntagsgottesdienstes erscheinen zum »allgemeinen Vortrag« dessen, was in der Schule gelernt wurde.

Auf dieselbe Weise, wie er und seine Frau regelmäßig mit den »Aufseherinnen« zusammentrafen zu Übungsabenden und Diskussionen, setzte Oberlin auch mit den Lehrern Sitzungen an, die als »Generalschule« jeden Mittwoch in Waldersbach stattfanden.[30] Es war üblich, daß bei jedem Treffen einer der Lehrer mit seinen Schülern eine Probestunde vorführte, die nachher von seinen Kollegen diskutiert und kritisiert wurde. Gelegentlich übernahm Oberlin dann selber die Klasse, um dem betreffenden Lehrer zu zeigen, wie er sein Material zu größerem Gewinn für die Schüler hätte ausnützen können. Diese Mittwochstreffen und die Sonntags-Vorführungen erzeugten unter den Lehrern einen freundlichen, anregenden Wetteifer, der ihrer beruflichen Geschicklichkeit und Wirksamkeit vielfach zugute kam.

Da Oberlin von vornherein ganz genau wußte, daß der Hauptwiderstand gegen seine Bemühungen nicht von den Behörden draußen, sondern von den Einwohnern drinnen im Tal selber kommen würde, versuchte er ihm entgegenzuwirken, indem er die Erziehungskosten für die Eltern so niedrig hielt wie irgend möglich. Mit Hilfe von Stuber und der anderen eifrigen und freigebigen Freunde in Straßburg, die ihm schon die Schulhäuser hatten bauen helfen, konnte Oberlin nun sogar Gelder zusammenbringen für die Instandhaltung der Gebäude, für die Lehrergehälter und für die Verteilung von Lehrmaterial an die Schüler – und alles, ohne den Eltern untragbare neue Steuerlasten aufzubürden. Auf die Dauer aber ließ sich ein einigermaßen hinreichendes Schulsystem nicht völlig durch wohltätige Gaben von Außenstehenden finanzieren. So begann Oberlin denn langsam und sehr vorsichtig, Eltern zu ersuchen, zumindest einen Teil der Erziehungskosten für ihre Kinder mit zu tragen. Dies hatte aber die unerwünschte Folge, daß gelegentlich Eltern aus finanziellen Gründen ihre Kinder von der Schule fernhielten.

Darauf entwarf Stuber einen Plan, der zugleich die Eltern entlasten und die Kinder zu regelmäßigem Schulbesuch anspornen sollte. Er schlug vor, Kindern, die einen ganzen Monat nicht in der Schule gefehlt hatten, dafür einen Preis zu geben, zwei Groschen im Winter, vier im Sommer. Dieser Gewinn sollte den Eltern angerechnet werden als Guthaben auf ihren Anteil am Lehrergehalt oder auf die Schulkosten für Bücher, Schreibfedern, Papier usw. »Ich weiß sehr wohl«, schrieb er, »daß sich das auf allerlei Geld belaufen könnte; aber wenn Ihnen der Gedanke gut erscheint, dann werde ich mich um die notwendigen Geldmittel dafür kümmern, damit wir das auf ein bis zwei Jahre versuchen können.«[31] Im großen und ganzen übernahm Oberlin diesen Plan und erweiterte ihn, sobald er konnte, auf die kostenlose Ausgabe von Schulbüchern und -material an Kinder, deren Eltern beim besten Willen unfähig waren, die Kosten dafür selber zu tragen. Dies muß ein sehr frühes Beispiel gewesen sein für das, was später als »Stipendium« für unbemittelte, aber lernwillige Schüler und Studenten bezeichnet wurde.

Die allgemeine Schulpflicht wurde in Frankreich erst hundert Jahre später gesetzlich vorgeschrieben und war, nach Parisot, selbst im Jahre 1905 noch keineswegs überall durchgeführt. Jedoch auch ohne gesetzlichen Zwang gelang es Oberlin, fast lückenlos den allgemeinen Schulbesuch in seiner Gemeinde einzuführen, teilweise durch selbsterfundene Druckmittel. Als Gegenstück zu den erwähnten Preisen für die Schulgetreuen führte er Strafen ein für Kinder, die nicht regelmäßig in der Schule erschienen, und für Eltern, die sie zu Hause festhielten. Eine seiner wirksamsten Strafen war, daß er die Konfirmation verweigerte für Kinder, die nicht bis zum Alter von sechzehn Jahren regelmäßig jedes Jahr die Schule besucht hatten. Eine weitere Strafmöglichkeit ergab sich, als er sein Spar- und Leihsystem eingerichtet hatte (von dem in einem späteren Kapitel die Rede sein wird): von der Teilnahme daran und damit von sehr greifbaren Vorteilen schloß er alle Eltern aus, die das Fernbleiben ihrer Kinder von der Schule duldeten oder gar unterstützten.

Im Jahre 1802 schlug er auch einen Plan vor, »die ungerechte Verteilung von Erziehungsgeldern auszugleichen für die, die Jesum ihren Herrn lieben. ... Bald werden wir den Kindern, deren Eltern nicht imstande sind, sie zu kaufen, Schulbücher geben, die die Eltern mit Arbeit bezahlen können. Aber nur den Kindern von Eltern, die mit der ganzen Familie fleißig sind, die abends noch bei Licht weiterarbeiten und die als ehrbare Leute keinerlei Diebstahl begehen, auch kein Holz stehlen für Schlitten, Holzschuhe, Kiepen oder was sonst. Solche Leute können die Bücher zum halben Preise haben. ... Diese Väter oder Mütter werden selber zur Arbeit kommen; schicken sie aber ihre Kinder, dann nur die, die groß und kräftig genug sind, um wirklich etwas zu schaffen.«[32] An anderer Stelle führt er eine Liste von Tugenden auf, an denen die »der Hilfe würdigen Armen« zu erkennen seien: Fleiß in der Erfüllung von Pflichten; Vermeidung jeglichen Besuchs der Schänke; regelmäßiger Schulbesuch der Kinder; Entsagung von jedwedem Luxus (und das schloß für ihn auch das Halten von Hunden ein).

Oberlins Ansicht, daß öffentliche Schulerziehung der ganzen Gemeinde zugute komme, zeigt sich an dem Nachdruck, den er noch zwei Jahrzehnte später darauf legt, daß jeder Bürger die Schulen unterstützen müsse. »In Erwartung eines hohen Gemeinschaftssinnes« führt er in seinem Plan von 1802 eine Selbstbesteuerung ein, nicht nur für Eltern, sondern auch für Kinderlose, ob verheiratet oder nicht.[33] Wenn er aber das Gefühl hatte, daß die Erwartung von Vorteilen oder Strafen auf Erden nicht Ansporn genug war, dann drohte er gelegentlich mit schrecklichen Folgen für Eltern, die knauserig waren in der Unterstützung der Schulen, und für Kinder, die pflichtvergessen dem Unterricht fernblieben. In einer seiner Predigten fügte er den Zehn Geboten noch ein elftes hinzu: Du sollst deine Schulsteuern bezahlen! Und wenn sie alle, arm und reich, Gottes Geboten sorglich folgten, den Lehrern willig ihren gottgewollten Anteil gäben, dann – so versprach er der Gemeinde – würde der Himmel sie vor solchen Strafen schützen, wie sie die Menschheit sonst so oft befielen: vor Zwietracht, Streit und Haß.

Weil die Hilfe der älteren Kinder auf Feld und Weide benötigt wurde, stellte sich der Schulkalender auf die Jahreszeiten ein. Da aber das ganze Tal ausschließlich von der Landwirtschaft lebte, drängte niemand darauf, die Kinder gar zu früh aus der Schule zu entlassen, um sie etwa als vollwertige Arbeitskräfte in jungen Jahren in die Welt hinauszuschicken. Und so gab es auch keinen starken Widerstand, als Oberlin den Schulbesuch bis zum Alter von sechzehn Jahren forderte. Diese Maßnahme machte seinen Schulbezirk zu etwas Einmaligem; denn sogar nachdem später die Schulpflicht allgemein in Europa eingeführt war, lag das erlaubte Abgangsalter früher. Um das Jahr 1830 betrug die Gesamtzahl der Schüler in allen Schulen ungefähr vierhundert.

Schülerselbstverwaltung

In Oberlins Schulen wurde die Disziplin nach einem sorgfältig ausgearbeiteten Plan kontrolliert, der die Schüler für die Durchführung der Schulordnung mitverantwortlich machte.[34] Im Jahre 1778 hatte er eine Schulordnung aufgesetzt, nach der sich die Schüler in jedem Dorf ihre eigenen Aufseher, Gruppenführer (»Pelotonniers«), einen Ältesten und einen Geschworenen wählen sollten. Die Aufseher wurden von Woche zu Woche gewählt. Sie sollten ein wachsames Auge haben auf die Sauberkeit der Hände und der Bücher der Schüler. Sie sollten ferner während der Gottesdienste und bei Beerdigungen die Ordnung unter den Kindern aufrechterhalten und Übertretungen der Anweisungen den Gruppenführern berichten. Die Gruppenführer wurden am Anfang eines jeden Vierteljahres gewählt. Jeder Gruppenführer war für sechs Schüler verantwortlich und sollte sie zu gutem Benehmen ermahnen. Wenn die Schützlinge nicht auf die Gruppenführer hörten, sollten diese den Ältesten oder den Lehrer davon in Kenntnis setzen. Der Geschworene und der Älteste wurden alle Halbjahr gewählt. Sie sollten in Zusammenarbeit mit dem Lehrer die Aufseher anführen und überwachen und hatten richterliche Funktionen, wenn jemand sich schlecht aufgeführt hatte. Schlechtes Betragen wurde streng bestraft, aber gutes wurde ebenso beachtet und angemessen belohnt. Eine besondere Auszeichnung erhielten solche Tugenden wie Fleiß, Disziplin, Sanftmut, Anstand und Höflichkeit, sofortige Pflichterfüllung und besonderer Gehorsam. Oberlin selbst stand als wachsames Oberhaupt über dieser vielfachen Hierarchie aller Lehrer und Schüler. Die Anerkennung guten Verhaltens machte ihm besondere Freude, und er hielt sich ein eigenes »Verzeichnis der Braven«. An die besten Schüler jedoch verteilte er Preise, meist nützliche Dinge wie Schreibfedern, Bleistifte, Malfarben und Bücher.

Ohne Zweifel sah er diese Selbstregierung der Schüler als sehr wichtig an. Das geht aus der Sorgfalt hervor, die er auf den ganzen Entwurf verwendet hatte und mit der er auch seine Durchführung überwachte. Er wollte eben jedes Kind wirklich beteiligt sehen. Alle waren sie Wähler, und durch den wöchentlichen Wechsel der Aufseher konnten viele es zu einem Amt bringen. So sammelte die gesamte Jugendgemeinschaft schon in frühem Alter demokratische Erfahrung.

Mit welchem Nachdruck er darauf bestand, daß kein Kind sich dieser Erfahrung entziehen sollte, ist im einzelnen dokumentiert. Auch wissen wir um seine schnelle, harte, wenn nicht gar grausame Art, jeden zu bestrafen, dessen Starrköpfigkeit irgendein Gemeinschaftsprojekt gefährdete, das er für verdienstvoll und wichtig hielt. Es gab Zeiten, in denen der zitierte Seufzer Stubers, Oberlin hüte seine Schafe mit einem Stab von Eisen, durchaus berechtigt war. Das zeigt zum Beispiel der Fall eines besonders unglückseligen Sünders namens Joseph Neuvillers, der, zum Gruppenführer gewählt, »die Frechheit hatte zu erklären, er komme nicht zur Schule, um auf andere aufzupassen«. Hier übernahm Oberlin selber das Richteramt und wies den Lehrer an,

»Joseph von heute ab nicht mehr als Schüler zu betrachten; niemand soll mit ihm sprechen; er kommt nicht mehr beim Lesen an die Reihe; sein Schreibheft wird von Ihnen nicht mehr korrigiert; sein Name wird aus der Schülerliste nicht mehr aufgerufen und nicht mehr auf der Liste der braven Schüler geführt. Er soll wie ein Verstorbener angesehen werden. Und Sie werden das Plakat aufhängen, das ich hier beifüge und auf dem es heißt: ›Joseph Neuvillers, räudiges Schaf.‹ Unter dieser Strafe soll er bleiben, bis er kommt und um Verzeihung bittet, bei Ihnen für seinen Ungehorsam, und bei der ganzen Schule für sein schlechtes Beispiel. Dann erst soll der Anschlag entfernt werden, aber die anderen Strafen sollen noch zwei weitere Wochen bestehen bleiben.«[35]

Oberlins Ansicht nach war Ungehorsam eine große Sünde, weil ein schlechtes Beispiel andere Kinder anstecken und dadurch das Gemeinschaftsgefühl gefährden könnte, das zur Ausführung der für die Gemeinschaft wichtigen Arbeiten unerläßlich war. Die Jugend in dieser »rückständigen« Gemeinde wurde also nicht nur in den Rechten geschult, sondern auch – und das vielleicht sogar mit noch mehr Nachdruck – in den Pflichten eines Gemeinschaftslebens. Zu unserer Zeit jedoch würden die meisten Theoretiker der Pädagogik solch scharfen Disziplinarmaßnahmen kaum mehr zustimmen.

Am Himmelfahrtstag jedes Jahres gab es ein großes Fest für die ganze Steintal-Gemeinde, mit Spielen und Unterhaltung aller Art für die Kinder und mit einer Verteilung von Preisen vor der gesamten Bevölkerung. Bei den regelmäßigen Sitzungen der Lehrer im Pfarrhaus wurden die in der Schule angefertigten Zeichnungen und Schattenrisse besichtigt, verglichen und beurteilt. Manchmal gab es sogar Geldpreise für die Sieger in Aufsatzwettbewerben. Heutige Pädagogen oder Erziehungspsychologen mögen bezweifeln, daß es richtig ist, Geldpreise als Ansporn zu größerem Fleiß anzubieten. Aber in einer einfachen Gemeinde mit einer hohen Anzahl von Analphabeten, wo es wenige Erwachsene gab, zu denen die Kinder aufsehen konnten als zu einem lebenden Beweis für den Wert der Schulbildung, in einer solchen Gemeinde waren Preise ein guter Ersatz für einen mehr intellektuellen und weniger materiellen Ansporn. Oberlin war überzeugt, daß es für ihn als Erzieher die erste Aufgabe sei, die Jugend aus dem Sumpf der Trägheit und des Unwissens herauszuheben und sie auf eine höhere Ebene zu führen. Die Belohnungen, die er austeilte, waren greifbare Vorteile, die aus fleißigem Lernen erwuchsen. Einer Gemeinde, in der Gleichgültigkeit oder gar Feindseligkeit oft noch die übliche Haltung darstellten, machte er den Wert seiner Bemühungen um das Betragen und die Bildung der Jugend deutlich.[36]

Oberlins Unterrichtsplan

Einen Begriff von dem, was in den Schulen gelehrt wurde, können wir uns aus dem »Täglichen Stundenplan« und dem »Unterrichtsplan« machen, die ein Waldersbacher Lehrer nach seinen Notizen für Stoeber herstellte.[37] Die Klassenstufe, auf die sich der »Tägliche Stundenplan« bezieht, ist nicht angegeben; weil wir aber wissen, daß der Deutschunterricht erst im vierten Jahr begann, handelt es sich wahrscheinlich um eine Übersicht für die sogenannte »Mittelschule« (Zwischenstufe zwischen der »Schule der Anfänger« und der »Schule für Erwachsene«), die das vierte bis sechste Schuljahr umfaßte. Unterrichtstage waren Montag bis Samstag. Von den 24 Unterrichtsstunden entfallen allein zehn auf Französisch (Grammatik, Lesen, Aufsatzlehre), fünf auf Rechnen, drei auf Deutsch und je zwei auf Erdkunde, Musik (»Noten und Gesang«) und »Kinderlehre« (»Katechismus«). Man sieht aus diesem Stundenplan und dem »Unterrichtsplan«, dem Lehrplan für die verschiedenen Altersstufen, daß der Sprachunterricht am gründlichsten betrieben wurde. Er begann bereits in der Kleinkinderschule und blieb wichtigstes Unterrichtsfach in allen folgenden Schuljahren. Dabei muß man allerdings bedenken, daß das Französische für die nur Patois sprechenden Kinder ebenso eine Fremdsprache war wie das Deutsche.

Bemerkenswert am »Unterrichtsplan« ist weiter die enge Verbindung von moralischen und wissensmäßigen Zielen in den ersten Schuljahren:

»*Erste Klasse.* – Man lehrt die Kinder: 1. üble Gewohnheiten ablegen; 2. die Gewohnheit des Gehorsams, der Aufrichtigkeit, der Sanftmut, der Ordnungsliebe, der Wohltätigkeit, des Anstands usw. sich aneignen; 3. die kleinen Buchstaben kennen zu lernen; 4. ohne Buch buchstabieren; 5. die Silben und schwere Worte gut aussprechen, sowie beim

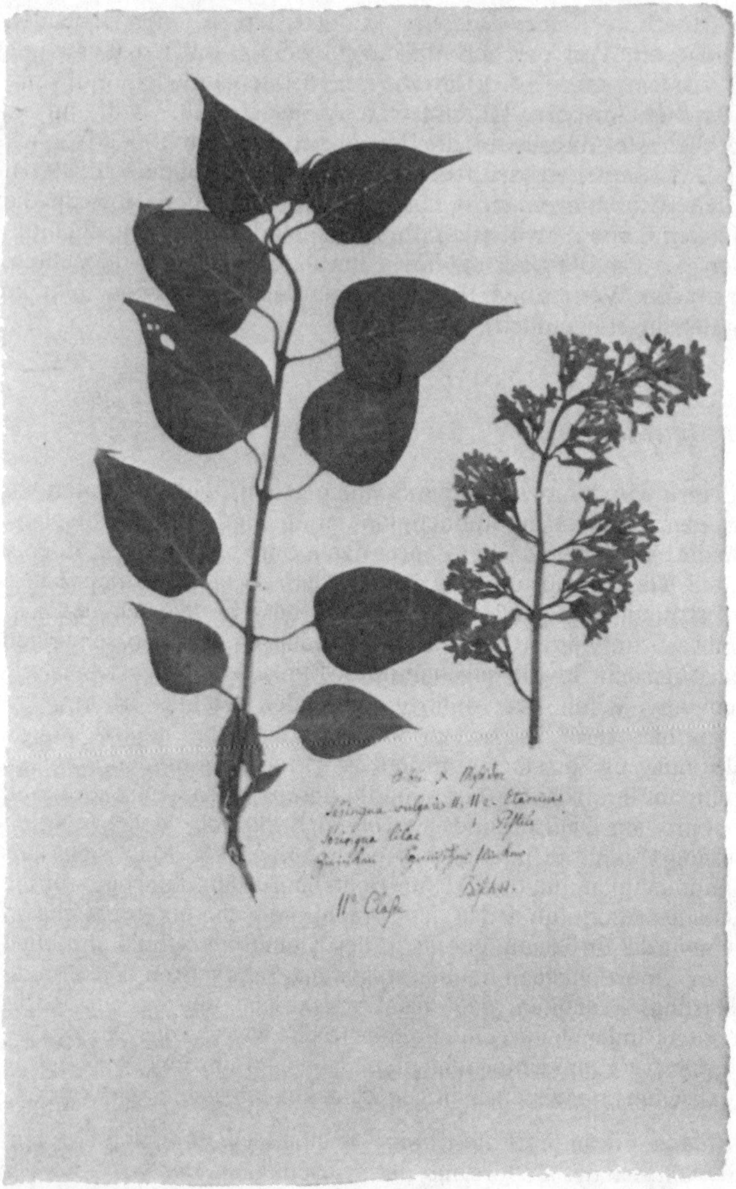

Blätter aus Oberlins Pflanzensammlung. In Oberlins Handschrift ist jeweils die Bezeichnung und Klassifikation der Pflanze nach dem System von Linné vermerkt, mitunter auch der französische Pflanzenname.

Delphinium
Stachys

Hersagen den Ton richtig setzen; 6. die richtige französische Benennung der Dinge, die man ihnen zeigt; 7. die ersten Begriffe der Moral und Religion.

Zweite Klasse. – 1. Wiederholen und die erlernten Kenntnisse weiter bringen; 2. im Buch buchstabieren und die großen Buchstaben kennen lernen; 3. mit den Eigenschaften der Seele bekannt machen; 4. die Begriffe der Jahreszeiten und der Zeit selbst beibringen, sowie von Produkten der Erde, Tieren, Menschen nebst ihrer Nahrung, Kleidung, Wohnung, den Handwerkern und ihrem Lohn, vom Eigentum, Schenkung, Tausch, Erbschaft, Geld, von Ankauf, Anleihen, Schulden, Zinsen, Familien, Dörfern, Marktflecken, Städten, Prozessen und Streitigkeiten, Magistraten (Vorstehern), Staaten und von der öffentlichen Wohlfahrt – von Ländern, von benachbarten und entfernten Völkern, vom Lauf der Natur, von der Macht, Güte und Weisheit Gottes, von der Unsterblichkeit der Seele, von Tugenden und Lastern, vom Weg des Heils durch Gehorsam gegen Gott, gegen unser Gewissen und dessen Stimme, sowie durch die Nachfolge in Jesu Christi Fußstapfen; 5. Zählen bis auf 1000 und rückwärts, und sich des Rechenbuchs zum Behuf der Addition und Subtraktion bis auf 100 bedienen.«

Oberlin scheint zu Beginn seiner Amtszeit erwogen zu haben, Deutsch zur Schulsprache zu machen. Der Brief, den er darüber an Stuber geschrieben hat, ist leider verloren, aber wir haben Stubers Antwort: »Eine deutsche Schule ist nicht ratsam. Wer nicht Deutsch kann, lernt es nimmermehr darin; . . . Sie werden sehen, daß es nicht das ist, was Sie davon erhoffen.«[38]

Der Rechenunterricht begann mit dem Erkennen der Zahlen im ersten Schuljahr und wurde weitergeführt bis zum Ende des neunten. Kopfrechnen wurde jeweils besonders betont. Das vierte Jahr brachte ein zweites Mal die Bruchrechnung, nun aber reichte sie bis zur Dreisatzrechnung für die abstrakten Größen. Später lernte man dann Wechsel, Quittungen, Rechnungen und dergleichen aufzusetzen.

Der Unterricht in Fächern, die mit der Erde und ihren Erzeugnissen zu tun haben, begann schon in der Kleinkinderschule und lief weiter durch das gesamte Schulleben hindurch. Besonders für die Kleinen wurde der Unterricht im Klassenzimmer häufig ergänzt durch Exkursionen, bei denen Pflanzen, Insekten, Steine und Mineralien gesammelt und auch Erdproben entnommen wurden. Im Unterricht wurden oft Landkarten benutzt, angefangen mit »blinden« (d. h. unbeschrifteten) vom Steintal, die Oberlin von selbstgeschnittenen Holzstöcken auf seiner kleinen Druckerpresse abgezogen hatte und in die die Kinder selber einzeichneten, was sie an Namen wußten: Berge, Gewässer,

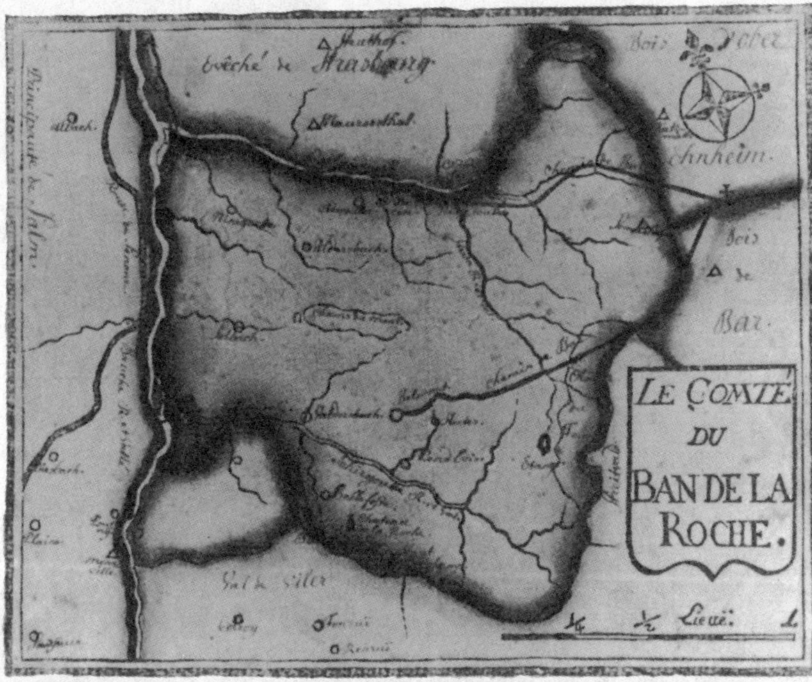

Eine der von Oberlin für den Schulgebrauch in Holz geschnittenen und auf seiner Handpresse gedruckten unbeschrifteten Karten der »Grafschaft Steintal«. Beschriftung und Kolorierung dieser Karte stammen von einem Schüler.

Dörfer, Flecken und Einzelhöfe, Schlösser, Kirchen und Schulen. Später ging man zur Erdkugel mit ihren Kontinenten über, dann zu Karten des Sonnensystems und schließlich sogar zu Verbildlichungen der himmlischen Regionen.

Stoeber beschreibt das »Singen nach Noten«: Zunächst wurden die Melodien jeweils nach den Notennamen »abecediert« und auswendig gelernt, erst später dann zu Worten gesungen. Immer fünf Lieder wurden in den wöchentlichen Musikstunden drei Monate lang geübt. Diese gründliche Schulung brachte es zustande, daß im Steintal der vierstimmige Gemeindegesang die Regel war. Auswärtige Besucher heben das hohe Niveau des Kirchengesangs immer wieder lobend hervor. Obwohl die erhaltenen Dokumente keinerlei Hinweise darauf enthalten, daß auch Instrumentalmusik unterrichtet wurde, können wir annehmen, daß es auch das gab, denn in Oberlins Tagebuch finden wir schon 1770 einen Bericht über öffentliche Kammermusik mit Mitwirkenden aus dem Steintal.[39]

Belmont in der Morgensonne; das Tal mit Waldersbach liegt noch im Nebel (Aquarell von Marie Scheppler, 1968)

Zeichnen und Malen wurden außerhalb der Schulstunden betrieben. Beim Beurteilen solcher Schülerarbeiten scheint Oberlin den höchsten Wert auf Genauigkeit und Naturtreue gelegt zu haben. »Fast alle Schüler«, so schreibt er in einem Vermerk an die Lehrer, »wollen nur mit glänzenden Farben malen. Und doch gibt es in der Natur nur wenig schimmernde Farben: die Felsen, die Baumstämme, die Häuser, die Möbel und das Hausgerät haben keine glänzenden Farben. Wenn Sie aber Schüler haben, die verständig genug sind, die Natur zum Vorbild zu nehmen und statt schimmernder Farben lieber gedämpfte, der Natur entsprechende wählen, so bitte ich die Herren Vorsteher, mir das Kind und die Zeichen- und Malhefte zu schicken«[40] – vermutlich, um diesen Schüler mit einem Preis auszuzeichnen.

Die »Schönschreibekunst« begann in der Mittelschule und schloß in der oberen auch das Schneiden von Federkielen ein. Es war Oberlin um eine deutliche Handschrift zu tun. In einem Brief an den Präfekten Bizot drängt er darauf, undeutliche Schrift nicht mehr zu dulden, weder in den Schulen, noch in Regierungsämtern oder anderwärts, damit nicht immer neues Unrecht geschehe: »Ein Eigenname, dem Leser unbekannt, wie soll er ihn entziffern? Er macht daraus, was er kann, und schickt ihn weiter von Amt zu Amt als einen nun ganz neuen Namen, aus dem das Original nicht einmal mehr ersichtlich ist. Und so kommt es dann dazu, daß arme, verkrüppelte Soldaten ihre Unterstützung nicht beziehen. Nicht einmal ihre Papiere kommen an sie zurück, denn ihr Name, schlecht geschrieben, schlecht gelesen, schlecht kopiert, hat ihre Dokumente nach Sonstwohin gehen lassen auf Nimmerwiedersehen.« In einem zweiten Brief, an Madame de Schauenburg, geb. von Berckheim, wendet er sich gegen Sorglosigkeit in der Schrift und setzt eine gute Handschrift mit Frömmigkeit gleich: »Du sollst nicht folgen der Menge zum Bösen ... In allen Dingen, einschließlich einer leserlichen Handschrift, soll der Jünger des Herrn das Salz der Erde und ein Licht Gottes sein und aller Verderbtheit mit allem, was in ihm ist, widerstehen. Vor Gott ist nichts gleichgültig; was nicht besser wird, wird schlechter.«

In einem Fall führte sein graphologisches Interesse Oberlin sogar dazu, an einen jungen Verwandten zu schreiben: »Wenn Du Deine Federn auf solche Art schneidest, kannst Du unmöglich einen einzigen guten Buchstaben damit hervorbringen. Manchmal braucht's nur eine ganz kleine Änderung am Schnabel (d. h. an der Spitze), dann geht alles sehr gut. Meinst Du nicht, daß es vielleicht eine Verbindung gibt zwischen dem Schnabel des Schreibers und dem seiner Feder? Dem einen wie dem anderen täte es gut, wenn sie ein wenig zurückgeschnitten würden.«[41]

Sein besonderes Augenmerk richtete Oberlin auf das, was er »Kinderlehre« oder »Katechismus« nennt. Dieses Fach umfaßte nicht nur die Zehn Gebote, das Vaterunser und das Glaubensbekenntnis, sondern auch biblische Geschichten, Grundbegriffe der christlichen Ethik und Luthers Lehre von den Sakramenten. Der religiöse Unterricht stellte außerdem die Grundlage der Übungen in vielen anderen Fächern dar[42]: Französische Aufsatz-Übungen wurden aufgebaut auf den »moralischen Erzählungen« und frommen Ansprachen in Friedrich Rochows weitverbreitetem Lesebuch *Der Kinderfreund*. Für deutsche Diktate und zum Übersetzen aus dem Deutschen wurde der *Religionsunterricht* von Witz verwendet. Und ganz gewiß wurde auch Naturgeschichte nicht gelehrt, ohne an die Macht, die Liebe und die Güte des Schöpfers zu erinnern. Sogar die praktischen Fächer in den oberen Klassen, die sich mit Handel und Verkehr, Landwirtschaft und Viehzucht und mit Haushaltslehre beschäftigten, brachten mancherlei Gelegenheit, auf die Pflichten und Verantwortungen des Christenmenschen gegenüber seinen Nachbarn anzuspielen. Oberlins tief verwurzelter Glaube lag nicht nur seinem Predigen und seinem Lehren zugrunde, er durchdrang jede Seite seines Lebens und Tuns; und diesen Glauben zu verbreiten und zu festigen, war ihm das große Ziel in all seinen sozialen und wirtschaftlichen Bemühungen.

Oberlins Pädagogik

Oberlin hat niemals zusammengefaßt und niedergeschrieben, was ihm an bedeutsamen pädagogischen Erkenntnissen aus dem Aufbau seines Schulsystems erwuchs. Er war auch nicht ein Mann, der einen Plan aus theoretischen Überlegungen entwickelt hätte. Denen, die sich für solche Fragen interessierten, erklärte er seine Arbeit mit Freuden, sei das im Gespräch oder in Briefen. Aber seine Ansichten über Erziehung einer breiten Öffentlichkeit zu unterbreiten, wäre ihm wahrscheinlich wichtigtuerisch vorgekommen. Er war ein Mann der Tat, kein Theoretiker. Traf er auf ein Hindernis, so war es seine Intuition, nicht sein Wissen, was ihm half, den Weg zur Lösung zu finden.

Ohne Zweifel aber las er gewissenhaft, was immer an pädagogischer Literatur erschien. Am eindrucksvollsten für ihn war aber wohl Rousseaus *Emile*. Sein eigenes Exemplar dieses Buchs, das er unter den Lehrern und Aufseherinnen in seiner Gemeinde zirkulieren ließ, trägt auf dem Vorsatzblatt Oberlins Kommentar: »Ein ausgezeichnetes Buch! Zwar halte ich nicht jeden der Hinweise, die Rousseau hier gibt, für wirklich ausführbar oder für das beste; aber das Buch enthält so viele wertvolle Einsichten und richtige Beobachtungen, daß ich wirklich wünschte, jeder Lehrer und alle Eltern läsen es immer wieder.« Was ihm an Rousseaus Bemerkungen wohl am wertvollsten erschien, war dessen Kritik am rein mechanischen Auswendiglernen. Wirkliches Lernen, da waren sich Rousseau und Oberlin einig, sei nur möglich durch Beispiele, die das Kind mit seinem Verstand erfassen und als eigene Erfahrung und Beobachtung in sich aufnehmen könne. Deshalb müsse es mit Sorgfalt Schritt für Schritt vom Greifbaren, Einfachen zum Komplizierten und Abstrakten geführt werden. Ebenso nach Oberlins Herzen war Rousseaus Anerkennung und Behandlung des Kindes als einer Persönlichkeit, die nicht nur intellektuell, sondern auch moralisch und körperlich zu voller Reife entwickelt und weitergeführt werden muß.

Auf der anderen Seite waren Rousseaus deistische Ansichten – die Nichtanerkennung der Gottheit Jesu, die Ablehnung der Lehre von der Erbsünde – ein beständiger Stein des Anstoßes. Sie (und auch das offenbar unmoralische Privatleben Rousseaus) brachten Oberlin doch dazu, Rousseau zu den Mächten des Antichrists zu zählen und auf der Kanzel und im persönlichen Gespräch gegen ihn zu wettern. Die gelegentliche Zwiespältigkeit in Oberlins Urteil zeigt sich in einer oft zitierten Anekdote schlagend: Ein Besucher im Pfarrhaus hatte das Gespräch auf den Einfluß der französischen Philosophen auf das Leben der Bevölkerung gebracht und hörte von Oberlin plötzlich ganz unerwartet eine Anklage gegen Rousseaus zweifelhafte Moral. Etwas erschreckt durch die Schärfe des Angriffs, entgegnete der Gast: »Aber war er es nicht, der die Mütter in Frankreich überredet hat, ihre Säuglinge wieder selber zu stillen?«, worauf es von Oberlin kam: »Ach ja, freilich – der liebe, gute Mensch!«[43]

Der Anschauungsunterricht, wie Oberlin ihn als ein so wichtiges Element in sein erzieherisches Programm einbaute, rührte tatsächlich von August Hermann Francke her, der ihn im Jahre 1695 in der »Armenschule« in seinem Pfarrhaus begonnen und in den später gegründeten Franckeschen Stiftungen in Halle weitergeführt hatte, wo zur Zeit seines Todes 2200 Kinder betreut und unterrichtet wurden. Oberlin wußte davon durch seine Lektüre der Franckeschen »Schulordnung« und durch die Brüdergemeine, die unter Franckes Einfluß hervorragende Schulen an vielen Orten Europas und in England entwickelt hatte und leitete.[44] Die Gedankengänge aber, die ihn am stärksten anregten und die mit den seinen in besonderem Einklang standen, waren die der Philanthropen. Johann Bernhard Basedow, der führende Kopf dieser Gruppe, hatte 1770–74 sein *Elementarwerk* über eine Schulreform in Deutschland veröffentlicht. Einige der dort erhobenen Forderungen decken sich mit den Vorstellungen Oberlins: Schüler und Lehrer seien gemeinsame Mitarbeiter an einem Lernprozeß; das Erlernen der Muttersprache sei wichtiger als Latein und Griechisch; besonderes Gewicht müsse auf eine breite Volksbildung gelegt werden ... Der außerordentliche Eindruck, den Basedow (trotz seiner eher antikirchlichen Haltung) auf Oberlin gemacht hat, zeigt ein besonders herzlicher Dankesbrief Oberlins an Friedrich Simon, einen früheren Schüler Oberlins und Mitarbeiter Basedows, für die ihm übersandten Exemplare des *Elementarwerks.* Das Lesen dieser Abhandlung, so schreibt Oberlin, habe in ihm zwei große Wünsche geweckt: der erste Wunsch sei der, nach Dessau zu gehen, wo Basedow eine seinen Grundsätzen entsprechende Schule eröffnet hatte, »um einige Monate bei Euch sein zu können, um alles zu sehen und zu hören und sodann, bereichert von Euren Einsichten, in das Steintal zurückzukehren ..., aber ... ich muß mich bloß mit Wünschen zufrieden geben«, denn dafür fehlten ihm die Zeit und die Mittel. Aber der zweite Wunsch, etwas beisteuern zu können zur Arbeit Basedows, wurde ihm durch seine Frau erfüllt. Angesteckt von seiner Begeisterung für die Sache, hatte sie ihm freudestrahlend ein Paar wertvolle Ohrringe überreicht mit der Bitte, ihren Gegenwert der Basedowschen Schule zu übersenden. Oberlins Brief schließt mit dem Versprechen, das *Elementarwerk* überall, wo er könne, besonders in Straßburg, zu verbreiten. »Euer Beruf und Eure Arbeit sind beneidenswert. Gott stärke Euch, ermutige Euch und verleihe Euch das, was ich immer für mich selbst wünsche: eine immer innigere Liebe zu Jesus Christus und zu diesen Kindern, die ihm so teuer sind.«[45]

Oberlins Liebe zu Kindern war ein Charakterzug, der einen großen Anteil an seinem Erfolg als Erzieher hatte. Sie war völlig natürlich, uneigennützig und unerschütterlich. Ganz frei von Herablassung oder Gönnerhaftigkeit, erwuchs sie ihm aus seiner Hochachtung für die Persönlichkeit eines jeden, die zwischen Kindern und Erwachsenen keine Unterschiede kennt im Recht und im Anspruch auf Liebe.

Das zeigt sich auch in einer Predigt, die Erich Psczolla unter Oberlins Papieren entdeckt hat und die sich auf 1. Samuel 1,11 stützt: »Und Hanna tat ein Gelübde und sprach: O Herr mein Gott, wirst du deiner Magd Elend ansehen und meiner gedenken, und wirst du deiner Magd einen Sohn geben, so will ich ihn dem Herrn geben sein Leben lang, und soll kein Schermesser auf sein Haupt kommen.« Dazu führt Oberlin aus:

»Hanna verdient gewiß großes Lob, weil sie so voller Dankbarkeit war zu Gott. Aber ist ihre Dankbarkeit von einer Art, die wir wahrhaft preisen und nachahmen können? Hatte sie denn ein Recht, ihren Sohn hinzugeben, ohne zuvor zu wissen, ob eine solche Lebensweise ihm selbst genehm sein werde oder nicht?« Und Oberlin bedeutet seiner Gemeinde, »daß Eltern unrecht tun, wenn sie eine Tochter verheiraten, wie es ihnen selbst gefällt, oder wenn sie einen Sohn etwa zum Arzt bestimmen, wenn doch sein Temperament, seine Gaben und seine eigenen Wünsche ihn eher zum Kaufmann befähigen. Fragt eure Kinder nach ihrem Wunsche und nach ihren Gaben, und laßt sie selbst ihren Beruf wählen, jedoch stets dessen gewiß sein, daß ihr mit eurem Rat zu ihnen steht. ... Man kann seine Aufgabe im Leben nur dann recht erfüllen, wenn man dort steht, wo die Gaben Gottes einen haben wollen.«[46]

Die Verantwortlichkeit der Eltern für ihre Kinder, so betont Oberlin oft, ist kein Freibrief für Willkürherrschaft über ein junges Leben. Die notwendige elterliche Hochachtung vor der Persönlichkeit jedes Kindes müsse den freien Willen des Kindes respektieren. Die biblische Mahnung »Ihr Väter, reizet eure Kinder nicht zum Zorn« wurde in den Kirchen des Steintals oft gehört.

Das »Pensionat«

Nur ein pädagogisches Unternehmen bleibt für uns noch zu betrachten: Oberlins private Heimschule, sein »Pensionat«. Als im Jahre 1778 das neue Pfarrhaus gebaut war, begann Oberlin, Schüler ins Haus zu nehmen, um sein mageres Einkommen, von dem er so viel jeweils für seine verschiedenen Gemeindeprojekte ausgab, durch die Kostgelder aufzubessern. Die Kostgänger, zumeist halbwüchsige Jungen und Mädchen, kamen aus Straßburg und anderen Städten im Elsaß, zum Teil aber auch von weiter her, besonders in den späteren Jahren. Die Schüler wohnten in einem anliegenden Gebäude und wurden als Kinder des Oberlin-Haushalts angesehen. Der Wohnraum im Pfarrhaus war der allgemeine Sammelplatz und auch das Klassenzimmer. Ehrenfried Stoeber, der selbst nach 1780 einer der Kostgänger gewesen war, lobt Oberlin auch wegen dieses Erziehungsinstituts, in dem seine jungen Zöglinge eine ausgezeichnete religiöse Erziehung erhielten. Er brachte ihnen Liebe zur Arbeit, Einfachheit der Sitten, Bescheidenheit, Ordnungssinn, Pünktlichkeit, »die Sprache der Wahrheit«, gewissenhaftes Ausnützen der Zeit, Mäßigkeit und Opferbereitschaft bei.

Madame Roerich geht näher auf die Einzelheiten des Unterrichts ein. Er umfaßte das Lesen, Übersetzen und Besprechen der französischen und deutschen Klassiker, Körperpflege und Hygiene, auch Krankheiten und ihre Behandlung. Zum schriftlichen Pensum gehörte das Aufsetzen von Quittungen, Verträgen und anderen Dokumenten. Zu den theoretischen kamen handwerkliche Fächer: Manche häkelten, knüpften Netze oder klöppelten, stellten Handschuhe her oder Flechtarbeiten aus Stroh und Pferdehaar. Die Mädchen wurden im Haushalt unterwiesen, halfen in der Küche und der Wäscherei oder saßen am Spinnrad, während die Knaben im Garten halfen und Pflanzen, Mineralien und Insekten sammelten. (Oberlin lehrte die Kinder mit besonderer Sorgfalt, alle Lebewesen sanft zu behandeln. Mit Insekten ging man vorsichtig um, während man sie studierte, beschrieb, bestimmte und zeichnete; dann wurden sie freigelassen.) Als Unterrichtssprache wurden Französisch und Deutsch abwechselnd benutzt.

Beim Leiten dieser Schule war Oberlins Hauptziel wie immer die Pflege und die Bereicherung des geistigen Lebens seiner Schützlinge. Überall und bei jeder Gelegenheit mahnte er sie zum Nachdenken und zum Beten. In ihren Schlafräumen wie im Pfarrhaus selbst waren Wände und Türen mit Bibelversen geschmückt, die er selber gedruckt hatte. Das Tagewerk wurde mit einem Gebet begonnen und abgeschlossen; und selbst das Programm für Ausflüge umfaßte Bibellesungen, das Singen von Chorälen und die Besinnung auf die Wunder Gottes in der Natur.

In der Leitung der Schule standen ihm seine Frau und später seine Tochter Friederike Bienvenue zur Seite. Diese sollte schließlich als Frau des Pastors Rauscher mit dessen Bestallung zum Nachfolger Oberlins auch die Herrin des Pfarrhauses von Waldersbach werden. Der Hauptlehrer der Heimschule war Johann Jakob Claude, der Schwiegersohn Vernier Massons, der der »Vorsteher« der Schule in Waldersbach war. Mit der Zeit und nach dem Tode Madame Oberlins übernahm Claude immer mehr von der Verantwortung für die Heimschule und wurde später, als Friederike Bienvenue geheiratet hatte und mit ihrem Mann für eine Weile aus dem Steintal fortgezogen war, der eigentliche Leiter der Schule. Als Besitztum und unter der Leitung der Familie Claude blieb das Pensionat als eine Privatschule bestehen, bis seine letzte Lehrerin und Leiterin, Sophie Claude, im Jahre 1932 starb.

Diese Schule war nicht nur ein Ort der Erziehung. In den 141 Jahren ihres Bestehens kam ihr auch eine große Bedeutung zu als Verbindung zwischen dem Steintal und der Außenwelt. Die Kostgänger brachten etwas vom Atem der großen Welt in die abgelegene Gemeinde. Mit Stolz kann Stoeber am Schluß seines Kommentars erklären: »Heutzutage (nach 1820) bilden die Zöglinge Oberlins, über die ganze Welt verstreut im Elsaß, in Paris, London und Petersburg, eine Art von Brüderschaft, die durch die Erinnerung an jene kostbaren Tage geheiligt ist, die sie im Steintal bei jenem verehrungswürdigen Mann zubrachten, den sie stets als ihren gemeinsamen geistigen Vater verehren werden.«[47]

5. KAPITEL

Der Prediger und Seelsorger

»Tun wir recht in Erdentagen,
Bietet sich der Himmel dar.
Mehr als das könnt' ich nicht sagen,
Predigt' ich ein ganzes Jahr.«
(nach John Edwin [1749–1823])[48]

Heiligung

Oberlin war Pfarrer mit Leib und Seele. Schon seine Dissertation *Über die Vorzüge und Beschwerlichkeiten des theologischen Studiums,* zu Beginn seiner Waldersbacher Zeit, liest sich wie ein Bekenntnis zur Besonderheit, ja Erwähltheit des Theologenstandes, »welchen fast alle Teile seiner Wissenschaft . . . dahin führen, daß er die Vollkommenheit des göttlichen Willens betrachtet, welches ja die kräftigsten Antriebe sind zum richtigen Handeln«, und dessen Beschwerlichkeiten zugleich ein Quell der göttlichen Gnade sind. Weiter schreibt Oberlin dort:

»Außerdem empfiehlt sich das Amt der Gottesdiener durch die außerordentlichen Vorrechte, welche sie einmal in diesem Leben besitzen, das wir jetzt führen, dann aber vor allem in jenem, worauf wir hoffen. Denn man nennt die Diener Gottes schon hier Mitarbeiter Jesu Christi, und sie dürfen das Amt eines Werkzeugs des göttlichen Willens versehen, dessen er sich bedient, um die Menschen aus dem Elend zu führen und zu erretten. ... Und wenn denn hier auf Erden vielleicht unser Fleiß, unser Schweiß, unsere Mühsal nur allzuwenig belohnt wird, dann dürfen wir doch hoffen, daß um so herrlichere Gaben und Löhnungen uns im Himmel zufallen.«[49]

In seinen religiösen Ansichten war Oberlin durchaus tolerant. Seine ökumenische Offenheit zeigte sich in vielerlei Weise: in seiner nahen Verbindung mit der Herrnhuter Brüdergemeine, deren Ansichten und Lehren er in vielem teilte; in seiner Toleranz und Freundschaft für seine römisch-katholischen Nachbarn; und darin, daß zum Abendmahl an seinem Altar Katholiken wie Protestanten willkommen waren. Auch zählten von den Geistlichen der anderen Konfession viele zu seinen engsten Freunden, vom Dorfpriester in Rothau bis zum Abbé Grégoire in Paris.

Daß er diese Einstellung tatsächlich beibehalten konnte, verdankte er zum großen Teil der Abgelegenheit seiner Gemeinde. Nirgends sonst im Elsaß hätte die Obrigkeit der Lutherischen Kirche still mitangesehen, daß einer ihrer Pfarrer das Abendmahl auch Katholiken reichte oder daß er die Sakramente jemandem vorenthielt, der die Erziehung seiner Kinder vernachlässigte oder sich ähnlicher Versäumnisse schuldig machte. Sie wäre auch sicher mit manchem nicht einverstanden gewesen, was von der Kanzel der Waldersbacher Gemeinde gepredigt wurde. Später allerdings, als Oberlins Ruhm anfing, sich zu verbreiten - und vielleicht auch auf die empörten Klagen des Barons von Dietrich hin - zog das Konsistorium in Straßburg Oberlin für seine Abweichungen vom anerkannten Dogma zur Rechenschaft, doch zog man es schließlich doch vor, ihn deswegen nicht zu belangen.

Es soll hier keineswegs der Eindruck erweckt werden, daß Oberlin ein Streiter gegen die kirchliche Autorität gewesen sei. Wenn er etwas anderes predigte als die offizielle Lehre, so entsprang das nicht irgendeinem Wunsch, die Kirche zu reformieren oder theologische Disputationen heraufzubeschwören. Oberlin hatte keinerlei Interesse an theologischen Systemen, an Wortstreitereien über die Dogmen oder an Auseinandersetzungen zwischen den Konfessionen. Sein christlicher Glaube gründete sich auf das Apostolische Glaubensbekenntnis, das er in jedem Worte ernst nahm; darin war er durchaus konservativ und orthodox. Von der strengen lutherischen Lehre des Straßburger Konsistoriums wich er ab, nicht im Hinblick auf das Verhältnis zwischen Gott und den Menschen, sondern in seinen Ansichten über das Verhältnis zwischen den Menschen untereinander und zur Welt.

Von den Grundsätzen des Pietismus, die im allgemeinen auch seine waren, wich er in dem Punkt ab, daß er das Leben nicht als einen Gang durch ein Trauertal ansah, sondern dank der Gaben der göttlichen Gnade als eine Reise durch eine Landschaft voller Schönheit. Er glaubte, es sei die Pflicht der Menschen, durch ein arbeitsames Leben auf dieser Welt und die Ausnutzung all ihrer schöpferischen Fähigkeiten nach eschatologischer Erfüllung in dem neuen Stande zu streben, der die Erlösten nach ihrem Tod erwartet. Das irdische Leben des Menschen - davon war Oberlin zutiefst überzeugt - sei eine kostbare Gelegenheit, durch sittsamen Wandel und Pflichterfüllung dem Ideal der Gottähnlichkeit näher zu kommen. Es sei das Gebot Gottes an die Menschen, durch hingebungsvolle Arbeit in der Liebe zu Gott und seinem Nächsten diese Vollkommenheit zu erreichen: »Die Liebe zu Gott und zum Nächsten ist das erste und höchste Gebot des Herrn. Es ist gegeben, um die Herrschaft seines Geistes auf Erden zu errichten ..., daß wir ihm helfen sollen bei seinen Plänen mit allen unseren Kräften.«[50] Der Aufruf zu einer irdischen Arbeit wurde damit geheiligt, auf eine höhere Ebene gehoben: »Der Knecht, der allen möglichen Schmutz für seinen Herrn zusammenkehrt, Mist auflädt, heiligt diese Arbeit, wenn er sie vor Gott und in Liebe zu seinem Herrn Jesus so getreu tut, wie er irgend kann. Die Frau, die ihrem Mann gehorsam ist und sich aus freien Stücken all den Mühen und Kümmernissen ihres Geschlechts unterwirft, aus Liebe zu ihrem Erlöser, die stellt ihr Tun auf die Ewigkeit und sät die Saat fürs Paradies.«[51]

Die Gleichsetzung des Glaubens mit der täglichen Arbeit und den Gegebenheiten des Lebens machte es für Oberlin selbstverständlich, daß er alles und jedes besprechen konnte im Rahmen seiner Predigten beim Gottesdienst am Sonntag, wie in seinen Ansprachen bei wöchentlichen Bibelabenden und Andachten für Erwachsene und ebenso in den Schulen. Diese Einstellung unterschied ihn auch von allen Pharisäern, die sich von der Welt abwenden und nur Gott danken, daß sie nicht seien wie andere Menschen. Er war weit davon entfernt, diese Welt abzutun als eine nicht zu erlösende Stätte des Bösen; er sah sie als das Ergebnis des schöpferischen Willens Gottes an und als einen Ort, wo dem Menschen wahrhaftes Glück und reicher Segen zuteil werden kann, wenn er seinen Willen dem Herrn unterwirft und so zum Mitarbeiter Gottes wird und an seinem großen Plan für das Heil jedes einzelnen wie auch der ganzen Menschheit mitwirkt: »Der Mensch soll alles von Gott Gegebene nützen, um nicht der Sünde der Undankbarkeit und der Faulheit geziehen zu werden. Die Heiligung besteht in dem unaufhörlichen Kampf gegen die menschliche Selbstsucht, in unermüdlicher Arbeit für das Gemeinwohl. ... Die Christen sollen miteinander die Gottesstadt aufbauen, ihr ganzes Leben vom Geiste Christi durchdringen lassen und damit den Dienst am Nächsten zu wahrem Kultus erheben.«

Als erstes sollten seine Pfarrkinder an der Natur – und ganz besonders an ihrem eigenen Anteil davon – ihre Schönheit sehen und anerkennen. Das war auch ein oft wiederkehrendes Thema seines Gesprächs und seiner Predigten. Hier als Beispiel das Konzept zu einer französischen Predigt aus dem Jahr 1791, abgefaßt in der Sprache der romantischen Dichter der Zeit:
»Die Stimme Gottes hören wir in der Natur: Die Herrlichkeiten dieses irdischen Paradieses; – die berauschende Schönheit einer von der Sonne beleuchteten Berglandschaft mit der unendlichen Vielfalt der Bäume und Hügel und unterbrochen durch Felder mit Getreide und anderen schönen und nützlichen Gaben der Natur; – die Fluren aufs

schönste mit Pflanzen und Blumen geschmückt; – die Bäume, unendlich verschieden in Farbe, Höhe, Wuchs und Anordnung der Zweige; – der wohltuende Atem der Lüfte, des milden Westwinds; – das Murmeln der klaren Bäche, die sich durch unsere Wiesen schlängeln und sie fruchtbar machen, . . .

Die Zahl und die ungeheure Verschiedenheit der Insekten, die schillernde Schönheit der einen und die fleißige Emsigkeit der anderen.

Das unterschiedliche Gezwitscher der kleinen, im Geäst der Bäume versteckten Vögel, der starke, hinreißende Gesang der Lerche, wenn sie in aller Offenheit den Ohren aller Kreaturen ihrem erhabenen Schöpfer ein Loblied darbringt und gen Himmel steigt.

Und wieviele Tausende, ja Millionen angenehme und kostbare Dinge, die unseren Geschmack und Geruch und Blick erquicken, hat der Schöpfer mit vollen Händen auf diese Erde, die Wohnung der Menschen, seiner geliebten Geschöpfe, gestreut, um sie aufzufordern, sich des himmlischen Paradieses würdig zu erweisen.«[52]

Solche Schwärmerei über die Schönheit der Welt reichte für Oberlin jedoch nicht aus, um der Gemeinde bewußt zu machen, welche Gaben Gott den Menschen gegeben hat. Nach seiner Ansicht gehörte Unterweisung in Erdkunde und Geologie, in Tier- und Pflanzenkunde, in Physik und Astronomie für jeden, vom kleinsten Kind bis zum ältesten Greis, ebenso zur Seelsorge wie das Predigen, das Gebet und das Reichen der Sakramente.

Die Mitarbeit des Menschen bei der Erlösung und der Heiligung der Welt verlangt von jedem, daß er über das Geschehen unter den Menschen auf Erden unterrichtet ist. So behandelte er nicht nur die Naturwissenschaften, sondern auch Geschichte, Politik und Landwirtschaft in Predigt und Unterricht. Den Wunsch zu lernen aufzugeben, hieß in Oberlins Sicht der Dinge, auch das Recht verlieren, an Gottes Plan für die Erlösung der Menschheit mitzuwirken. Doch auch mit Lernen und Wissen um die Welt war es nicht getan. Des Menschen Mitarbeit mit Gott bedeutete vor allem Tat, Verpflichtung zur aktiven Teilnahme am Leben der Gemeinde.

Der Hang zum Nichtstun war die Eigenschaft, die ihn in den ersten Wochen in Waldersbach am stärksten beunruhigte. Jeder Augenblick, den ein Mann oder eine Frau untätig verbrachte, war seiner Ansicht nach Vergeudung einer Gelegenheit, etwas für die Verbesserung der eigenen Lebenslage oder der von anderen zu tun. Faule Untätigkeit, die nicht nur einzelne im Tal, sondern ganze Familien dahin brachte, tagaus, tagein in völliger Stumpfheit dahinzuvegetieren, sah er als ernste

Gefahr dafür an, daß die ganze Menschheit in Unzucht versinken könnte.

Gegen diese Gefahr kämpfte er denn auch mit allen Mitteln, nicht nur in seinen Predigten und in den Donnerstag-Andachten (die abwechselnd für die Männer und die Frauen abgehalten wurden), sondern auch durch sein praktisches Vorbild, von dem er hoffte, daß es seine Gemeinde zu praktischer Nachahmung anregen werde. In mancher Predigt zog er scharf über die Faulheit her und kritisierte sie als offene Einladung an den Teufel selbst, die Seelen anzufallen und selber in Besitz zu nehmen, die doch von Rechts wegen Gott dem Herrn gehörten. Nicht einmal den Sonntag, meinte er, dürfe man mit Nichtstun verbringen:

»Geht nun heim nach dem Gottesdienst und bewegt in euren Herzen, was ihr heute hier gehört habt; und betet dann zu Gott, daß er euch helfe, was ihr gehört habt, in die Tat umzusetzen. Schreibt euch in einem Notizbuch auf, was euch am wichtigsten erscheint. Nutzt dann den Sonntag weiterhin für geistliche Arbeit; lest die Bibel und andere gute Bücher, die hier für euch bereitstehen; singt mit anderen Kindern Gottes ein frommes Lied. Aber was immer ihr tut: flieht, flieht wie vor der Pest vor der elenden Gleichgültigkeit und der verbrecherischen Faulheit, die sonst in allen euren Häusern am Sonntag das Regiment führt. Wenn es schon eine Sünde ist, weltliche Aufgaben in eurem Tagewerk aus Faulheit zu vernachlässigen, wieviel größer noch ist dann die Sünde, wenn Ihr eure geistliche Arbeit verabsäumt! Warum? Weil die Sorge um das Heil eurer Seele unendlich viel wichtiger ist als die Sorge um euer körperliches Wohl.«[53]

In einer anderen Predigt warnt er, daß Gott ganz gewiß diejenigen strafen werde, die den Feiertag »in nutzlosem Geschwätz oder anderer Narrheit« verbringen, mit Trinken, Tanzen, Kartenspiel, Gezänk oder gar Handgreiflichkeiten und anderem »unschicklichen Tun«. Ein anderes Mal fragt er, ob es möglich sei, den Feiertag wirklich zu heiligen, ohne irgendeine Arbeit für den Mitmenschen zu tun. In einer Predigt über den Text: »Wahrlich, ich sage euch: Was ihr getan habt einem unter diesen meinen geringsten Brüdern, das habt ihr für mich getan«, fordert er seine ganze Gemeinde auf, den Sonntag für andere zu nutzen: für die Armen zu stricken; für einen hilflosen Nachbarn Holz zu sammeln oder auch Steine heranzuholen, um ihm sein baufälliges Haus auszubessern; auf den Feldern für einen Kranken zu arbeiten; Nahrungsmittel oder Kleidung für arme Witwen und Waisen zu sammeln und ähnliche Liebesdienste zu tun. In einer seiner Schmähreden gegen die Faulheit verfällt er sogar in beißenden Hohn, wie wir ihn in seinen Predigten sonst nur selten finden:

»Wie, wollt ihr etwa sagen, ihr seid niemals zur Arbeit erzogen worden? Ihr armen Leute! Dann verstehe ich nun allerdings eure unglückselige Lage! Ein Glück nur, daß man euch essen gelehrt hat, denn sonst wärt ihr, ihr nützlichen Mitglieder der menschlichen Gesellschaft, längst schon Hungers gestorben, zum großen Kummer aller guten Leute. Und wie froh bin ich auch, daß man euch gezeigt hat, wie man Kartoffeln schält; sonst würdet ihr sie ja ganz und gar essen, mitsamt der Schale und dem Dreck daran. ... Der Faule und Nichtstuer ist ein Schuft vor Gott, so wie ein Dieb und Ehebrecher. ... Die Faulheit erzeugt Armut und Elend, und das Elend, aus dieser üblen Quelle kommend, erzeugt Spitzbüberei und Diebstahl. ... Auch dem Staat gegenüber ist der Faule ein verwerflicher Übeltäter, er nährt sich von Landesprodukten, ohne zum Wohlstand und Glück des Landes etwas beizutragen. Alles Brot, alle Kartoffeln, die er ißt, bedeuten darum für den Staat einen Verlust.«[54]

Diese Betrachtung schließt er dann mit dem erschreckenden Vorschlag: »Eigentlich müßte der Faule von der Polizei aufgegriffen und dem Heer zugeteilt werden oder in ein Zuchthaus kommen.«

Unter den jungen Leuten führte das Nichtstun nicht nur zu Langeweile und Dummheit, sondern auch zu einer für das Steintal typischen sonderbaren Art von antisozialem Verhalten. Stoeber und Leenhardt erzählen von einem Vorfall, der das zeigt, der uns aber auch einen einzigartigen Einblick gibt, wie anpassungsfähig Oberlins religiöse Ansichten unter dem Einfluß eines anderen doch auch sein konnten. Einer der Dorfältesten von Waldersbach, Jean-Georges Claude, beunruhigte sich darüber, daß einige der jährlichen Volksfeste Gelegenheit für allerlei Ärgernisse boten, weil die jungen Leute offenbar meinten, sie könnten sich dabei unbeschränkte Freiheiten herausnehmen. Claude kam darum zu Oberlin und schlug ihm vor, er solle vor dem nächsten Fest zur Sicherheit noch einmal über die strengen Strafen Gottes predigen und der unbändigen Jugend »die Hölle einmal recht heiß machen«.[55]

Oberlin nahm das mit Freuden an. Und in seiner Predigt beschrieb er dann auch all die schreckensvollen Qualen in jener Stätte der Verdammten und betonte dabei, daß solche Qualen niemals enden würden. Am Abend nach der Predigt, als das Fest im Gange war, war er überrascht und erfreut, wie ruhig alles ringsum zu sein schien. Sonst streiften die jungen Leute nach alter Gewohnheit an solchen Samstag- und Sonntagabenden noch bis spät in die Nacht hinein lärmend durch das Tal. Oberlin wußte auch, wo er sie finden würde, und ritt dorthin, um sich ganz sicher zu sein, daß sie wirklich von der üblichen Rüpelei abließen. Ohne lange auf sie einzureden, unterhielt er sich mit ihnen in aller Freundlichkeit und sagte zum Abschluß: »Es ist spät, meine Freunde, und Zeit, zu Bett zu gehen.« Aber die Nacht, von der er felsenfest geglaubt hatte, sie werde ruhig verlaufen, wurde bald danach lauter denn je; der Radau dauerte bis in die Morgenstunden. Schon früh kam der Dorfälteste wieder und sagte: »Haben Sie das gehört, Herr Pfarrer, den Riesenlärm letzte Nacht?«

»Ja, schon«, sagte dieser, »aber nach dem, was Ihr gestern in der Kirche gehört habt, wißt Ihr wenigstens, daß ich mein Bestes getan habe, das zu verhindern.«

»Es ist auch gar nicht Ihre Schuld. Der neue Prediger hat das angezettelt!«

»Ein neuer Prediger? Wieso?« fragte Oberlin, worauf Claude ihm berichtete: »Anstatt sofort heimzugehen, als Sie mit ihnen gesprochen hatten, sind die Burschen dann doch noch ins Wirtshaus gegangen. Und da fanden sie den Nicolas, den Sie doch wohl kennen, Herr Pfarrer, auch wenn der nie zur Kirche kommt. Er ist ja auch ständig betrunken. ›He, Nicolas!‹ riefen sie ihm zu, ›um Himmels willen, sitzt du denn immer noch in der Kneipe? Schämst du dich nicht? Hast du denn nicht gehört, was der Pfarrer heute morgen über die Hölle gesagt hat? Paß auf, eines Tages rösten sie auch dich da unten!‹

›Ich soll die Predigt gehört haben? Ich soll zur Kirche gehen? Meine Kirche ist die Wirtschaft, das ist die einzige Kirche, in die ich gehe.‹

Die Burschen erzählten ihm dann von Ihrer Predigt, in der Sie die Höllenstrafen geschildert haben, und daß die Höllenqual ewig dauere. Nicolas ließ sie ausreden. Dann aber sah er sie höhnisch an und sagte: ›Und ihr seid blöd genug, so was zu glauben? Nun hört mal zu: Ihr wißt, daß ich zu nichts zu gebrauchen bin. In der Kirche bin ich noch nie gewesen. Ich hab auch nicht vor, irgendjemandem Gutes zu tun; außerdem habe ich alles, was mir gehört hat, durch die Kehle gejagt. Das wißt ihr ja alles selber. ... Aber ihr wißt vielleicht auch, daß ich einen Sohn habe. Er ist ein guter Junge und gehorcht mir auch, und ich bin stolz auf ihn. ... Aber was wäre, wenn der nun eines Tages nicht mehr gehorchen und mich zwingen würde, ihn aus dem Haus zu werfen? Und ich müßte ihm dann sagen, er solle nie wiederkommen und er sei auch mein Sohn nicht mehr? Schön und gut. Schluß. Dann aber käme der Tag, an dem ich hören würde, daß ihn das alles reut, und er würde zu mir kommen und mich voller Tränen um Verzeihung bitten und sagen: ›Vater, ich habe gegen dich gesündigt, vergib mir!‹ Würde ich ihn da zurückweisen und ihm nicht verzeihen? Ach, ich würde sagen: ›Komm, mein Kind, ich verzeihe dir!‹ ... Und meint ihr nicht, wenn *ich* das zustandebringe, ich alter Vagabund, daß Gott das nicht tun würde? Was hat aber der

Pfarrer Oberlin gesagt? Daß Gott uns Sünder ewig in der Hölle lassen wird? Ihr seht's doch selbst, das wäre gar nicht möglich; das könnte er doch gar nicht tun! Er würde das nicht einmal erwägen!‹

›Recht hast du, Nicolas!‹ riefen sie alle. ›He, Wirt! Wie wär's mit 'nem Glas Wein? Wir müssen doch auf den Nicolas trinken: dem Prediger Nicolas zum Wohl!‹

Dann tranken sie halt weiter, viel zu viel, und als sie alle betrunken waren, sind sie dann losgezogen und haben den höllischen Krawall gemacht, den Sie ja selber gehört haben.«

Beim Nachdenken über diesen Vorfall und angesichts der Mehrdeutigkeit von Luthers Bibelübersetzung über die Dauer des Gotteszorns, faßte Oberlin am Ende den Entschluß, nie wieder in einer Predigt auf der ewigen Fortdauer der Höllenqualen zu bestehen.[56]

Viel zu häufig, wenn man in den Dokumenten über Oberlins tägliche Beziehungen zu seiner Gemeinde liest, gewinnt man von ihm das Bild eines religiösen Eiferers, der eigensinnig und unbelehrbar von der Unantastbarkeit seiner eigenen moralischen Regeln überzeugt ist. Inmitten all solcher Anzeichen von selbstgerechter Halsstarrigkeit begrüßt man diese wohltuende Geschichte von »Prediger Nicolas« mit Entzücken. Es gereicht Oberlin in der Tat zur Ehre, daß er doch ein Mann war, der sich von anderen belehren ließ; ein Mann sogar, der es in aller Demut hinnehmen konnte, seine Ansichten über die ewige Verdammnis als Lohn der Sünde durch die Spitzfindigkeit des ärgsten Trunkenbolds im Dorf korrigiert zu sehen, der ihm vor Augen führte, daß die Heilige Schrift nicht unbedingt immer eindeutig auf seiten der offiziellen lutherischen Lehrauffassung war.

Doch war er nicht bereit zu glauben, daß der reuige verlorene Sohn wirklich ganz von aller Strafe freigesprochen sei oder daß die Qualen eines reumütigen Gewissens mit seinem irdischen Dasein ihr Ende finden würden. In seinem Feldzug gegen die Sünde war er noch nicht bereit, die Furcht vor dem Zorn des Herrn als Abschreckungsmittel völlig aufzugeben. Aber wahrscheinlich hätte er der Meinung Will Carltons zugestimmt, daß »fünfzehn Minuten in der Hölle den Menschen lehren, den Himmel recht zu würdigen«. In einer Unterhaltung mit den jungen Leuten, bald nach der Nicolas-Affäre, erklärte er: »Über Geschmack will ich nicht mit euch streiten; aber laßt mich doch das eine sagen: wie kurz ihr auch die Zeit bemessen mögt, die ihr in der Hölle zuzubringen habt, ich meinerseits fände auch diese kurze Zeit noch viel zu lang. Aber wenn die Hölle nach eurem Geschmack ist, dann solltet ihr jetzt damit anfangen, euch mit der Zeit an das Erdulden ihrer Pein zu gewöhnen. ... Fangt zum Beispiel an, den kleinen Finger über eine Flamme zu halten, ... beginnt mit dem ersten Glied, und wenn das aufgezehrt ist, macht weiter mit dem zweiten. ...« Solche Worte wurden nicht vergessen. Danach, wann immer er einen seiner jungen Leute betrunken in der Wirtschaft ertappte oder auf der Straße traf, bedurfte es nur einer kleinen Geste, damit der Sünder die Augen niederschlug: er brauchte ihm nur den kleinen Finger zu zeigen ...[57]

Der Nicolas-Vorfall hatte aber auch unangenehme Folgen. Bald darauf wurde Oberlin tatsächlich der Irrlehre bezichtigt. Die Einzelheiten der Anklage und der Verteidigung sind nicht bekannt. Wir haben nur Oberlins eigene kurze Notiz darüber: »Ich wurde hierauf vor den Präsidenten des Konsistoriums zu Straßburg vorgeladen, weil ich gegen die Ewigkeit der Höllenstrafen gepredigt habe; aber sowie ich ihm das hier Mitgeteilte erzählt hatte, bemerkte er: ›In der Tat, mein Herr! Sie konnten es nicht anders machen. Mein Gott, haben Sie solche Leute in Ihrer Pfarrei! Ach, Sie haben sehr wohl daran getan!‹« Auch dies dient wohl zum Beweis, daß Oberlin sich in seinem »Elsässischen Sibirien« Dinge leisten konnte, die nirgends sonst geduldet worden wären.

Der Gottesdienst

Der Sonntags-Gottesdienst im Steintal wurde jeweils abwechselnd in einer der drei Kirchen abgehalten, in der Reihenfolge Waldersbach – Belmont – Waldersbach – Fouday – Waldersbach.[58] Auf diese Weise war in der Muttergemeinde Waldersbach alle vierzehn Tage, in Belmont und Fouday alle vier Wochen Gottesdienst. In Waldersbach und Fouday wurde der Gottesdienst in französischer Sprache gehalten, in Belmont in deutscher, aus Rücksicht auf die deutschen Handwerker und Pächter jener Gegend. In den späteren Jahren, als das Alter dem Seelsorger das Gehen mühsam machte, wechselten sich die Familien in den ferner gelegenen Dörfern ab in der Ehre, ihn mit einem Pferd abzuholen und zurückzubringen und ihn auch mittags bei sich zu Gast zu haben. Der Mann der Gastgeberfamilie pflegte das Pferd zum Pfarrhaus zu bringen, und vom Pfarrhaus aus kam es dann stets zu einer spontanen Prozession, bei der der Pfarrer vorausritt; ihm zur Seite ging sein Gastgeber zu Fuß; er trug den Sack mit der Bibel, den Gebetsbüchern und dem Talar, und ihnen folgten die Kirchgänger von Waldersbach. Die Gastgeberfamilien sonnten sich jeweils in der Ehre, ihn bei sich am Tisch zu sehen, doch bestand er stets darauf, die Kosten der Mahlzeit selber zu tragen.

Der Gottesdienst begann schon in der Frühe mit dem Angelusläuten, dem Aufruf zum Morgengebet in den Häusern; es war dieselbe Glocke, die an Wochentagen zur Vesperstunde über die Felder klang. Zur Kirchzeit läutete sie dann wieder, und man sah Gruppen von Bauern und Bäuerinnen die schroffen Höhen von Belmont, von Bellefosse und La Hutte herunterkommen; andere kamen durch das Tal von Fouday, wieder andere durch den Solbacher Wald; bei gutem Wetter kamen oft auch Fremde, Protestanten und Katholiken, von den weiter entfernten Orten Rothau und Wildersbach über die Perheu. Alle trugen ihre beste Sonntagskleidung, die Frauen und Mädchen die Volkstracht der Gegend, mit schwarzen Käppchen und Bändern, die über den Rücken hinabhingen, dazu weiße Schürzen. »Für die Teilnahme am Gottesdienst«, sagt Leenhardt, »waren sie sehr gut vorbereitet, wenn sie zuvor dem ständigen Rat ihres Pfarrers gefolgt waren: ›Beginnt den Sonntag – wie die anderen Tage auch –, indem ihr in der Bibel lest, und betet zu Gott um die Gnade, an diesem Tag in der Erhebung und Heiligung eurer Seele Fortschritte zu machen; betet auch, Gott möge des Predigers Gedanken so leiten, daß er so spreche, wie es für eure Seele am heilsamsten ist; nutzt den Vormittag, ein schönes Lied oder schöne Stellen aus der Heiligen Schrift auswendig zu lernen. All das wird auch später euch in Fällen der Not nützen.‹«

Wenn die Gemeinde versammelt war, verstummte die Glocke. Oberlin trat ein. Jedermann stand auf, und der Gottesdienst begann. Er bestand aus Gesang, Predigt und Gebet in der Reihenfolge, wie Pfarrer Stuber sie eingeführt hatte, mit nur wenigen Veränderungen. »Einer der Schullehrer las mit lauter Stimme die erste Strophe des Eingangsliedes; die geübtesten Sängerinnen begannen, die Schullehrer fielen mit den Baßstimmen ein, und bald sang die ganze Gemeinde wie ein wohlklingender Kirchen-Chor.« Die Lieder wurden immer mehrstimmig gesungen (in den ersten Jahren ganz ohne Instrumente), und man benutzte dafür das Gesangbuch, das Stuber zusammengestellt und verwendet hatte.

Die Sorgfalt, mit der Oberlin den musikalischen Teil bei festlichen Gelegenheiten plante, geht aus Notizen hervor, die er sich im Zusammenhang mit einem besonderen Gottesdienst unbekannten Datums gemacht hat:

»Ein großer Festtag. Von nah und fern kommen vornehme Gäste. Für diesen Gottesdienst hat ein Chor auch besonders geübt. Der von der Gemeinde so geliebte Choral ›Nein, nein, nein, nichts wird Gideon besiegen‹ soll die Feier eröffnen, aber in abwechselndem Gesang: drei Mädchen, von einem einzelnen Tamburin begleitet, sollen als Solisten die erste, die dritte, die vierte und die letzte Reihe singen, der Chor mit den anderen Tamburinen und der Gemeinde dann den Rest. Und so soll

es weitergehen bis zur letzten Reihe der letzten Strophe ›. . . und werden nicht vergehen.‹ Die wird der große Chor dann wiederholen; und Schluß.«
Dem Eingangslied folgte ein Gebet des Pfarrers. Oberlins Gebete waren meist frei von ihm selbst abgefaßt, nicht einer liturgischen Vorschrift entnommen. In späteren Jahren stellte er seine Gebete für besondere Gelegenheiten, für Feiern oder für Feste im Kirchenjahr, zu einem Buch zusammen. Nach dem Gebet folgte die Verlesung von Texten aus der Heiligen Schrift, dem Alten wie dem Neuen Testament. Auf diesen Teil des Gottesdienstes verwandte Oberlin ganz besondere Sorgfalt, denn er betrachtete die Bibel nicht nur als das Fundament des Glaubens überhaupt, sondern auch als die alleinige, unfehlbare Richtschnur für den Gottesdienst und jede religiöse Tätigkeit. Um dafür zu sorgen, daß man die Texte auch verstand, hielt er mit dem Lesen öfters an, um eine schwierige Stelle mit einfachen Worten zu umschreiben oder eine Erklärung einzuflechten. Häufig wurden solche Erläuterungen auch zugleich die Einführung in seine Predigt.

Auf die Predigt, das Kernstück des Gottesdienstes, folgten noch Ankündigungen, die Oberlin auch von der Kanzel verlas. Sie konnten lang und zahlreich sein, denn sie berichteten immerhin – mit Kommentar dazu – von dem Geschehen der vergangenen Woche, in der Gemeinde selbst und draußen in der Welt. Das allgemeine Gebet, das sich daran anschloß, enthielt gewöhnlich besondere Fürbitten für einzelne Menschen, die in Kummer oder Not waren, ferner für die Nation und ihre Regenten, für die neuen Abgeordneten im Nationalkonvent, die er der Gnade Gottes anempfahl, für den Lehnsherrn und die Gemeinde selbst, besonders in Zeiten der Gefahr durch Krieg, Aufruhr oder Unglück, das übers Steintal hereinbrach. Es wandte sich an Gott zur Zeit großer Trockenheit, nicht nur mit der Bitte um Regen, sondern auch mit der Bitte, »daß das Volk die Dürre der Natur als Strafe Gottes für seine eigene Unfruchtbarkeit, für die Dürftigkeit der Früchte seiner Gerechtigkeit und Nächstenliebe erkennen möge«.

Der lutherischen Gewohnheit entgegen stand man in Oberlins Kirchen nicht auf, sondern man kniete zum Gebet; und jeweils, wenn das allgemeine Gebet des Pfarrers ins Vaterunser überging, in das die Gemeinde mit einstimmte, läutete die Kirchenglocke, damit Daheimgebliebene und Kranke sich in ihrem Gebet mit all den Kirchgängern vereinen konnten. Erst an der Tür gab man sein Scherflein; und Stoeber sagt dazu, der Opferstock sei stets erstaunlich voll gewesen, obgleich es doch nur ein kleiner Teil des Zehnten war, den man da spendete.

Oberlin freute sich an allen Festen und hielt auch oft den Gottesdienst im Freien. Besonders liebte er die Wiese auf dem Plateau der Perheu, die auch immer der Ort für das große »Sommerfest der Jugend« war, bei dem man die Schulkinder versetzte und bei besonderem Erfolg mit Preisen krönte. Bei solchen Gelegenheiten kamen dann die Dörfler aus Waldersbach, aus Fouday und Bellefosse den langen Weg zwischen den Bäumen den Berg hinauf zu dem Altar unter dem weiten Himmel, um sich dort mit den Gläubigen aus Solbach und Belmont zu treffen.

Der Prediger Oberlin

Oberlin fiel das Predigen, das er als das eigentlich Wesentliche und den Kern seiner Berufung ansah, niemals leicht. Zur Vorbereitung einer Predigt verbrachte er viel Zeit ängstlich und betend, und auch noch, wenn er auf die Kanzel stieg, war er zumeist voller Besorgnis. In den ersten Amtsjahren schüttete er Stuber manchmal sein Herz deswegen aus. Das Gefühl der Ungewißheit und der Spannung hat ihn niemals ganz losgelassen. An einem Sonntagabend in seinem zweiten Jahr schreibt er darüber in sein Tagebuch:

»O mein Gott, was für ein furchtbarer Tag war doch gestern – ein Tag voller Demütigung für mich! Trotz aller Mühen, Studien und Betrachtungen konnte ich meine Predigt nicht zustande bringen, so sorgenschwer war mir das Herz, so hin- und hergerissen. Von allen Seiten stürmten nur Ärgernisse auf mich ein, große Schulden und durch allerlei Mißgeschicke verminderte Einnahmen, Verlust von vielen Dingen, die auf die Wirtschaft Einfluß haben, Undankbarkeit vieler Gemeindemitglieder, die Baustelle des Schulhauses seit Wochen von den Arbeitern verlassen; eine Menge niederdrückender Geschäfte und viele andere schlimme Dinge lasteten auf meinem Herzen und überschütteten mich so mit Verdruß, daß ich nahe daran war, in Wut auszubrechen. O Gott, verzeih mir die Regungen von Verzweiflung und Wut, die ich gestern abend gezeigt habe! Deine Absicht war gut, mein Stolz mußte kuriert werden, und du hast mir in der Tat eine sehr bittere Medizin verabreicht. Doch sie hat wunderbar geholfen; meine Seele ist nun zufrieden und mit sanfter und angenehmer Stille erfüllt. Ich spürte es heute morgen auf der Kanzel, wie Gott mir den Mund öffnete, obwohl ich ganz zerschlagen war, als ich hinaufstieg. O Gott, gib, daß mein schlechtes Herz demütig bleibt. ... Segne auch, was du selbst in deinem Wort mir in den Mund gelegt hast. Ach, immer wieder bin ich so erbärmlich, daß mich meine übergroße Lebhaftigkeit, mein hitziges Temperament zu unbedachten Dingen verleitet! O Gott, mäßige meine Heftigkeit und schenke mir endlich Ruhe und ein ausgeglichenes Gemüt.«[59]

Neun Jahre später bot die Tatsache, daß sich ein Kandidat der Theologie seine Kanzel für einen Sonntag ausgebeten hatte, den Anlaß für Oberlins bittere Bemerkung, daß es ihm selbst noch nicht gelungen sei, eine gute Beziehung zu den Leuten herzustellen, deren Herzen er doch so lange schon habe erreichen wollen:

»Seitdem ich diese guten Leute kenne und ihre äußerste Unwissenheit in allem und besonders in der Sprache selbst, in der man ihnen predigt, und ich mich daher so tief wie immer möglich herunterlasse und dem mir nun bekannten Bedürfnis meiner Zuhörer gemäß zu predigen mich bemühe – seitdem hat man beständig dran auszusetzen. Bald heißt es, ich wäre zu scharf; bald: ›So könnte es jeder‹; bald, meine Mägde hätten die Predigt gemacht, etc. Dies bewirkte, daß mir das Predigen oft mehr Mühe machte als alle andern Teile meines Amtes zusammen genommen. Ich bin deswegen herzlich froh, wenn bisweilen jemand anders für mich predigen will.«[60]

Und wieder elf Jahre später schreibt er in sein Tagebuch: »Heute nach Tisch habe ich hier in Waldersbach mit Pastor Stuber darüber gesprochen, daß er in meinen Predigten nicht immer die Sanftmut finde, die doch das Evangelium stets fordere. . . . Gott segne diese Unterhaltung in alle Ewigkeit, für mich wie auch für meine Gemeinde. Gott segne ebenso den Pastor Stuber für seinen Tadel deshalb in seiner unbeschreiblichen Geduld!« Drei oder vier Monate später prüfte er wieder einmal sein Herz und fragte sich, ob sich der Segen des Heiligen Geistes auch bemerkbar mache, nicht nur in seinen Predigten, sondern in seinem ganzen Leben, und schrieb darauf in sein Tagebuch: »Gestern und heute wurde es mir klar: der Geist, der mich erfüllt, mein Sinn, mein Tun und meine Worte – vor allem, wenn ich unter Menschen bin – sind immer noch nicht das, was mich im Predigen beseelt.« Dann nennt er drei aus der Gemeinde – Catherine Gagnière, Madeleine Banzet und Sophie Bernard – als Menschen, die immer gemäß dem Geist seiner Predigten lebten und handelten, und er fügt traurig hinzu, wie weit doch seine eigene Heiligung hinter der ihren noch zurückstehe.

Es kann kein Zweifel daran bestehen, daß Oberlin auf die Ausarbeitung seiner Predigten sehr viel Sorgfalt verwendete. Sein Bemühen um den richtigen Kanzelstil zeigt sich in seinen Notizen über einschlägige Bücher, wie *Kanzelberedsamkeit* und *Theodor, oder die Kunst des Predigens.* Jeder einzelne der vielen Entwürfe und Umrisse für Predigten, deren Manuskript in den Archiven von Straßburg und Waldersbach erhalten ist, zeigt auf den ersten Blick die Mühe, die er sich mit der Vorbereitung machte. Die meisten Entwürfe sind auf vier Blatt Papier geschrieben, die Hauptteile und Gliederungspunkte sind klar bezeichnet und meist numeriert; wichtige Stellen sind unterstrichen, manchmal in verschiedenen Farben. Wenn er damit dann auf der Kanzel stand, füllte er dieses Rahmenwerk ganz ungezwungen in freier Rede auf, wobei es ihm immer mehr um die Klarheit seiner Ausführungen ging als um besondere Tiefgründigkeit und Brillanz. Um das Abstrakte anschaulich, das Geheimnisvolle begreiflich, das Unfaßbare verständlich darzustellen, bediente er sich oft Gleichnissen und Vergleichen. Um seinen Hörern die Vorstellung der Ewigkeit klarzumachen, sagt er etwa:

»Wenn man alle hundert Jahre nur ein einziges Sandkorn in diesen Raum legte, so brauchte es viele Tausende von Jahren, um den Boden mit einer einzigen Schicht zu bedecken. ... Und wenn man weiterhin alle hundert Jahre ein Sandkorn hinzufügte, dann wäre nach Millionen von Jahrhunderten dieser Raum endlich damit gefüllt. Die Seligen aber wären immer noch unsterblich, denn die Ewigkeit wäre immer noch so grenzenlos wie an dem Tag, als man das erste Sandkorn hereintrug.«[61]

Besonders beredsam wird er, wenn er die Greuel der Vergeltung für Sünde schildert: »Die Blätter der zitternden Espe hängen wie leblos, verglichen mit dem furchtbaren, endlosen Schütteln eurer Glieder im Sturm der Ewigkeit, wenn ihr nicht jetzt mit Zittern vor der Sünde flieht.«[62] An Lavater gemahnt seine Schilderung des Daseins der erlösten Seelen in der Unendlichkeit des Himmels: »Der Augenblick, der mich aus meiner irdischen Hülle befreit, wird mich viele Tausende von Meilen ins Weltall unter die Planeten tragen; Licht werd' ich sein im Licht, Stern unter Sternen im weiten, unbegrenzten Raum – und doch werde ich euch, meinen Freunden, nahe sein.«

Wie Lorenz, der Lehrer seiner Studienjahre, richtete Oberlin seine Mahnungen oft an einzelne Gruppen. Zu den Vätern pflegte er zu sagen: »Wo seid ihr nur, die ihr doch wie Aaron als Priester eures eigenen Hauses das ewige Heil jedes Mitglieds eurer Familie im Herzen tragen und im Gebet vor Gott bringen solltet?« Und zu den Eltern sagte er: »Ihr trauert, wenn eure Kinder in ihrer Jugend sterben, obwohl sie doch dadurch in eine bessere Welt hinübergehen. Aber ihr fühlt keine Seelenqualen, wenn ihr sie als junge Leute den Weg zum ewigen Tod des Geistes hinabgehen seht. Euer Vieh, eure Schweine sind nicht nach dem Bilde Gottes geschaffen, nicht durch das Blut Jesu Christi losgekauft, wie es eure Kinder sind. Doch wenn der Abend kommt, schließt ihr sorgfältig die Ställe zu, damit kein Räuber euch bestehle; doch ihr tut nichts, nicht einen Schritt, um eure Kinder vor den Schlingen des Teufels zu bewahren.« Und zu der Jugend sagte er: »Wenn ihr die Glocke hört, die euch zur Andacht ruft, denkt an euren Schöpfer; sie läutet auch für euch. ... Nein, zögert nicht, und bleibt dem Gottesdienst nicht fern.«

Beständig durchforschte Oberlin während seiner Predigten die Gesichter seiner Gemeinde nach Anzeichen von innerem Kontakt, nach Anzeichen, daß er seine Hörer auch erreiche. Manchmal, wenn es ihm schien, daß er ins Leere redete, hielt er in seiner Predigt inne und warf sich auf die Knie, um von der Kanzel zu Gott zu flehen, daß er ihm die rechten Worte schenke, die die Gemeinde höre und in ihre Herzen aufnehme. Wie ein Erweckungsprediger war er auf eine klare eindeutige Antwort jedes Hörers bedacht, auf ein bestimmtes Ja oder Nein.

Oberlin wählte seine Texte aus Quellen aller Art; nicht nur aus dem Alten und dem Neuen Testament und den Apokryphen, sondern auch aus einem frommen Gedicht, einem Kirchenlied - aus allem, was sich mit dem Geschehen in der Gemeinde verbinden ließ oder mit sonst etwas, von dem er wußte, daß es sie bewegte. Seine Predigten bezogen sich stets auf ihr Tagewerk und ihre Mühen. Er war, wie Leenhardt sagt, immer darauf bedacht, »seine Rede mit dem Salz der Wirklichkeit zu würzen«.[63] Sein Predigen unterschied sich von dem der meisten lutherischen Pfarrer am stärksten darin, daß er den Text häufiger dem Alten Testament entnahm, vor allem den Büchern Mose.

Er hatte keine Bedenken, gelegentlich aus Predigten Anleihen zu machen, die er gelesen hatte. Jean-Daniel Wohlfahrt nennt 16 Sammlungen, die Oberlin in dieser Weise verwendet habe, darunter drei von seinem Freund und Lehrer Lorenz. Wann immer er bei der Vorbereitung einer Predigt sich solcher fremden Hilfe bediente, notierte er sich das gewissenhaft am Kopf seines Manuskripts, und zwar nach einem System, das Autor und Titel in griechischen Buchstaben bezeichnete. Unter den 138 Begräbnisreden aus der Zeit zwischen 1769 und 1817 hat Wohlfahrt 35 gefunden, die mit solchen Hinweisen versehen sind.[64]

Der Seelsorger

Besonderen Wert legte Oberlin auf Hausbesuche, um als Hirte seiner Gemeinde die einzelnen Pfarrkinder möglichst genau zu kennen - ihre Lebensumstände, ihr Familienleben, ihre geistigen und körperlichen Stärken und Schwächen, ihre Freuden und ihren Ärger. Bei solchen Hausbesuchen gab es immer allerhand zu tun: Krankheiten zu behandeln, Sinnesänderungen zu erreichen - von Anmaßung zu Demut, von Nachlässigkeit zu guter Ordnung, von Unwissenheit zu Aufklärung -, die Sorgen anderer zu teilen, Frieden zu halten oder neu zu stiften, Streit mit dem Nachbarn beizulegen, Fleiß und Ausdauer zu ermutigen, die Disziplin der Kinder zu verbessern.

Zu den Beobachtungen, die Oberlin aus dem täglichen Umgang mit der Gemeinde zog und oft schriftlich in seinem Tagebuch festhielt, fügte er oft auch aus der Wissenschaft seiner Zeit noch Informationen zu dem Bild hinzu, das er gewonnen hatte: durch Studien des Gesichts und Schädelmessungen, durch psychologische Untersuchungen, zum Beispiel das Feststellen der Lieblingsfarben, durch Körperhaltung, Gesten, Gewohnheiten.

In seiner weitläufigen Gemeinde verbrachte Oberlin jeden Tag viel Zeit unterwegs. Bei gutem Wetter nahm er sein Pferd, den braven Gaul »Content« (»Zufrieden«) und genoß die Schönheiten der Natur und das freundliche »Bonjour, Papa«, mit dem ihn überall am Weg seine Gemeindeglieder grüßten. Bei schlechtem Wetter und in den langen harten Wintern war das Fortkommen auf den schlechten Wegen und Pfaden der Pfarrei sehr mühselig, manchmal sogar gefährlich. In einem Brief an seine Mutter berichtet er mit leichter Ironie von einem Gang in die Gemeinde, bei dem ihm zehn Männer den Weg freischaufeln mußten. Und in seinen Tagebüchern lesen wir von Lawinen, Erdrutsch, Steinschlag und umgestürzten Bäumen und anderem mehr:

15. 10. 1770: »Gott hat uns gnädig vor einer Feuersbrunst bewahrt.«

28. 10. 1773: »Eine ganze Woche hindurch hat Gott ein drohendes Unglück von mir und den Meinen ferngehalten.«

13. 2. 1782: »In Lebensgefahr beim Marsch durch den Schnee mit zwei Schülern beim Überschreiten des Holzstegs über die Breusch durch eine unsichtbare Hand im Gleichgewicht gehalten worden.«

6. 7. 1787: »Gott hat den Sturz eines Felsblocks von Bergeshöhe herab so geleitet, daß er zwischen meinen beiden Schülern und mir herabstürzte und niemanden verletzte.«

13. 5. 1818 (nach einer ernsten Krankheit): »Ich war ein paarmal dem Tode nahe und wurde durch die Fürbitte meiner Gemeinde gerettet.«[65]

Daß Oberlin die Beschwerlichkeiten seines Amtes oft schwer zu schaffen machten, zeigt sich in einem recht freimütigen Rechenschaftsbericht über seine Tätigkeit an die Kirchenbehörde. Dort schreibt er:

»Wenn der Pfarrer wirklich das Seine tun will in diesem ausgedehnten und mühevollen Bezirk, der so gar keine Ähnlichkeit hat mit einer Pfarrei in der Ebene, so ist der von Waldersbach wirklich ein armer Hund, ein Lasttier, ein Arbeitspferd. Er soll alles machen, alles besorgen, alles verantworten. Vom frühen Morgen bis zum späten Abend bin ich beschäftigt, gehetzt, überlastet, unfähig, nur die Hälfte zu erledigen, kaum ein Zehntel dessen, was getan werden müßte. Eine behagliche Mußestunde, wie sie andere genießen, war mir schon lange nicht mehr vergönnt. Niemand hilft mir: alles liegt auf dem Pfarrer, der überall nur mit Hemmungen und Hindernissen, Aufenthalten und Formalitäten zu tun hat, der niemand zufriedenstellen noch widerspruchsvolle Wünsche erfüllen kann und dabei dauernd gegen Böswilligkeit ankämpfen muß.«[66]

Im Jahre 1782 schreibt er an seine Mutter über einen Ritt nach Barr: »Oben vom Kamm des Hochfelds konnte ich auf Waldersbach hinunterblicken, wie es da lag, so klein, so ärmlich, da unten in dem steinigen Tal; und all die Bürden und Nöte meines Amtes fielen mir schwer aufs Herz. Da sprang ich vom Pferd, warf mich zu Boden, rang mit meinem Gott und flehte ihn an, daß er mir gnädig sein möge in meiner Not. Dann endlich konnte ich mich erheben und den Weg wieder aufnehmen, getröstet, ermutigt und wiederbelebt.«

Der Pfarrer als Arzt

In einer Hinsicht war Oberlins Pfarrerleben einzigartig: für seine Gemeinde war er nicht nur Seelsorger, sondern zugleich Arzt. Zwischen diesen beiden Tätigkeiten sah er – entsprechend dem Bibelvers: »Predigt das Evangelium, heilet die Kranken« – keinen Unterschied; beides war ihm dasselbe Amt. Und wenn er als Arzt in ein Haus gerufen wurde, dann versammelte er als erstes alle anwesenden Bewohner am Bett des Kranken und sprach ein Gebet für sie: Für den Kranken selbst erbat er Vertrauen auf Gott und Mut, die Schmerzen zu ertragen, die Krankheit zu bestehen, und – was auch immer geschehe – den festen Glauben an Gottes Güte und Barmherzigkeit zu bewahren. Für die Familie und die Freunde flehte er um Trost in ihrer Sorge, und für sich selbst um Weisheit und Geschicklichkeit seiner Hände. Und nachher, wenn er den Knochenbruch gerichtet und geschient, die Wunde ausgewaschen oder ausgebrannt und verbunden hatte, wenn der Abszeß aufgeschnitten, das vergiftete Blut entnommen war, wenn er alles verordnet hatte, was noch nötig war (Umschläge, Mittel zum Abführen, zum Erbrechen, zur Beruhigung, gegen Schmerzen) – wenn er also alles getan hatte, was in seiner Macht stand, dann warf er sich noch einmal auf die Knie und betete für die Genesung und das Seelenheil des Kranken. Wenn es ihm aber schien, der Tod sei nah, dann reichte er das Abendmahl. Nach Hause zurückgekehrt, schrieb er den Namen des Patienten auf seine Liste an der Tür, die ihn an alle die erinnerte, deren er ganz besonders im täglichen Gebet gedenken wollte.

Bevor Oberlin ins Steintal kam, hatte man dort nur ein einziges Mittel für jede Art von Krankheiten und Beschwerden gekannt: Olivenöl, vermischt mit Branntwein oder Wasser. Aufbauend auf den medizinischen Grundkenntnissen, die er als Hauslehrer im Ziegenhagenschen Haushalt erworben hatte, bildete sich Oberlin durch Fachbücher und praktische Versuche weiter und war schließlich in der Lage, nicht nur Arzneien zu verschreiben, sondern auch einige herzustellen und in seinem Apothekerschrank zu lagern, den er im Pfarrhaus zur Benutzung durch die Allgemeinheit unterhielt. Was die chirurgische, orthopädische oder therapeutische Behandlung anbetrifft, so hielt er sich an das, was er bei Dr. Ziegenhagen gelernt hatte, und das waren vermutlich alle in der Allgemeinmedizin jener Zeit üblichen Verfahren.

Für die Gemeinde aber mindestens so wichtig wie ärztlicher Beistand solcher Art war, was er zur Pflege der Gesundheit und zur Verhütung von Krankheit überhaupt unternahm. Gleich schon zu Anfang seiner Amtszeit begann er seinen Feldzug zur Verbesserung der sanitären Einrichtungen in jedem Haus, in den Stallungen und auf der Straße. Um Ansteckungskrankheiten niederzuhalten, erzog er zu Sauberkeit im Haushalt und regelmäßiger Körperpflege. Für die morgendliche Körperpflege seiner Hausschüler schrieb er etwa vor: »Das Haar kämmen. – Nase und Ohren reinigen. – Die Zähne mit den Fingern säubern. – Den Mund ausschwenken. – Das Gesicht waschen. – Frisches Wasser trinken.«[67] Sehr bald nach Entdeckung der Pockenschutzimpfung führte er das neue Verfahren auch im Steintal ein.[68]

Darüber hinaus sorgte er für die Ausbildung von Pflegerinnen und Hebammen zur Betreuung der Mütter und Pflege der Neugeborenen.[69] Doch die Bevölkerung zur Sorgfalt vor und nach der Geburt eines Kindes zu erziehen, dazu mußte er gegen beträchtlichen Widerstand von allen Seiten ankämpfen. Eine Reisende, die wenige Jahre vor Oberlins Tod das Steintal besuchte und sich nach ihm umhörte, traf auf das Urteil, der Pfarrer sei zwar allgemein geliebt, doch mache er auch »ernste Fehler«. Als sie nachfragte, welcher Art die Fehler seien, hörte sie: »Er regt die Leute zur Faulheit an.« Dann wurde ihr erklärt, er habe doch tatsächlich angeordnet, daß Müttern der vorher unbekannte Luxus der Kindbettzeit erlaubt sein solle und daß sie, solange sie das Kind noch stillten, nicht arbeiten sollten. Gelegentlich sei er sogar so weit gegangen, aus eigener Tasche den Lohn für eine Hilfe zu bezahlen, wenn dafür kein Geld da war.

Zum Pfarrer war Oberlin berufen; seine medizinischen Kenntnisse hatte er sich selber angeeignet. So groß jedoch war das Vertrauen der Gemeinde in seine Fähigkeiten, daß man sogar überzeugt war, er könne alles heilen, ja sogar Tote auferwecken. Drei Fälle werden meistens dafür angeführt. In allen drei Fällen waren es Mädchen, eines war im Schnee erfroren, die anderen beiden ins Wasser gefallen; alle lebten sie schon nicht mehr, als Oberlin kam. Das erste Unglück ereignete sich im Februar des bitterkalten Winters 1776. Ein Waisenkind, das bei seinem Onkel und seiner Tante aufwuchs, war nachts erwacht und barfuß über den Hof zum Klosett gegangen. Als es wieder ins Haus zurückgehen wollte, hatte der Wind die Haustür zugeschlagen. Die Kleine hatte nicht die Kraft, die Tür zu öffnen, und niemand von den Schläfern hörte ihr Rufen. Zwei Stunden, hieß es, habe sie schutzlos im Schnee gelegen, und als man sie dann fand, war ihr »das Fleisch wie Stein so hart, die Glieder starr wie ein Brett«. Oberlin tauchte den kleinen Körper erst in kaltes Wasser, dann legte er ihn in die Nähe des Ofens. Die Wärme und dauernde Massage belebten dann das Herz, das Kind begann zu atmen, und »mit der Zeit kam es auch wieder zu Bewußtsein«.[70] – Im Januar 1786 zog man ein elfjähriges Kind aus einem Mühlteich; es war hineingefallen und hatte sich unter einem Floß am Treibholz verfangen, fünfzehn Minuten lang. Diesmal hatte Oberlin Sebastian Scheidecker zur Seite. Durch künstliche Atmung und Massage brachten sie das Herz wieder zum Schlagen, doch »erst nach Tagen mühevoller Anstrengung und nach inbrünstigen Gebeten kam das Kind wieder zu Bewußtsein, nachdem es unterdes oft stundenlang immer wieder erbärmlich aufgeschrieen hatte«. Der einzige Versuch, das zu erklären, liegt in Oberlins rätselhaftem Satz: »Ihre Seele war eben so lange noch im Wasser – daher die Qual.« Das andere ertrunkene Kind war erst zwei Jahre alt. Man brachte es für tot zum Pfarrhaus, wo Mutter Oberlin es zusammen mit allen anderen im Haus unter Gebeten und mit vieler Mühe wiederbeleben konnte.

Wenn es ums Heilen ging, konnte Oberlin sehr böse werden, wenn das Volk an der Unfallstelle nur klagte und jammerte, statt zu helfen. Madame Roerich zitiert eine Äußerung, die Oberlin über solch eine Einstellung getan hat: »Ich komme an die Stelle, in Eile und auch fast in Wut; ich stampfe mit dem Fuß und schreie wie ein Matrose; ich zanke mit dem schreienden Weibervolk und drohe ihm Prügel an, wenn man mir nicht sofort alles das bringt, was ich nötig habe.«

Die Gerüchte, die sich nach solchen »Wiedererweckungen« verbreiteten und ihn in den Ruf des Wundertäters brachten, bestürzten Oberlin; denn seine eigene Meinung von seinem ärztlichen Geschick und von der Medizin überhaupt war gewiß bescheiden genug. In einer Predigt sagt er dazu:

»Sich an einen Arzt zu wenden im Geiste des Gehorsams und der Unterwerfung unter die Bestimmung Gottes, ist recht und gut, denn

Gott hat den Beruf des Arztes selber ja geschaffen; es ist sein Wille, daß die Menschheit sich solcher Hilfe auch bediene. Doch einen Arzt zu rufen in dem Glauben, es gäbe keine Heilung ohne ihn, das wäre ein Verstoß gegen das Erste Gebot: Du sollst keine Götter haben neben mir. Und außerdem, auf seinem Zutrauen zu Ärzten und Medizinen zu bestehen, selbst wenn es Gott durch deren Mißerfolg doch zeigt, daß man sie aufgeben und sich nur ihm allein zuwenden solle, das heißt bei dem Irrtum verharren und das Leiden selber nur verlängern. ... Es gibt auch Krankheiten und Leiden, die aus solchem Verstoß und Widerstand gegen Gottes Willen erwachsen sind. In dergleichen Fällen reicht auch das Gebet nicht aus: Beichte und Bußfertigkeit sind dann ernstlich nötig.«[71]

Die »Christliche Gesellschaft«

Am Anfang seiner Amtszeit sah Oberlin seine Gemeinde nur als ein Volk der Armut, des Unwissens, der Sittenlosigkeit und Verderbtheit. Als er sie mit der Zeit aber besser kennenlernte, fand er unter ihnen eine stattliche Anzahl von Männern und Frauen, die eine deutliche Bereitschaft zeigten für eine wahrhaft christliche Lebensweise und eine innere Kraft, darin ein Vorbild zu sein. Einige von ihnen hatte Stuber schon entdeckt, und ihre Begabungen waren von ihm entwickelt und gefördert worden. Andere fand Oberlin selbst. Doch machte es ihm häufig Sorge, daß er nicht wirklich alles tue, was sich vielleicht noch tun ließe, um solchen Menschen Gelegenheit zu bieten, ihre Gaben weiter zu entfalten und sie zu geistiger Tätigkeit und vorbildlichem christlichem Leben zu führen. Er las damals, in den Jahren nach 1780, die religiösen Schriften des Philosophen Fénelon, des englischen Geistlichen Philip Doddridge und von dem schwedischen Geisterseher Emanuel Swedenborg *Wunder des Himmels und der Erde.* Angeregt auch durch die Lebensgeschichte des Grafen Zinzendorf, verstärkte er seinen Briefwechsel mit der Herrnhuter Prediger-Konferenz. Angesichts solcher großer Vorbilder schienen ihm nun seine eigenen Bemühungen um die geistige Belebung seines Volkes nur recht jämmerlich, und was er bisher geschafft hatte, verlor alle Bedeutung. So schrieb er denn auch traurig an den Rand eines seiner Manuskripte: »Ich Elender! Nicht eine Seele hab ich je bekehrt!«[72]

In Anbetracht der großen Aufgabe, die er noch immer vor sich sah, um die Vollkommenheit zu erreichen, die Gott von ihm und seinem Volk zu verlangen schien, gewann sein evangelistischer Eifer nun solche

Spannkraft, daß er sich zu neuen, kühnen Taten bereit fühlte. So faßte er den Plan, eine »Christliche Gesellschaft« zu gründen nach dem Muster von Vereinigungen, die im Rahmen der Brüdergemeine in mehreren Ländern existierten und sich häufig *ecclesiola in ecclesia* nannten – »die kleine Kirche innerhalb der Kirche«. Sein Zweck dabei war, die geistliche Elite der Gemeinde zu wirklich intensivem Gebet und zu starker religiöser Selbstzucht zusammenzuführen, in der Erwartung, daß auf diese Weise in der Gemeinde mehr gute Werke der wahren Heiligung und Rechtschaffenheit getan würden und daß Gottes Gnade darum auch reicheren Segen bringen werde, durch den schließlich alle zum ewigen Leben kommen könnten.

Die Besten der Gemeinde sollten die ersten Mitglieder der Gesellschaft werden, die allen offenstehen sollte, die bereit waren, ihr Leben nach den strengen Forderungen der Statuten einzurichten, deren erste in der Forderung bestand, ein Gelöbnis abzulegen, sein Leben Gott zu weihen – ähnlich dem, das Oberlin selbst an seinem zwanzigsten Geburtstag geschrieben und nachher mehrfach erneuert hatte. Zu Anfang des Jahres 1782 also war für ihn alles bereit, die Gründung der Gesellschaft anzukündigen. Der Predigtentwurf, den er dafür benutzte, besteht aus Stichworten und kurzen Phrasen und trägt das Datum des 30. Januar 1782.

»Wiedergeburt, Heiligung – beide in Jesus Christus. ... Nicht der Welt nachlaufen, nicht dem bösen Geist der Zeit, sondern Jesus. Wir sind sein Eigentum ... Den inneren Menschen stärken durch das Wort Gottes, ständiges Gebet, häufigen Empfang des Heiligen Abendmahls. ... Mitglieder (sollen) gegenseitig aufeinander achtgeben, mahnen, lehren – mit Sanftmut, Liebe, Demut und Geduld ... alle Mitglieder (sind) Mitarbeiter ihres Pfarrers und Jesu Christi: guter Haushalt – gute Erziehung – Frauen (sind) ihren Männern gehorsam – fleißiges Studieren des Evangeliums – Fleiß in der Arbeit – kein Sorgen um zeitliche Dinge, keine Zeitverschwendung, keine Spur von Nachlässigkeit oder Faulheit ... ehrliches und sofortiges Zahlen von Schulden. ... Brüderliche innige Liebe gegen alle ..., Bereitwilligkeit zu guten Werken ..., einen Teil des Arbeitsertrags fürs allgemeine Wohl verwenden.«[73]

Da er wußte, daß die Sorgen der Armut das Wachstum des Glaubens im Herzen beeinträchtigen, war Oberlin darauf bedacht, dieser Gruppe der Auserwählten schon früh und möglichst wirksam finanziell beizustehen: mit Geldern, die er ausdrücklich für diesen Zweck aufbrachte, schuf er eine spezielle Leihkasse für die Mitglieder der Gesellschaft; er verlangte von jedem angehenden Mitglied eine vollständige Aufstellung aller seiner Schulden und das Versprechen, daß es keine weiteren

Schulden und keine außergewöhnlichen Anschaffungen machen werde, ohne daß er, Oberlin, davon wisse und dem zustimme.

Die Gründung dieser Gesellschaft fand die Zustimmung Stubers, doch gleichzeitig – denn er kannte wohl besser als sonst jemand die Neigung seines jungen Freundes zu evangelistischem Überschwang – ließ er auch eine leise Warnung mitklingen und mahnte ihn (am 25. März 1782), »mit besonderer Sorgfalt vorsichtig, bedacht, sanft und weise mit denen umzugehen, die nicht miteingeschlossen sind, um zu verhindern, daß Gehässigkeit oder Bitterkeit oder falscher Parteigeist aufkommen – die ich in derlei Projekten von jeher gefürchtet habe – und Schaden anrichten, so groß wie, nein, größer noch als all das Gute, das die Gesellschaft schaffen will«.[74]

Viele in der Gemeinde hatten, wenn nicht die Veranlagung zu starker geistlicher Disziplin, so doch den Wunsch danach. Und in der kurzen Lebensdauer der »Christlichen Gesellschaft« brachte sie es immerhin auf 130 Mitglieder. Stubers Besorgnis aber erwies sich sehr bald als nur allzu berechtigt; Oberlin hätte wohl besser getan, wenn er dessen Warnungen deutlicher und aufmerksamer beachtet hätte. Verletzter Stolz und Eifersucht kamen unter denen auf, die nicht die genügende Reife besaßen, um als Mitglieder zugelassen zu werden; auch meinten sie, daß die Auserlesenen durch die schnelle Abzahlung ihrer Schulden materielle Vorteile ernteten, die ihnen selber versagt blieben. Die so geschürte Erbitterung und Feindseligkeit innerhalb der Gemeinde wurde weiter angefacht durch die Gerüchte, die in Straßburg umgingen, wo der Lehnsherr, Baron von Dietrich, die Gesellschaft abgeurteilt hatte und nun eine gewaltige Attacke ritt gegen den von ihm bisher so verehrten Bewahrer des Glaubens. Gleich anderen Grundherren fühlte sich Dietrich in seinem Besitz bedroht durch die vielen Geheimorden und Bruderschaften, die überall wie Pilze aus dem Boden schossen. Sein Einblick in die Statuten der »Christlichen Gesellschaft« – mit ihrem Nachdruck auf Einigkeit und Füreinander-Eintreten – erweckte in ihm den Verdacht, daß da ein Aufstand gegen ihn angezettelt werde. Aus unbekannten Gründen wandte er sich jedoch nicht direkt an Oberlin selbst, sondern zitierte den Professor Jeremias Jakob Oberlin zu sich in seine Straßburger Kanzlei. Er zählte ihm eine Reihe von Gerüchten auf, die ihm zu Ohren gekommen seien: daß sein jüngerer Bruder die Erziehung der Jugend und andere Amtspflichten vernachlässige, während er sich mit lächerlichen mystischen Spielereien abgebe, noch dazu im Verein mit einem bevorzugten Klüngel von religiösen Fanatikern. Er bitte den Professor also höflichst, seinen Einfluß geltend zu machen und seinen irregeleiteten Bruder wieder zur Besinnung zu bringen. Jeremias Jakob Oberlin seinerseits ging zu seiner Mutter, und erst durch einen besorgten und gestrengen Brief von ihr erfuhr Johann Friedrich von dem hochherrschaftlichen Mißfallen.[75]

Auch Stuber muß wegen ähnlicher Gerüchte eine Anfrage an ihn gerichtet haben, denn am 30. April 1783 sandte Oberlin ihm – offenbar als Antwort oder in Erfüllung einer Bitte – eine Verteidigungsschrift. Sie war acht Seiten lang und nannte 19 Punkte der »Anklagen und Beschuldigungen«, die seine Gegner gegen ihn erhoben hätten. Den wohlbekannten alten Klatsch über seine »Konkubinen« hatte man auch wieder aufgewärmt und frisch gewürzt mit neuen Zutaten, nun, da seine Frau im Januar 1783 gestorben war. Hinzugefügt waren dann auch noch die übertriebenen Behauptungen, die Armen seien aus der Christlichen Gesellschaft ausgeschlossen und Sektierertum und Kirchenspaltung seien nur noch eine Frage der Zeit.

Zweifellos war Oberlin bis zu einem gewissen Grade unbedacht gewesen. Vielleicht hatte er sogar selbst mit zu der Beschuldigung beigetragen, er wolle eine neue Sekte gründen, indem er die Bedingungen für die Mitgliedschaft zu streng festgelegt hatte. In seinem Streben nach Vollkommenheit in seiner Gemeinde mag er übersehen haben, wie sehr die Verwendung der Metapher vom »Weizen und der Spreu« (mit der er sein Projekt erklärte) die Nicht-Erwählten vor den Kopf stoßen mußte. Schließlich – und dies ist am wahrscheinlichsten – hatte das Ungestüm seines Temperaments ihn beim ersten Anzeichen von Opposition wieder einmal die Sanftmut vergessen lassen, die Stuber ihm so häufig anempfahl. Er selber hatte so gegen die Forderung nach »Sanftmut, Liebe, Demut und Geduld« verstoßen, die doch zu den Bedingungen gehörte, die er selbst für den Erwerb der Mitgliedschaft in seiner Gesellschaft aufgestellt hatte.

Immerhin hatte er Verstand genug, den Irrtum einzusehen und dabei auch zu erkennen, daß die Gesellschaft nicht so unbedingt nötig war, um seine hohen Ziele zu erreichen; und so beschloß er denn, sie wieder aufzulösen. Am 11. Mai 1783, sechzehn Monate nach ihrer Gründung, erklärte er sie für aufgelöst, in einer Ansprache an das ganze Volk unter dem bezeichnenden Titel »Aufhebung des Namens und auch der äußeren Form der Christlichen Gesellschaft«. Zur biblischen Bestätigung dieser Handlung wählte er den Text Johannes 17, 20–23, mit den Worten Christi, die Oberlin als Vermächtnis des Erlösers an sein Volk ansah und die auch durch mehrmalige Wiederholung den Begriff der Einheit und der Einigkeit hervorheben: »Ich bitte aber nicht allein für sie, sondern auch für die, die durch ihr Wort an mich glauben, auf daß sie alle eins seien, gleichwie Du, Vater, in mir und ich in Dir; daß auch sie in uns eins seien . . ., und ich habe ihnen gegeben die Herrlichkeit, die du mir gegeben hast, daß sie eins seien, gleich wie wir eins sind . . .« In der anschließenden Predigt erklärte Oberlin, er sei mit diesem Schritte jetzt genauso sicher, daß er nach Gottes Willen handle, wie er es ein Jahr früher gewesen sei bei dem Entschluß, die »Christliche Gesellschaft« ins Leben zu rufen. Er habe sie als ein Mittel unter vielen gesehen, um alle hier im Tal zu wahren Christen zu erziehen; denn er habe der Hoffnung gelebt, daß die Gesellschaft mit der Zeit die gesamte Gemeinde umfassen werde. Doch um den »abscheulichen Verleumdungen« und den Feindseligkeiten ein Ende zu machen, löse er nunmehr den Namen und die äußere Form der Gesellschaft auf. Das, so bestätigte er noch, könne er mit gutem Gewissen tun, denn wahres Christentum bestehe ohnehin weder aus Namen noch aus äußerer Form, die sehr oft unbeständig seien.[76]

Seine Bemühungen, aus jedem Gemeindekind einen wahren Diener Gottes zu machen, ließen deswegen nicht nach. Immer wieder drängte er, daß jeder Konfirmierte eine schriftliche Erklärung der Gottesweihe feierlich niederschreiben und bei ihm abgeben solle. Noch in seinem 42. Amtsjahr wandte er sich an seine Gemeinde mit einer Statistik, in der er ihr nachwies, daß ein großer Teil der Gemeindeglieder noch keine Erklärung abgegeben hatte, und ermahnte sie, diese versäumte Pflicht doch recht bald nachzuholen.[77]

Ein neues Wirkungsfeld?

Im achten Jahr seiner Seelsorge trat eine Entwicklung ein, die in der Oberlin-Literatur oft merkwürdig falsch dargestellt worden ist und von der die Waldersbacher Gemeinde vermutlich nie etwas erfahren hat. Das früheste Dokument darüber ist ein Brief, datiert vom »Herbst 1774«, von Oberlin an seinen Bruder Jeremias Jakob. Es ist ein langes, polemisches Schriftstück, das in allen Einzelheiten Oberlins Gründe aufzählt für den Entschluß, einen Ruf an die Gemeinde »Ebenezer in Amerika« anzunehmen. »Wirst Du mich fragen«, schreibt Oberlin am Schluß, »warum ich so ins einzelne eingegangen bin? Sicher mehr meinet- als Deinethalben ...; denn ich weiß, daß Du mir gern nützlich bist, und das, was Du in dieser Beziehung mir nützen kannst, besteht darin, daß Du diesen Brief allen denjenigen mitteilst, die meinen Entschluß von einem falschen Gesichtspunkte aus betrachten.«[78]

Der Kern von Oberlins Ausführungen war, daß es Gottes Wille sei, daß er nach Amerika gehe. Wie immer habe er die Entscheidung seinem Herrn und Meister überlassen, indem er ihn im Gebet angefleht habe um ein Zeichen, ob er den Ruf annehmen oder ausschlagen solle. Dann habe er »ohne ein weiteres Wort« den Brief, der den Ruf enthielt, seiner Frau gegeben. Nach einer Weile, die sie in stillem Gebet in ihrer Kammer zugebracht habe, sei sie zu ihm zurückgekehrt, und beide hätten sie gewußt, daß es Gottes Wille sei, nach Ebenezer zu gehen.

Der Ort war 1733 in der eben gegründeten Kolonie Georgia auf noch unbebautem Marschland in der Nähe von Savannah von einer Gruppe von Protestanten besiedelt worden, die Leopold Anton Firmian, der Fürstbischof von Salzburg, aus Österreich ausgewiesen hatte. Mit Hilfe der »Britischen Gesellschaft zur Förderung Christlicher Wissenschaft« waren sie unter der Fürsorge und auf Kosten der englischen Verwalter der Kolonie Georgia dorthin gelangt. Der ersten Gruppe von 78 Seelen waren zwei weitere Gruppen gefolgt, und im Jahre 1774 hatte die Siedlung Ebenezer es bereits auf 2000 Einwohner, vier Kirchen und zwei Pfarrer gebracht.

Was konnte für Oberlin an dem Gedanken, dorthin zu gehen, so anziehend gewesen sein? In einem Brief an seine Mutter fügt er zu dem, was er in dem Schreiben an Jeremias Jakob gesagt hatte, noch einige Gründe für seinen Entschluß hinzu – unter anderem diese: Schon seit seiner Jugend, seit der ersten Hingabe an den Dienst Gottes habe er ein herzliches Verlangen gespürt, als Missionar unter die Heiden zu gehen. Dieser Ruf sei nun vielleicht die Gelegenheit, diese Sehnsucht zu erfüllen; denn obwohl »Ebenezer eine deutsch-lutherische Pfarrei ist, ... befinden sich in seiner Nähe vier Indianerstämme«. In der Gemeinde seien auch »eine große Anzahl unglücklicher Afrikaner als Sklaven ... Ich würde indirekt unendlich viel Gutes stiften können, wenn ich Institute errichtete und Schulen für die jungen Neger bildete.« Schließlich, meinte er, bedürften die Schulen in Ebenezer der Reform, und »das Steintal hat mir Gelegenheit verschafft, in dieser Beziehung Erfahrungen zu sammeln«. Was das Geschick der Steintal-Gemeinde betreffe, die ja nun bald verwaist sein würde, so führt er aus, so sei sie »in einer viel glücklicheren Lage als die in Ebenezer. Sie hat an ihrer Spitze einen protestantischen Grundherrn, der die gemachten Verbesserungen billigt und fördert«. Außerdem werde die Gemeinde in Stuber, »ihrem ersten und vorzüglichen Reformer«, immer »einen Ratgeber und vortrefflichen Führer« behalten.

Über Ebenezer, seine Lage und sein Klima, seine Geschichte und Wirtschaft, scheint Oberlin herzlich wenig gewußt zu haben, so wenig in der Tat, daß er es in dem Brief an seine Mutter sogar fälschlich von Georgia nach Pennsylvania verlegte. Auch muß er falsch unterrichtet gewesen sein über den Anlaß, der ihm den Ruf einzubringen schien; denn er sagt, die Gemeinde sei »seit dem Tod des würdigen Pfarrers Bolz wie verwaist«, obwohl Bolz, der erste Pfarrer der Kolonie, tatsächlich schon 1765 gestorben und sein Amt in den neun Jahren dazwischen von rechtmäßigen Nachfolgern bekleidet worden war.

Das Merkwürdigste von allem aber ist die Ungewißheit, ob der Ruf wirklich erfolgt ist oder nicht. In dem Schreiben an den Bruder spricht Oberlin von »dem Brief, der den Ruf enthält«, doch zu Anfang des Jahres 1775 berichtet er an seine Mutter, daß er »noch nicht einmal den offiziellen Ruf erhalten« habe, und er erklärt dann auch, mit dem früheren Brief an seinen Bruder habe er nur beweisen wollen, »was ich in meiner Lage als rechtschaffener Mann und als Christ unumwunden antworten konnte, *wenn ich gefragt würde, ob ich geneigt wäre,* einen Ruf nach Ebenezer in Pennsylvanien anzunehmen«. Und später in demselben Brief sagt er dann noch: ». . . im gegenwärtigen Augenblicke handelt es sich darum zu wissen, was mein Vorhaben sein wird, wenn der offizielle Ruf, statt der bloß vorläufigen Anfrage, an mich ergeht«.

Das einzige, was wir über die Anfrage und ihren Weg zu Oberlin wissen, ist das, was aus Stoebers Bericht hervorgeht, nämlich daß Pfarrer Johannes Urlsperger aus Augsburg – auf einen Artikel hin, der im *Leipziger Intelligenzblatt* über Oberlin und das Steintal berichtet hatte –, »sein Auge auf Oberlin warf« und einen Freund, einen Herrn Hebeisen, einen frommen Christen in Straßburg, bat, er möge doch bei Oberlin sondieren, ob er an einem solchen Ruf Interesse habe. Warum aber folgte dieser Anfrage niemals der eigentliche Ruf? Vergebens habe ich alles über die Geschichte von Ebenezer aus den unruhigen Jahren nach 1770 durchforscht, um eine Antwort auf diese Frage zu finden. Im Jahre 1774 aber sah sich die kleine Gemeinde schon stark bedrängt von den Ereignissen, die ein Jahr später zum Unabhängigkeitskrieg der Vereinigten Staaten führen sollten. Pfarrer Triebner, der zweite Pfarrer der Gemeinde, zeigte im Gegensatz zu seinem Vorgesetzten und dem größeren Teil der Bevölkerung starke Sympathien für die Königstreuen, und schon 1773 hatte seine Propaganda allerlei Unruhe in die Gemeinde gebracht. Möglicherweise hatte Urlsperger, der als Treuhänder der geistlichen Angelegenheiten der Kolonie die »Britische Gesellschaft zur Förderung Christlicher Wissenschaft« vertrat, von diesen Schwierigkeiten gehört und hatte darum – in der Erwartung, daß man Triebner eines Tages wohl ablösen müsse – ganz von sich aus und inoffiziell bei Oberlin anfragen wollen, wie er dazu stünde; so privat und so inoffiziell tatsächlich, daß er, statt an Oberlin selbst heranzutreten, Hebeisen damit beauftragte, vielleicht auch, um zu vermeiden, daß sein eigener Name im Bericht über derartige Verhandlungen genannt werde. Dann aber hatten die Ereignisse des Unabhängigkeitskriegs in den amerikanischen Kolonien die bedrängte kleine Gemeinde so überflutet, daß jeder Gedanke daran, vielleicht einen neuen Pfarrer aus Europa zu berufen, in Vergessenheit geriet.

Mit der Zeit, so ist wohl anzunehmen, als sich das Warten auf den Ruf von Tagen auf Wochen und schließlich auf Monate ausdehnte, muß Oberlin wohl zu dem Schluß gekommen sein, daß es offenbar doch nicht der Wille Gottes war, daß er seinen Posten im Steintal verlasse. Diese Überzeugung wurde dann in der Tat so stark, daß er niemals wieder – obwohl er viele verlockende Angebote bekam – irgendeinen Vorschlag, er solle seine Wirkungsstätte wechseln, auch nur erwog: wenn jemand ihm in späteren Jahren, nach dem Tode seiner Frau, vorschlug, er solle doch wieder heiraten oder sich eine andere Gemeinde suchen, dann trat ihm offenbar das Bild von der Kirche als der Braut Christi vor die Augen, das die Redeweise des Pietismus so gerne auf die Beziehung zwischen einem Pfarrer und seiner Gemeinde anwandte, und er antwortete gewöhnlich: »*Eine* Frau, *eine* Gemeinde.«
Um den Schlußstrich unter die Ebenezer-Angelegenheit zu setzen, schrieb Oberlin in Anlehnung an 1. Samuel 7, 12 einen vierzeiligen Vers – das einzige Gedicht, von dem wir wissen, daß es von ihm stammt. Er wollte wohl feiern, daß die lange Qual der Ungewißheit und des Wartens nun ihr Ende erreicht hatte. Und er wollte seine Bereitschaft in Worte fassen, nun sein ganz eigenes Ebenezer dort aufzurichten, wo Gott ihn schon längst eingesetzt hatte, nämlich hier im Steintal:

»Ich will Dir einen Altar bauen,
Der Ebenezer heißen soll,
Drauf soll man diese Worte schauen:
Gott führet seine Kinder wohl.«

6. KAPITEL

Segnungen der Armut

»Es wäre so, als habe der Geist Oberlins über der Gemeinde geschwebt, um das Leben in Armut schön zu machen.«

(George Eliot)[79]

Klima und Bodenbeschaffenheit im Steintal waren ungünstige Bedingungen für die Landwirtschaft - und davon lebte, als Oberlin dort Pfarrer wurde, praktisch noch die ganze Bevölkerung. Jede Familie versuchte, sich möglichst weitgehend selbst zu versorgen. Der Verkauf von landwirtschaftlichen Produkten über die engen Grenzen des Tals war die Ausnahme. Knappheit an Lebensmitteln war die Regel, und jede schlechte Ernte stellte Oberlins Gemeinde vor existentielle Probleme:

»In Belmont und im oberen Bellefosse hat die Ernte versagt. Das Korn war verfault, und dennoch hat man Brot daraus gebacken.« - »Es gibt Familien, die schon zwei Monate nach der Erntezeit nichts an Korn mehr übrig haben.« - »Claude Kommer hat zehn Kinder, acht davon noch zu Hause, und fast alle noch klein; für alle die kann er nicht einmal Holzschuhe beschaffen; so müssen denn zwei von ihnen ganz und gar barfuß laufen, auch bei Kälte und Regen. Mit einem der Kinder hat die Mutter den ganzen Tag lang Dung aufs Feld getragen, ohne auch nur eine einzige Kartoffel als Nahrung zu sehen. Dort im Haus wird seit langem schon das Wort Brot nicht einmal mehr erwähnt. Die Familie hat nur noch Kartoffelkraut zu essen. Viele andere leben monatelang schon von in Milch gekochtem Gras, von ›Brot‹ aus Baumrinde und von wildem Obst.«[80]

Im Jahre 1770, aus dem diese Notizen in Oberlins Tagebüchern stammen, hatte er bereits erste Gegenmaßnahmen ergriffen. Schon in seinem ersten Amtsjahr hat er Stuber offenbar einen Plan vorgelegt, wie man die Gemeinde zu bisher ungewohnten gemeinsamen Arbeitsprojekten bringen könne. In einer Antwort bemerkt Stuber:

»Die Steintäler fleißig machen zu wollen, ist freilich ein nobles, und unter allen das Löbliche betreffenden das erste Projekt. Aber es ist fast über allen unseren Kräften. Wir haben weder das Vermögen noch die Autorität, und sie haben weder den Willen dazu noch den Glauben daran. Wie kann da etwas herauskommen? Am Besten ist's, wir sorgen nur direkt für ihre Seelen. Werden sie Christen, so werden sie von selbst etwas vernünftiger, tätiger und vorsichtiger, und so wären sie dann eben recht. Denn so begierig, hitzig auf's Zeitliche, wie die Deutschen sind, wollen wir sie nicht haben. Sie sollen ihre edle Freiheit behalten, nicht Knechte des Mammons, aber beileibe auch keine Müßiggänger sein. Will man ihnen viel vorsagen, sie in allerlei Formen zwängen, zu diesem und jenem bereden, so macht man sich ihnen nur beschwerlich, verdächtig und verhaßt. Ließe man sie aber völlig nach ihrem Sinne und arbeitete man nur in Liebe und Vertrauen an ihren Seelen, so würde man vielleicht am gesegnetsten wirken. ... Von ökonomischen Dingen wollte ich (an Ihrer Stelle) ihnen gar nichts sagen. Mit all' ihrem Wesen wollte ich ein herzliches Vergnügen bezeugen, und so trachten, ein großes, ein gänzliches Vertrauen zu erwecken: daß ihnen gar nichts an mir seltsam oder widrig vorkäme. Sie müßten mich wie einen Steintäler ansehen. ... Gott wird für das übrige sorgen.«[81]

Das Vorgehen, das Stuber hier anrät, ist tatsächlich das Vorgehen Oberlins geworden (soweit er seine Ungeduld im Zaum halten konnte): Zuerst zu versuchen, die Einstellungen der Gemeinde und ihre Gefühle so zu lenken, daß sie seinen Plänen zugute kamen, und dann erst diese Pläne tatsächlich auszuführen. Und zugleich gibt Stubers Brief den Maßstab an, an dem sich Einfluß auf die Steintäler zu orientieren hatten: »nicht Knechte des Mammons, aber beileibe auch keine Müßiggänger« sollten sie werden.

Das wichtigste Mittel der Beeinflussung war für Oberlin die Kanzel oder sein geistliches Amt überhaupt: in den Abendandachten am Donnerstag, beim Treffen mit Gruppen, im Gespräch mit einzelnen Gemeindegliedern, im Gebet und besonders in den Predigten verbreitete er unermüdlich alle seine Ideen und warb für seine Pläne – von der Verbesserung des Schulunterrichts bis zum Wegebau. Oberlin ging es nicht darum, Dingen, die mit Christentum und Kirche nichts zu tun haben, ein christliches Mäntelchen umzuhängen, sondern für ihn waren Schulunterricht, Wegebau, medizinische Versorgung usw. ganz unmittelbar Gegenstände christlichen Handelns. Oberlins Denken steht hier ganz im Bann der Vorstellung der »Heiligung«, wie wir sie im vorigen Kapitel charakterisiert haben: Jede Arbeit, so widerwärtig sie ist, ist geheiligt, wenn sie aus Liebe zu Christus getan wird. An einem Beispiel: »Der

Bauer, der sein Vaterland liebt und Christus dient und der alles darauf anlegt, seine Pflege des Bodens immer weiter zu verbessern ..., der seine verderbliche Achtlosigkeit ablegt und sein Bestes tut an dem, was Gott ihm anvertraut hat, der heiligt sein Werk und gibt seinen bäuerlichen Arbeiten den Glanz der Ewigkeit.«[82]

Wegebau

Eines der großen Projekte, die Oberlin in Angriff nahm, war der Wegebau.[83] Natürlich gab es schon zu Oberlins Zeit Wege zwischen den einzelnen Dörfern und auch zu den abseits gelegenen Gehöften. Aber diese Wege waren vernachlässigt worden und stellten mittlerweile bei schlechtem Wetter und vor allem im Winter eine Gefahr dar oder waren praktisch unbenutzbar. Ein Beispiel ist der Holzsteg über die Breusch, die wichtigste Verbindung des Tals mit der Außenwelt, der im Winter oft mit einer Eisschicht, Spritzwasser von der Breusch, bedeckt war. Erst 1795 ertrank dort ein Mädchen.

Oberlins erster Aufruf an Freiwillige, die gewaltige Ausbesserungsarbeit zu beginnen, eine Predigt über Matthäus 3,3: »Bereitet dem Herrn den Weg und macht seine Steige richtig«, fand wenig Anklang. Aber Oberlin dachte an Stubers Mahnungen, verbarg seinc Enttäuschung und seinen Verdruß, gab auch eine Weile auf, über die Sache zu predigen, und beschloß dann, der Gemeinde ein Beispiel zu geben. An einem schönen, sonnigen Morgen ging er daran, an einer deutlich sichtbaren Stelle des Weges Waldersbach–Fouday ein Loch zu entwässern und aufzufüllen. Am nächsten Tag gesellte sich der eine oder andere seiner eher feinfühligen und verantwortungsbewußten Nachbarn zu ihm, und mit der Zeit, als man sah, was sich wirklich erreichen ließ, schwoll der Arbeitstrupp an und wurde gelegentlich so groß, daß mehrere Vorhaben gleichzeitig und sogar weit auseinander gelegen verwirklicht werden konnten. Oberlin ritt dann von einer Baustelle zur anderen, wo er Pläne auslegte, Anweisungen gab, den Leuten gut zuredete mit Dank und immer neuer Ermutigung und sie an den Lohn erinnerte, den die Heilige Schrift denen verspricht, die ihr Bestes geben für das Wohl der Gemeinschaft.

Es war ein großes Unternehmen, denn es verlangte solche Schwerarbeit wie das Ausheben von Abflußgräben, das Errichten von Stützmauern an Berghängen. Kiesel mußten von weither herbeigeschafft und dann auf der Oberfläche verteilt werden. Und, das Schwierigste von allem: Brücken wollten gebaut sein. Oft hatten sich die Felder über die

Oberlin als Straßenbauer (idealisierte Darstellung aus späterer Zeit)

Straßenränder hinüber ausgebreitet, und er mußte mit einzelnen Bauern wegen der tatsächlichen Grenzen ihres Bodens verhandeln. Wenn er mündlich nichts erreichte, zögerte Oberlin nicht, mit Geld nachzuhelfen. Gelegentlich auch schien ein Verlegen des Weges ratsam, wenn Steigungs- oder Entwässerungsprobleme auftauchten, und auch das erforderte Landankauf. Alle Ausgaben, sowohl für Werkzeuge und Material wie für Grundstückskosten, zahlte Oberlin aus Mitteln, die er und Stuber aus kleineren Gaben von vielen Freunden in der Gemeinde der Getreuen in Straßburg zusammengetragen hatten.

Wie nun der Ausbau der Ortswege seiner Vollendung entgegenging, lenkte Oberlin seine Aufmerksamkeit auf den ebenso wichtigen Plan, die Verbindung mit der Außenwelt zu verbessern. Er fand das wichtig – nicht nur um der kulturellen Vorteile willen, die ein leichterer Zugang zu dem Tal bringen würde, sondern auch aus wirtschaftlichen Gründen, denn er sah Zeiten kommen, in denen bessere Erträge des Landes eine Ausfuhr von Feldfrüchten möglich machen würde.

Die alte Straße, die von Straßburg westwärts über den Dononpaß nach Lothringen führte, wendete sich bei Schirmeck, ein paar Kilometer vor Rothau, vom Breuschtal ab – eine Tatsache, die das Ihre zu der Abgelegenheit und Armut des Steintals beitrug. Eine zweite, sehr alte

Straße führte von Vipucelle über Salm und Plaine nach Senones. Sie berührte zwar das Steintal, war aber ein Bergweg mit derart steilen Strecken, daß sie meist gemieden wurde zugunsten des primitiven, oft überfluteten Weges dem linken Breuschufer entlang. Eine gute, zu allen Jahreszeiten sichere Straße zu bauen, schien Oberlin so überaus wichtig, daß er nicht zögerte, dies in die Wege zu leiten, obwohl er sich der ungeheuren Schwierigkeiten voll und ganz bewußt war.

Die erste Schwierigkeit war schon die Beschaffung der Bauberechtigung für eine Straße, die das Hoheitsgebiet des Prinzen von Salm durchzog. Das Recht wurde schließlich nach vielen, von Oberlin selbst geführten Verhandlungen zugestanden, aber auch nur gegen Zahlung einer beträchtlichen Summe, die wieder einmal von getreuen Freunden in Straßburg zusammengetragen wurde. An verschiedenen Stellen der Breusch entlang war der Weg verengt durch Felsen oder durch Felsblöcke im Flußbett. Um die Blöcke zu beseitigen und die Straße entlang der Felsen zu führen, dazu brauchte es Sprengstoff, mit dem nur gelernte Arbeiter umgehen konnten. Die mußte man also von draußen heranholen. Und zum Schluß wollte dann auch eine richtige Brücke gebaut sein, um zu allen Jahreszeiten über den Fluß zu kommen, nicht nur für Fußgänger, sondern auch für Fahrzeuge, Pferde und Vieh.

Als er endlich mit der Arbeit anfangen konnte, war Oberlin als Brükkenbauer nicht mehr ganz unerfahren.[84] Für nicht weniger als acht hölzerne Brücken, die neue Ortswege über kleine Bäche führten, hatte er bereits den Bau überwacht. Diese Brücke würde nun aber viel größer werden und viel kostspieliger, weil man viel mehr Baustoffe brauchte und weil für den Zugang zu ihr ein benachbartes Feld angekauft werden mußte. Im Aufruf an seine Straßburger Freunde und Schirmherren sprach er oft von dem erhofften Bau als »pont de charité« – »Brücke der Barmherzigkeit«. Der Name blieb dann unter der Bevölkerung hängen und bezieht sich auch heute noch auf die dortige Steinbrücke über die Breusch, obwohl Oberlins erster Holzbau inzwischen mehrere Male ersetzt worden ist.

Als alle Wege schließlich fertig waren, fiel Oberlin auf, daß viele der Bauern ihre Einkäufe und ihre Ernte, anstatt sie auf Wagen zu laden, weiterhin auf dem Rücken trugen oder bestenfalls einem Packtier aufluden, wie sie das früher notgedrungen auch getan hatten. So setzte er einen Preis aus für jeden, der ein Fahrzeug benutze, »da doch immerhin ein einzelnes Pferd halt auf einmal fortschaffen kann, was sonst fünf oder sechs Mann zum Tragen braucht«. Um den Handel über das Tal hinaus anzuregen, versprach er sogar einen dreifachen Preis für den, der das erste Fahrzeug mit einheimischen Produkten über das Hochfeld auf den Markt nach Barr schaffe.

Rat und Weisung für die Verwaltung seiner Pfarrgemeinde holte sich Oberlin oft aus den Büchern Mose. Als er den Rothauer Gemeinderat überreden wollte, die Bau- und Erhaltungskosten für die neue Brücke mitzutragen, legte er ihm eine Liste vor von den Unfällen, die sich wegen des Fehlens eines sicheren Übergangs über die Breusch ereignet hatten. Gleichzeitig erwähnte er eine Bestimmung aus dem 3. Buch Mose, wonach jeder Bewohner einer Gemeinde, in deren Nähe ein Todesfall durch ein Verbrechen verursacht wurde, unentrinnbar eine Mitschuld trage, weswegen alle Buße tun und Sühne zahlen müßten. Das Versäumnis, in Rothau einen sicheren Flußübergang zu schaffen, bezeichnete Oberlin weiter als eine Unterlassungssünde, und damit als Verbrechen, für das die Rothauer Buße tun müßten. Der Rothauer Gemeinderat aber lehnte die Gültigkeit des Gesetzes Mose ab und verwies stattdessen auf das französische Recht, das nichts dergleichen aufweise. Deswegen sei er jeglicher Verpflichtung ledig. So sorgten denn Oberlin und seine Gemeinde (die gewiß von der Brücke mehr Gebrauch machten als die Rothauer) weiterhin allein für die Erhaltung dieser und aller anderen Brücken und Wege im Tal.

Im Jahre 1813 schrieb der Bürgermeister von Rothau tatsächlich an Oberlin, daß er die Notwendigkeit gewisser Ausbesserungen an der Brücke festgestellt habe und daß er anfragen wolle, ob diese aus Mitteln bezahlt werden könnten, die er für ihre Erhaltung doch gewiß beiseite gelegt habe. Oberlin mag wohl etwas geseufzt haben, als er zurückschrieb: »Herr Bürgermeister, besagte Brücke, dieses arme Waisenkind von einer Brücke, trägt den Namen ... ›Brücke der Barmherzigkeit‹, weil die Liebe allein sie schließlich gebaut hat, nachdem dort mehrere tödliche Unfälle geschehen waren. Und Menschenliebe allein hat sie auch derweil instand gehalten. Darin liegen in der Tat die einzigen ›Mittel‹, die es für sie gibt. – Möge der Herrgott Euch zur Seite stehen, Herr Bürgermeister, Euch gütig mit Weisheit erhellen und weiterhin leiten!«[85]

Erst im Jahre 1823 übernahm der Staat die Verantwortung für Brükken und Wege.

Der Pfarrer und die Landwirtschaft

Während Oberlin den Wegebau als Liebeswerk betrachtete, sah er alle Arbeit zur Erhaltung und Verbesserung des Bodens als fromme Handlung an. Tomy Fallot, einst Schüler in Oberlins Pensionat und später ein einflußreicher Geschäftsmann und Publizist, hat mehr getan als irgendein anderer Schriftsteller der Zeit, Oberlins Arbeit für verbesserte Landwirtschaft unter der französischen Bevölkerung bekannt zu machen. Er schreibt dazu:

»Oberlin machte aus dem Ackerbau etwas wie einen heiligen Ritus: die Erde ist das Urbild des Himmels; ihre Pflege gleicht einem himmlischen Sakrament. In diesem Sinne auch errechnete er – durch eine mir unvorstellbare prophetische Eingebung – im voraus die Lösung für eine der schwierigsten Fragen, die sich später (nach der Revolution) der Demokratie aufdrängten: wie soll man dem Bauer ein immer stärker werdendes Gefühl der Zugehörigkeit zur Erde, eine bewußte Liebe zum Ackerbau beibringen, ohne in ihm durch die Art des Unterrichts eine Verachtung seines bäuerlichen Berufes zu wecken?«[86]

Man muß sich die Schwierigkeit der hier von Fallot skizzierten Aufgabe bewußtmachen: Ein Städter, erst seit kurzem in der Gegend, belehrt die einheimischen Bauern über Landwirtschaft! Und dazuhin war er Pfarrer, also zwar ein gelehrter Mann, frisch von der Universität, aber eben ein Idealist, unerfahren in den praktischen Dingen des täglichen Lebens! – Oberlin, der diese Einstellung seiner Steintäler kannte, war sich seiner heiklen Lage wohl bewußt. Und so bemühte er sich, seinen landwirtschaftlichen Reformplänen, über die wir auf den folgenden Seiten berichten, durch sein eigenes Beispiel Glaubwürdigkeit zu verschaffen.

Eine gute Möglichkeit dazu bot sich auf einem Feld gleich hinter dem Pfarrhaus, das dem Waldersbacher Pfarrer zur Nutzung überlassen war und einen Teil seines Einkommens darstellte. Oberlin benutzte es nicht nur als vielseitigen Gemüsegarten für den Tisch, sondern auch zu Versuchs- und Anschauungszwecken, angefangen mit einem Projekt, das den Ertrag des flachen, sandigen Bodens durch bestmögliche Düngung vergrößern sollte. Dort, wo das Regenwasser vom Hausdach und vom Stall zusammenfloß, legte er eine Dunggrube an und baute weiter abwärts Becken, aus denen das Wasser dann als flüssiger Dünger entnommen werden konnte, nachdem es durch den Dung hindurchgesickert war. Festen Dünger und Humus vermehrte und verbesserte er durch Feld- und Küchenabfälle. Er schickte Kinder aus, im Dorf und auf den Straßen Tiermist, Stoffetzen und Lederstücke für den Komposthaufen zu sammeln. Er drängte die Bevölkerung, Aborte zu bauen, aus hygienischen Gründen und zur Nutzung als Dünger.[87]

Auf allen seinen Wegen durchs Tal trug er jahrelang einen Erdbohrer bei sich, mit dem er dem Boden überall Proben entnahm in der Hoffnung, auf Mergel zu stoßen, mit dem man den Boden allgemein verbessern konnte. Diese Hoffnung aber mußte er mit der Zeit aufgeben. Er machte Propaganda für den Fruchtwechsel, damit die Böden weniger ausgelaugt wurden, für das Beimischen von Tonerde und Kalk unter den sandigen und lehmigen Boden, um die Erträge zu steigern. Er zeigte den Bauern, wie man durch Pflügen quer zum Tal verhindern konnte, daß fruchtbarer Boden von den abschüssigen Äckern weggeschwemmt wurde; er erklärte die beste Anlage der Bewässerungs- und Entwässerungsgräben. Er bewies, daß man durch das Bebauen bisher brachliegenden Bodens an den Hecken und den Straßenrändern den Gesamtertrag steigern konnte. Niemals, so bezeugt Stoeber, sei Oberlin an einer bestimmten morastigen Stelle neben dem Weg nach Solbach vorbeigegangen, ohne ein paar unterwegs gesammelte Steine hineinzuwerfen – damit irgendwann auch diese Stelle landwirtschaftlich genutzt werden konnte.

In seinen Bestrebungen, den Boden zu verbessern, bemühte Oberlin sich gleichzeitig um die Veredelung dessen, was im Steintal angebaut wurde, allem voran der Kartoffel. Die Kartoffel war vor 1600 nach Europa verpflanzt worden und hatte sich schnell über das ganze westliche Europa verbreitet. Lange Zeit wurde sie aber nur als Viehfutter angebaut. Nur in Notfällen wurde sie von den Menschen gegessen. Erst unter dem französischen König Ludwig XVI. wurde sie in Frankreich als Nahrungsmittel populär, fand den Weg von der königlichen Tafel zum Tisch des Bürgertums, wurde Nahrung der Arbeiter von Paris und schließlich für ganz Frankreich.

Im Elsaß blieb das anders, wie Oberlins Tochter Friederike Rauscher bezeugt: »Im Jahre 1767 waren Kartoffeln im Steintal noch etwas Seltenes. ... Leute, die sich im Frühjahr mühsam von in Milch gekochten Gräsern nährten, schämten sich, Kartoffeln auf dem Tisch zu haben. Kamen Besucher während einer Mahlzeit, so wurden die Kartoffeln schleunigst zugedeckt oder weggetragen und versteckt, damit nur niemand wisse, daß man so was aß.«[88]

Unter diesen Umständen verwandte man auch keinerlei Mühe daran, die Qualität oder den Ertrag zu steigern. Als Oberlin nach Waldersbach kam, reichte die Ernte selbst in den besten Jahren kaum mehr aus, die Dorfbevölkerung voll zu versorgen; in schlechteren Jahren war alles aufgebraucht, noch ehe der Winter vorbei war. Oberlins erstes Unternehmen in Ackerbaukunde ging also darum, den Ertrag an Kartoffeln zu erhöhen und schließlich nicht nur den örtlichen Bedarf reichlich zu decken, sondern auch einen Überschuß für den Verkauf zu erzielen. Er begann, indem er Versuche machte mit Saatproben aus Lothringen, Holland und der Schweiz. Die besten Erfolge erzielte er mit der rotschaligen Schweizer Sorte. Sie gedieh gut im Steintalboden, war sehr schmackhaft, nährstoffreich und haltbarer im Speicher als die Art, die in der elsässischen Rheinebene gezüchtet wurde. Der Erfolg seiner Versuche war so glänzend, daß man bald zu ihm kam um Saatkartoffeln, die er natürlich gerne gab. Er zeigte den Leuten, wie man sparen könne, indem man die Knolle nicht als ganze setze, sondern sie in mehrere Stücke zerschneide, nur müsse jeder Teil zwei oder drei Augen behalten. Bald sollte es genug Kartoffeln geben, um die Steintäler zu ernähren, und schon nach 1780 konnten ganze Wagenladungen auf den neuen Wegen und über die »Brücke der Barmherzigkeit« nach Straßburg geschafft werden, wo die Kartoffel als »Steintaler Rote« schnell bekannt wurde. Es gibt sie heute noch.

Gleichzeitig mit seinen Bemühungen um die Veredelung der Sorte verkündete Oberlin überall leidenschaftlich den Nährwert der Kartoffel im allgemeinen und die Überlegenheit der »Steintaler Roten« im besonderen. Der Kartoffelanbau ist wohl Oberlins größter Einzelbeitrag zur Förderung der Landwirtschaft im Steintal gewesen. Zwar experimentierte er auch mit Flachs und führte den Hanfanbau ein; jedoch war er auf diesem Gebiet weniger erfolgreich.

Wichtig für die Steintaler Landwirtschaft waren auch die Kühe – als Milch- und Fleischlieferant und als Zugtiere. Hier richtete Oberlin seine Aufmerksamkeit zunächst auf das richtige Futter. Als erstes galt es, das Wachstum der Gräser auf Weideland und Wiesen zu verbessern. Um zu bestimmen, welches Gras am besten war, säte Oberlin mehrere Parzellen mit verschiedenen Grassamen aus und führte über Wachstum und Ertrag während eines Zeitraums von zwei bis vier Jahren sorgfältig Buch. Eine seiner ersten Entdeckungen war die, daß das übliche Süßgras, das in ganz Europa weit verbreitet war, sich hier im Steintal nicht voll entwickeln konnte, weil der steinige Untergrund unter der dünnen Bodenschicht die tiefreichenden Wurzeln dieser Art im Wachstum hemmte. Aus Oberlins Versuchen ging eine Art Alfalfa, die er als Luzerne aus holländischem Samen gezogen hatte, als Sieger hervor. Mit der Zeit ließen sich die Bauern von Oberlins Beweisen für die Überlegenheit der neuen Sorte überzeugen. Sie bestellten ihre Wiesen neu mit diesem Samen, folgten auch seinem Rat und Beispiel in der Bewirtschaftung des Bodens und sahen ihre Futterernte bald sehr deutlich wachsen, an Menge wie an Qualität.

Wie nun das Futter sichtbar zunahm, drängte Oberlin die Bauern auch, die Zeitspanne der winterlichen Stallfütterung zu verlängern. Sie würden mehr und besseres Fleisch und bessere Milch gewinnen, als wenn sie die Herde zu früh auf dem noch spärlichen, mageren Weideland grasen ließen. Die Gemeindeweiden lagen auf Böden, die sich zu anderer Bebauung nicht eigneten, entweder wegen mangelnder Entwässerung, wie im Quellgebiet der Chirgoutte, oder wegen der Unfruchtbarkeit des Bodens, wie auf dem Hochfeld. Auf einer zweiten Reise nach Baden, im August 1780, notierte sich Oberlin eifrig einen Rat, den der Kirchenrat Sander ihm gegeben hatte: »Sobald geöhmdet ist, so miste (dünge mit Mist) einen schlechten Teil der Matte, brich ihn um – laß ihn den Winter durch liegen – im Frühjahr egge, säe Hafer und egge wieder. Durch dieses Geheimnis hat der Kirchenrat außerordentlichen Hafer bekommen, daß er 36 Gulden von einem Stück gezogen (bekommen), da ein ebenso großer Platz Weizen nur 24 Gulden getragen hätte.«[89] Nach ein paar Jahren wurde derselbe Boden wieder zu Weideland eingesät. Oberlin beschloß, dieses Verfahren auch im Steintal einzuführen. Dort aber war das Weideland zum Pflügen zu steinig. Die Hindernisse waren also schier unermeßlich. Oberlin ließ sich jedoch nicht abschrecken: In nahezu endloser Arbeit machte er sich daran, die großen Felsblöcke mitten auf den Weiden zu sprengen und sie zu entfernen; er beschäftigte sogar Schulkinder mit dem Wegschaffen von kleineren Steinen, die einem Pflug im Weg sein würden.

Durch solche kühnen und drastischen Maßnahmen wurden Viehfutter und Weideland weiter verbessert, so daß das Land nun größere Herden ernähren konnte und die Fleisch- und Milchproduktion deutlich stieg. Innerhalb weniger Jahre gab es mehr Milch, als für den Eigenbedarf im Tal gebraucht wurde. So überredete denn Oberlin die Familien, deren Kühe einen Überschuß brachten, Butter zu machen, die sich bald zusammen mit der Steintaler Kartoffel auf dem Straßburger Markt gut verkaufen ließ. Auch konnte Oberlin nun daran gehen, den Viehbestand als solchen durch sorgfältige Auswahl der Zuchttiere und durch nahrhaftes Futter zu verbessern. Um die Anwendung der neuesten Tierzucht-Erkenntnisse und -Verfahren zu fördern, schrieb er jährlich Preise für den Züchter des besten Stiers und der besten Milchkuh aus.

Um in Ermangelung eines Tierarztes die Gesundheit des Viehs trotzdem sicherzustellen, erarbeitete Oberlin sich aus tiermedizinischen Lehrbüchern einige grundlegende Fertigkeiten, die er, zusammen mit dem, was er schon von menschlicher Anatomie wußte und was er an praktischer Erfahrung als junger Mann in der Chirurgie erworben hatte, im Notfall auch anwenden konnte.

Wie er nun so seiner Gemeinde Hinweise gab über das Halten von Vieh, betonte er auch immer aufs neue, wie wichtig es sei, Haustiere freundlich und sanft zu behandeln. Für ihn war die Mißhandlung eines Tieres eine Sünde und nicht weniger schwerwiegend als die Grausamkeit gegen einen Mitmenschen.

Als Oberlin im Steintal ankam, fand er kaum irgendwo einen Obstbaum vor. Das einzige Obst, das dort gegessen wurde, waren Beeren, Äpfel und Birnen aus dem Wald. Weil einige der Dörfer und Weiler in

Senken lagen, zwischen den Hängen gegen die schärfsten Winde geschützt, aber sehr sonnig, war Oberlin überzeugt, daß es möglich sein müsse, dort Obst zu ziehen. So richtete er denn bald nach seiner Ankunft in Waldersbach eine Baumschule ein. Dafür wählte er den Vorgarten des Pfarrhauses, pflanzte dort junge Apfel-, Birn-, Kirsch- und Nußbäume und versuchte sich an verschiedenen Sorten mit Düngen, Beschneiden und Pfropfen. Wann immer einer der vielen Besucher im Pfarrhaus sich nach den jungen Bäumen dort im Hof erkundigte, gab er ihm einen Schößling und ermutigte ihn, den im eigenen Vorgarten einzusetzen. Auch führte er ein, daß jeder Konfirmand und jedes Brautpaar zwei Bäume pflanzen mußte, ehe er sie einsegnete oder traute. Er regte ferner an, daß in der Gemeinde jeder Haushaltsvorstand für jedes Mitglied der Familie mindestens zwei Bäume pflanzen solle und daß jeder Bürger im Tal alle zwei, drei Jahre einen pflanzen solle, um seiner Pflicht gegenüber der Gemeinschaft auch über den Tod hinaus noch nachzukommen. Im Jahre 1805 gab er das Amt des Baumzüchters, das er bis dahin selbst verwaltet hatte, an die Gemeinde ab; er gründete eine Gemeinschafts-Baumschule unter staatlicher Verwaltung.

Obgleich sich der jährliche Ertrag der Landwirtschaft im Steintal durch Oberlins Reformen und Verbesserungen durchschnittlich verdreifacht hatte, brachte das rauhe Klima dennoch gelegentlich Jahre der Mißernte und des Hungers. In solchen Zeiten mußte die Bevölkerung zur Nutzung von einheimischen Wurzeln und Gräsern zurückkehren. Oberlin selbst besaß eine mit großer Sorgfalt zusammengestellte Pflanzensammlung, die er nach dem eben veröffentlichten System von Linné geordnet hatte. Er fertigte Zeichnungen der Pflanzen mit einzelnen Blättern und Blüten an, bestimmte ihre Eigenschaften und notierte ihren Arznei- und Nährwert oder ihre Giftigkeit. Heinrich Gottfried Oberlin, ein Sohn Oberlins, hat in einem Aufsatz 1806 eine vollständige Liste aller im Steintal vorkommenden Pflanzen aufgeführt, die sein Vater gesammelt hatte. Dort finden wir auch 22 einheimische Pflanzen, die allgemein – vor allem im Frühjahr – als Nahrung für die Bevölkerung dienten: Gänsefuß, Vogelkraut, Löwenzahn, Butterblume, Taubnessel, wilder Kümmel, Wegerich, Sauerampfer, Rapunzel, Brunnenkresse, Kornrade und andere.[90]

1778 gründete Oberlin den »Landwirtschaftlichen Verein des Steintals«. Diesen Verein betrachtete er zum einen als Mittel, seine Reformideen zum Ackerbau besser verbreiten zu können, zum anderen als Hilfsorganisation der Landwirte selber, um in ihnen das rechte Gemeinschaftsgefühl zu wecken und ihre gegenseitige Hilfsbereitschaft anzuregen. Jean-Luc Legrand bestimmt das Ziel des Vereins so: »Man kann sehen, mit welchem Vorbedacht Oberlin versucht hat, diesen Verband den Ortsbedingungen und den bescheidenen Mitteln, die ihm zur Verfügung standen, anzupassen. Wie immer aber sieht man auch, wie er selbst einem so zumeist weltlichen Unternehmen moralisch-religiöse Bedeutung zu geben wußte.«[91]

Die Statuten des Vereins wurden von Oberlin in Zusammenarbeit mit den Lehrern David Bohy und Sebastian Scheidecker entworfen. Sie setzten fest, daß jeder, »ohne Rücksicht auf Religion, Stand oder Herkunft«, Mitglied werden könne, der bekannt sei »als ein ehrlicher Mann, tugendhaft und in Übereinstimmung mit der vaterländischen Gesinnung des Vereins«. Jedes neue Mitglied mußte eine Aufnahmegebühr von zehn Sous bezahlen und sich verpflichten, »Gott, den Satzungen des Vereins, dem Lehnsherrn der Grafschaft und dem Vaterland treu zu sein und sich fortan um wahrhaft christliches Verhalten und um brüderlich freundschaftliches Gebaren und Gefälligkeit gegen den Nachbarn zu bemühen«. Diese Bestimmungen zeigen das Ziel Oberlins, hier im kleinen eine Ordnung zu schaffen, die sich auf das Verantwortungsbewußtsein eines jeden für seine Mitmenschen stützte. In der ausdrücklichen Betonung dessen, daß jeder Mitglied werden könne, erweist sich die Übereinstimmung zwischen Oberlins eigenem sozialem Empfinden und den hohen demokratischen Idealen, die ein Jahrzehnt später die Französische Revolution zu verwirklichen versuchte.

Nach der Aufnahme eines neuen Mitglieds klebte man in dessen Gesangbuch das Wahrzeichen des Vereins ein mit dessen Motto »Für Gott und Vaterland«. Jedes Mitglied war verpflichtet, an den sonntäglichen Treffen des Vereins teilzunehmen, auf denen aus landwirtschaftlichen Fachbüchern vorgelesen wurde, und sich Notizen zu machen. Es mußte auch die Experimente durchführen, die in der verlesenen Schrift vorgeschlagen wurden. Die Ergebnisse der Experimente wurden dann diskutiert. Die Kosten für den Ankauf von Büchern deckte der Verein durch freiwillige Gaben, die auf den Sitzungen gesammelt wurden. Der Verein wurde außerdem von der »Landwirtschaftlichen Gesellschaft« in Straßburg, deren Mitglied er war, durch Buch- und Geldspenden unterstützt.

Die Aufgaben des Pfarrers waren ebenfalls in der Satzung festgelegt: er sollte mindestens einmal im Monat der Versammlung beiwohnen, Berichte über die Arbeit des Verbandes entgegennehmen und ihm mit Rat beistehen; alle drei bis sechs Monate sollte er eine gründliche Inspektion vornehmen und daraufhin die drei Mitglieder bestimmen, die ihm um ihrer Kenntnisse und Fähigkeiten willen einer Ehrung würdig schienen. In besonderen Feiern in der Kirche empfingen diese zum Lohn dann Buchpreise.

Zu der Zeit, als Oberlin ins Steintal kam, wurde dort kaum irgendein Handwerk betrieben.[92] Deshalb hatte ein Bauer, dem irgendein Mißgeschick ein Werkzeug zerbrach, nicht nur die Kosten der Wiederherstellung oder für ein neues Gerät zu tragen, sondern auch den Verlust an Arbeitszeit durch den langen Weg nach Schirmeck oder Barr. Aus Mangel an Handwerkern blieb auch mancher Schaden an Gebäuden unausgebessert. So suchte sich Oberlin denn sehr bald verläßliche, gescheite und strebsame junge Leute aus und schickte sie in die Lehre außerhalb des Tals, damit sie eines der Handwerke erlernten, die für eine landwirtschaftliche Gemeinde lebenswichtig waren. Das Erlernen solcher Berufe förderte er durch einen Preis für jedes Lehrjahr – vorausgesetzt, der Lehrling konnte ein Zeugnis seines Meisters für gute Führung vorlegen. Um unter dem Dorfnachwuchs Interesse zu wecken und auch zur eigenen Entspannung, richtete Oberlin eine Werkstatt ein und versuchte sich dort als Tischler, Töpfer, Holzschneider, Buchdrucker und Bastler. Innerhalb weniger Jahre gab es im Dorf Schmiede, Wagner, Zimmerleute, Maurer, Tischler, Sattler, Schuhmacher und Schuhflicker, Dachdecker und Glaser.

Von Anfang an war sich Oberlin der Notwendigkeit bewußt, Beschäftigungsmöglichkeiten für die Bauern während der Wintermonate zu schaffen, in denen die Feldarbeit ruhte. Ein Monsieur Reber aus Sainte Marie-aux-Mines, der in verschiedenen Orten Spinn- und Webearbeiten als Heimarbeit vergab, erwog 1773, auch im Steintal die Voraussetzungen für Heimarbeit zu schaffen. Oberlin ermutigte ihn mit aller Kraft und half ihm auch, die Arbeiter dafür zu finden, als das neue Unternehmen in Waldersbach wirklich ins Leben gerufen war.

Oberlin sah jedoch bald ein, daß es nicht genügte, der Bevölkerung nur einfach die Möglichkeit zur Arbeit zu bieten; man mußte sie auch überreden, diese Möglichkeiten zu ergreifen. Die Männer sahen solche Handarbeit gegen Bezahlung als ihrer unwürdig an; sie waren immerhin Ackerbauer und Viehzüchter. Und dazu, daß ihre Frauen etwa solche Arbeit annehmen würden, sagten sie nur: »So will man also Damen aus ihnen machen?!«

Um solch störrischem Widerstand ihrerseits zu begegnen, ließ Oberlins Frau sich einen Webstuhl mitten ins Wohnzimmer stellen und arbeitete daran, soweit Familien- und Gemeindepflichten das erlaubten. Um Männer, Frauen und Kinder an den Spinnrocken und den Webstuhl zu locken und um sie zum Nähen und Stricken oder zum Erlernen anderer Berufe zu bringen, benutzte Oberlin alle Mittel der Überredungskunst. Wie immer, wenn er seine Herde auf neue und grünere, jedoch unvertraute Weiden führen wollte, lockte er mit ganz und gar handgreiflichem Lohn in Gestalt von Preisen: für ein paar gestrickte kleine Strümpfe drei Sous, vier Sous für ein Paar große. Alle diese Preise wurden wie die für die Schulkinder bei festlichen Anlässen in einer Feier ausgeteilt, damit der Empfänger den Wert seiner Bemühungen recht erfuhr, nicht nur in Form von Geld, sondern vor allem als Gewinn an Ehre und Achtung in den Augen seiner Mitbürger. In einer Predigt führt Oberlin sechs Gründe an, eine neue Arbeit anzunehmen:

»1. *Aus Frömmigkeit:* Tut es um Gottes Willen: Er will, daß wir allezeit nutzbringend beschäftigt sind; denn die Faulheit ist das Ruhebett des Teufels und aller unreinen Geister.
2. *Aus Sparsamkeit:* So gering euer Lohn dafür auch sein mag, so ist Arbeit dennoch weit besser als das Nichtstun.
3. *Aus Dankbarkeit:* Ihr seid besser in der Lage, euren Eltern ihr Los zu erleichtern; und auch aus Vorsorge, damit ihr später für den eigenen Haushalt etwas habt.
4. *Aus Nächstenliebe:* Damit ihr besser fähig seid, den Kranken und den Armen beizustehen und großzügig bei den öffentlichen Werken der Barmherzigkeit mitzuwirken.
5. *Aus Ehrgefühl:* Ein Nichtstuer, ein Faulenzer ist eine verachtenswerte Kreatur. Unter den Tieren hat nur das Schwein das Vorrecht, faul zu sein.
6. *Aus Ehrlichkeit:* Sogar die Heiden haben schon erkannt, daß ein Faulenzer nicht zu den ehrlichen Leuten gehört; er bestiehlt sich selbst wie seinen Nachbarn, er bestiehlt den Staat sowie seinen Gott und Schöpfer. Und es gibt Heidenstämme, bei denen das Gesetz verlangt, daß man die Nichtstuer gerichtlich verfolgt und bestraft wie einen Dieb.«[93]

Mit der Zeit gewöhnte sich die Bevölkerung an die neue Lebensweise, und Besucher von auswärts bezeugen, daß die Hauptgeräusche in den Dörfern des Steintals das Schnurren des Spinnrads und das Klappern der Webstühle gewesen seien. Zwischen Mai 1785 und Mai 1786 zahlte Reber 32000 Francs aus an Lohn für das Spinnen, Weben und Stricken, das Mitglieder der Gemeinde in der Zeit geleistet hatten – für die damalige Zeit eine beträchtliche Summe, die eine deutliche Verbesserung der Lebenshaltung ermöglichte.

Auch sonst schreckte Oberlin vor Eingriffen in alte Steintäler Gewohnheiten nicht zurück. So war es damals üblich, daß jede Familie einmal in der Woche, samstags – seit alters her der Backtag im bäuerlichen Haus – sich selber ihr Brot buk und dazu das zu jedem Hof gehörende Backhaus heizte. Oberlin sah darin eine unerhörte Verschwendung. Er setzte daher einen Rundbrief in Umlauf, in dem er ein anderes System vorschlug: Immer sechs oder acht Familien sollten sich beim

Brotbacken zusammentun, denn ein einmal angeheizter Ofen könne mit wenig Holz warmgehalten werden. Sein Brief schließt mit der Mahnung: »Meine Lieben! Wenn Ihr der Sache zustimmt, so laßt Euch weder durch Boshaftigkeit noch durch Eifersucht, die so viele Familien entzweit haben, davon abbringen. Tut alle Eifersüchteleien beiseite, seid Christenmenschen! Und wenn Ihr Eure Gemeinschaft dann gebildet habt, dann seid standhaft, seid sanftmütig und bereit nachzugeben; laßt der Geduld, der Güte und Freundlichkeit den Sieg über Roheit, Frechheit und Gereiztheit!« Nicht lange danach waren alle Familien im Tal wirklich friedevoll vereint in »Ofen-Gemeinschaften« und freuten sich der Wirkung solcher christlichen Einigkeit.

Zu anderen Beiträgen Oberlins zum allgemeinen Wohl, die nirgends sonst verzeichnet stehen, gehören: die Sonnenuhren, die er bauen und überall im Tal errichten ließ; die freiwillige Feuerwehr, die er aufgestellt hatte, und die Spritze dafür, die er anschaffen ließ (beides wichtige Neuerungen in einer Gegend, in der die Häuser noch Strohdächer hatten und es beim Löschen meist am Wasser fehlte); die Einführung des metrischen Systems zum Bestimmen von Maßen und Gewichten; die Vorbereitung und der Druck des Jahresalmanachs.[94]

Wohltätige Werke

Als Oberlin nach Waldersbach kam, erfuhr er bald, daß viele in der Gemeinde Schulden hatten, nicht nur die Allerärmsten, sondern auch die einigermaßen Wohlhabenden.[95] Er erkannte darin einen wichtigen Grund für die Mutlosigkeit, die Sorgen und die Verzweiflung, die das Volk im Tal so schwer bedrückten, und er begann sofort mit aller Macht, diese Geißel zu bekämpfen und allem anderen voraus die weitere Verbreitung solchen Elends zu verhüten. Das Motto für den Kampf fand er im Römerbrief (Kap. 13,8): »Seid niemandem etwas schuldig, als daß ihr euch untereinander liebet.« In zahllosen Reden von der Kanzel wie bei seinen täglichen seelsorgerlichen Ratschlägen betonte er immer aufs neue, daß das Schuldenmachen und das Ausleihen den Keim zu Mißtrauen in sich trage und Sorgen und Elend nur vergrößere, während gegenseitige Hilfsbereitschaft und brüderliche Liebe die Güte Gottes und gegenseitige Nächstenliebe einbringen würden. Seine Predigten waren reich illustriert mit Anekdoten und Gleichnissen aus biblischen Geschichten, aber auch aus der volkstümlichen Literatur und mit Familiengeschichten aus dem Steintal selbst. Alle erbrachten den Beweis, daß Schuldenmachen, Ausleihen und Prozessieren nur immer tiefer in die

Not hineinführten, in diesem Leben wie im Jenseits, daß aber Sparsamkeit, Großmut und Vergebung irdisches Glück und himmlische Seligkeit gewiß mit sich brächten.[96]

Auch hier, wie überall sonst, bekräftigte Oberlin seine Mahnungen wieder mit praktischen Maßnahmen. Er begann mit dem Einrichten einer Darlehenskasse, in die er selbst als erster eine Geldeinlage einzahlte. Weitere erbat er sich von Freunden aus Straßburg und den Vermögenderen in seiner eigenen Gemeinde. Er führte selber Buch, entschied über die Bewilligung oder Verweigerung einer Anleihe und sorgte dafür, daß »das Geld für die Armen arbeitete« (wie er sich auszudrücken pflegte), indem er zurückbezahlte Summen gleich wieder auslieh. Dabei richtete er sich nach Regeln, die er nach bestem Wissen und Gewissen selber festgelegt und erläutert hatte. Sie lauteten:

»1. Für Anleihen sollen weder Zinsen oder Kosten noch Bürgschaften gefordert werden. (Die Schuld soll nirgends sonst verzeichnet werden außer in dem Gedächtnis Gottes.)
2. Der Schuldschein soll von dem Schuldner unterzeichnet, dem Gläubiger zurückgegeben ... und jegliche Zahlung darauf verzeichnet werden. ...
3. Die Summe soll innerhalb von sechs Jahren zurückgezahlt werden, und zwar in solchen Raten, wie es die Verhältnisse dem Schuldner erlauben. Sollte aber am Ende der sechs Jahre noch ein unbezahlter Rest bestehen, so soll die Schuld dennoch getilgt sein; denn so hat es Gott für sein Volk in 5. Mose 15,1 bestimmt: ›Alle sieben Jahre sollst du Erlaß gewähren.‹«[97]

Wenn man bedenkt, daß in all den langen Jahren, die diese Kasse bestand, nur eine sehr kleine Zahl der Nutznießer ihre Schulden nicht zurückzahlte oder gar das »Sabbatjahr« unlauter ausnutzte, so fragt man sich mit Leenhardt, wer dafür wohl die größere Ehre verdient: die Bevölkerung, die ein solch hohes Ehrgefühl in sich trug, oder der Mann, der durch seinen moralischen Einfluß und sein Beispiel – und gelegentlich wohl auch kraft seines Amtes – imstande war, seine Gemeinde zu solcher Verantwortlichkeit zu erziehen?

Bei den Entscheidungen aber, ob ein Bittsteller einer Anleihe würdig sei, waren Oberlins Maßstäbe vielfältig und streng. Die allgemeine Bedingung war, daß er ein ehrenhafter Mann war, von gutem Leumund und untadeliger Führung, erwerbstätig und mit einem makellosen Ruf. Manche der Fragen, die einem potentiellen Schuldner gestellt wurden, würden einem normalen Bankier gewiß belanglos erscheinen: »Sind eure erwachsenen Kinder ehrlich, anständig und fleißig? Sind eure Töchter einfach und bescheiden und mit Anstand gekleidet? Halten sich eure Söhne abends vom Herumlungern auf den Straßen und vom Kartenspielen fern? Habt ihr zuhause eure männlichen Kinder getrennt von den weiblichen untergebracht, damit kein Anstoß erregt wird (vgl. 3. Mose 18,9)? Habt ihr auf eurem Grundstück einen sauberen Abort? Ist der Rauchfang über eurem Herd in Ordnung? Habt ihr einen Obstgarten angelegt und dem Bach entlang und am Weg Bäume gepflanzt? Seid ihr sparsam mit eurem Brennholz? Haltet ihr die Wege an euren Feldern in Ordnung? Habt ihr allzeit edle und patriotische Regungen?« – Wer auf solche Fragen, so meinte Oberlin, ehrlich das Rechte antworten könne, der solle bestimmt eine Anleihe bekommen. Andere würden der Reihe nach berücksichtigt, sobald auch sie diesen Maßstäben entsprachen.[98]

Wenn dieses Darlehens-Unternehmen auch keine großartige Kreditwirtschaft betrieb, so löste es doch Probleme, die für viele Familien aus zeitweiliger Geldknappheit entstanden; von der Zinslast aber blieben sie frei. Stolz berichtet Oberlin, in einem einzigen Jahr seien Schulden von 1975 Livres (5925 Francs) getilgt worden – ein Zeichen, wie rasch der Fonds innerhalb der Gemeinde umlief. Rückzahlungen von Schuldnern wurden gleich an Bittsteller weitergegeben, die auf der Warteliste standen. Gelegentlich aber hörte Oberlin von besonders großer Not zu einer Zeit, da kein Geld für Kredite zur Verfügung stand – zum Beispiel, daß eine Familie vor dem Ruin stehe wegen Schulden, die vor der Gründung des Fonds schon gemacht worden waren; oder daß ein Haushalt bedroht war von einem Gerichtsverfahren, das die Summe der unbezahlten Schulden nur noch weiter in die Höhe treiben würde. Mehr als einmal, so wird berichtet, bestieg Oberlin in solchen Fällen sein Pferd, ritt mitten in der Nacht nach Straßburg, um dort wieder einmal bei seinen Freunden anzuklopfen und mit dem nötigen Geld in der Tasche heimzukehrren.

Die großartige Leistung dieser Darlehenskasse (die das Prinzip der ländlichen Kreditgenossenschaften vorwegnimmt, die Wilhelm Raiffeisen 1846 in Deutschland gegründet hat) bestand darin, daß er eine Gemeinde, in der die meisten verschuldet und manche sogar schon in ein Gerichtsverfahren verwickelt waren, in eine Gemeinschaft umwandelte, in der fast alle ihr Auskommen hatten. Es wäre gar zu einfach, diese Leistung allein auf die Gründung einer Darlehenskasse zurückzuführen. Die wesentliche Zutat lag in Oberlins kluger Verwendung des Fonds als Instrument und Ansporn in seinem Bestreben, in der Gemeinde einen allseitigen moralischen Aufschwung zu erwirken zu persönlicher Rechtschaffenheit, Lauterkeit, Zuverlässigkeit, Selbstachtung und kluger Planung.

Das Prinzip der Gemeinwirtschaft, auf das er seine Kreditgesellschaft aufgebaut hatte, wandte Oberlin auch bei anderen Unternehmungen an.[99] In einer ländlichen Gemeinde kommt es oft vor, daß das eine oder andere Gerät unter der Hand zerbricht. So primitiv und einfach die Geräte damals auch waren, so waren sie dennoch lebenswichtig für den Bauern – wie zum Beispiel Spaten, Hacke, Heugabel, Harke, Axt, Spitzhacke, Pflug und Egge. Und es betrübte Oberlin besonders, wenn solch ein Mißgeschick eine der ärmeren Familien traf, für die solch ein Verlust vielleicht sogar die ganze Ernte auf dem nun schlecht bestellten Feld gefährden konnte, wenn kein Geld für ein neues Gerät da war. Und selbst einer, der Geld hatte, verlor doch zumindest einen Tageslohn wegen der Reise, die er machen mußte, um ein neues Werkzeug auf dem Markt zu besorgen. Und so begann Oberlin, allerlei Geräte selbst zu lagern und zum Einkaufspreis zu verkaufen. Manchen Käufern gab er sogar Kredit. Später dehnte er diesen Gerätehandel auf Kredit für Pflanzen und Saatgut und sogar auf andere Gebrauchsgüter aus, die man in der Landwirtschaft braucht. Auch hier gab Oberlin wieder ein Beispiel für Hilfsbereitschaft anstelle des herkömmlichen Profitdenkens.

Große Summen waren in den Jahren der Not als Gabe hilfreicher Freunde ins Tal gekommen und hatten geholfen, die elenden Lebensverhältnisse der Waldersbacher Gemeinde zu beenden. Nun, da die meisten Schulden getilgt waren, da die Landwirtschaft einen Aufschwung nahm und in der Gemeinde eigenes Geld zur Verfügung stand, weckte Oberlin den Geist der gegenseitigen Verantwortlichkeit. Es war an der Zeit, so befand er, daß die Steintäler nicht nur die Kosten für die erzieherischen und kirchlichen Einrichtungen und Vorhaben im Steintal trugen, sondern darüber hinaus »zurückzahlten«, was ihnen von draußen an Güte und Hilfe zuteil geworden war – das heißt: ihrerseits Gelder oder Erzeugnisse aus der Gemeinde hinauszuschicken als Hilfe und zur Förderung und Unterstützung ähnlich würdiger Unternehmungen an anderen Orten. Er gab ihnen zu verstehen, daß ihnen die nun größeren Mittel nicht gegeben seien, um der Selbstsucht zu frönen, sondern um durch die Unterstützung ihrer Brüder Gott zu dienen. Indem er sie lehrte, ihren Kredit und die Vorteile der gemeinschaftlichen Arbeit zu nutzen, wies er auch darauf hin, daß sie in allen ihren Vorhaben das Höchste nur erreichen könnten, wenn sie von dem Geist der Brüderlichkeit erfüllt seien. Die Zahl seiner Predigten über die Sünde der Habsucht und des Geizes ist groß. Alle waren ausführlich und eindringlich und betonten stets aufs neue, daß der eigentliche Sinn der Sparsamkeit nur darin liege, dem Menschen immer mehr Fähigkeiten zu verschaffen, Gutes zu tun.[100] »Gott will Nächstenliebe, keine schönen Worte«, heißt es in einer Predigt.

Bei der moralischen Verpflichtung seiner Gemeinde zu Wohltätigkeit machte Oberlin keine Ausnahme. 1817, als Gelder nötig waren, um einer Familie in Solbach, deren Haus niederbrannte, bei dem Wiederaufbau des Hauses beizustehen, wandte sich Oberlin an seine Waldersbacher Gemeinde:

»Laßt niemanden sich unter dem Vorwand entschuldigen, er sei zu arm, um etwas zu geben, denn das wäre eine Lüge und eine schändliche Undankbarkeit gegen Gott. Selbst der Ärmste könnte doch nicht leben, hätte er nicht ein kleines Einkommen, seien das nur Erzeugnisse aus seiner Hände Arbeit oder, was ihm sein bißchen Land einbringt. Ihr alle wißt, drei Zehntel von allem, was ihr habt, gehört nicht wirklich euch. Jedoch ist hier die Rede nur von einem Zehntel. Wenn jeder hier in der Gemeinde nur ein Zehntel oder sogar nur einen angemessenen Teil davon gibt, so kommt das Werk mit Gottes Segen gewiß zum Ziel.«[101]

Dem Hinweis in dieser Predigt, daß drei Zehntel des Einkommens nicht wirklich dem gehören, der es hat, müssen wir an dieser Stelle genauer nachgehen. Oberlin war nämlich der Meinung, daß zwei Zehntel des Einkommens die jährliche Mindestgabe seien. Dazu komme eine weitere Gabe, die in 5. Mose 14,28.29 festgelegt sei. Dort heißt es: »Über drei Jahre sollst du aussondern alle Zehnten deines Einkommens desselben Jahres und sollst es lassen in deinem Tor, auf daß der Levit, der kein Teil noch Erbe unter euch hat, und der Fremdling, der Waise und die Witwe, die an deinem Tor sind, essen und sich sättigen.« Oberlin hielt dies für die Anweisung, daß er alle drei Jahre einen weiteren Zehnten geben sollte, also in einem solchen Jahr 30 Prozent seines Einkommens. Um diese Last etwas zu erleichtern, beschloß er, sie zu verteilen, indem er in jedem Jahr ein Drittel des Dreijahreszehnten hinzulegte. An einen Freund, der ihn gefragt hatte, wie er die drei Zehnten handhabe, schreibt er: »Von allem, was ich einnehme, ... versuche ich drei Zehnte oder genauer ausgedrückt zwei Zehnte und ein Dreißigstel zu geben.«[102] Das bedeutet, daß er alljährlich nicht 30 Prozent, sondern 23,3 Prozent seines Einkommens gab. Im täglichen Verkehr und in Predigten aber sprach er, vielleicht der Einfachheit wegen, unentwegt von den »drei Zehnten«. In jenem Brief zum Beispiel schreibt er weiter: »Zu diesem Zweck halte ich drei Kästen bereit: den ersten für den ersten Zehnten, den zweiten für den zweiten und den dritten für den dritten Zehnten.« Diese Praxis empfahl er auch seiner Gemeinde zur Nachahmung. Jeden der drei Kästen, so riet er, solle man mit einem Zettel versehen, auf dem der Zweck verzeichnet stehe, zu dem diese Summe verwendet werden solle, alle Zettel solle man außerdem dokumentarisch begründen durch eine passende Bibelstelle.

Sein erster Kasten war beschriftet: »Für den Gottesdienst« mit dem Hinweis auf die Bibelstellen 3. Mose 27,30 (»Alle Zehnten des Landes, sowohl vom Ertrag des Bodens als von den Früchten der Bäume sind des Herrn und sollen dem Herrn heilig sein«); Maleachi 3,10 (»Bringet die Zehnten ganz in mein Kornhaus, auf daß in meinem Haus Speise sei«); Tobias 4,17 (»Teile dein Brot den Hungrigen mit und bedecke die Nackten mit deinen Kleidern«); Matthäus 23,32 (»Erfüllet auch ihr das Maß eurer Väter«). Den Fonds aus diesem Kasten verwendete Oberlin für die Instandhaltung der »heiligen Gebäude«, womit er die Schulhäuser genauso meinte wie die Kirchen; ferner für die Gehälter der Schulleiter und Lehrerinnen, für den Ankauf von Büchern; kurz »für alles, was mit dem Gottesdienst und mit der Verbreitung seines heiligen Worts zu tun hat«.

Sein zweiter Kasten deutete auf 5. Mose 14,22–27 (»Du sollst alle Jahre den Zehnten absondern alles Ertrags deiner Saat, deines Getreides, deines Viehs. ... Wenn aber des Weges dir zu viel ist, daß du solches nicht hintragen kannst zum Ort, den der Herr erwählt hat, so gib's hin um Geld, und gib das Geld um alles, wonach es deine Seele gelüstet, und iß daselbst vor dem Herrn und sei fröhlich, du und dein Haus«); 5. Mose 16,17 (»... ein jeglicher gebe nach der Gabe seiner Hand, nach dem Segen, den dir der Herr, dein Gott, gegeben hat«); und Tobias 1,19 (»... ging Tobias und teilte einem jeglichen mit von seinen Gütern, was er vermochte«). Dieser Fonds fand vielerlei Verwendung: für Opfer in der Kirche, für Wegebau, für Schulpreise, für alle öffentlichen Arbeiten, für »kleine Ausgaben, die man so hat«, z. B. Patengeschenke, Einladungen an die Armen aus anderen Dörfern, die sonntags zur Kirche kamen, zur Bezahlung des Kirchendieners, »der erforderliche Beitrag und darüber hinaus, was man um Gottes Willen gibt«.

Der dritte Kasten trug die Aufschrift »Für die Armen« und bezog sich wiederum auf 5. Mose 14,28–29 (»So soll kommen der Fremdling und der Waise und die Witwe und essen und sich sättigen«) und auf Tobias 1,19 (»... und er gab jedem, was er vermochte«). Oberlin verwandte diesen Fonds »für allerlei Liebeswerke, die ihm angebracht zu sein schienen«, wie zum Beispiel »zur Hilfe für die Armen und für die Opfer einer Feuersbrunst«.

Oberlin drängte alle, jung und alt, arm und reich, ihre drei Zehnten zu geben, in Geld, wenn das die Art ihres Einkommens war, oder in Erzeugnissen ihrer Arbeit. Und er versprach, daß ihnen eine reiche Ernte zufallen werde aus der Freude am Geben und »der Liebe, die Gott denen zurückgibt, die schenken aus Liebe zu Ihm«. Er empfahl ihnen sein System mit den drei Kasten, aber warnte sie davor, unsystematisch oder lässig beim Berechnen dessen vorzugehen, was sie sparen sollten, da sie dann wahrscheinlich zu wenig beiseite legen und deshalb den »Ärger erleben würden, den Fonds unzureichend zu finden, wenn sich Gelegenheiten böten, etwas zu geben«.

Um Betrug und Schmarotzertum vorzubeugen, setzte Oberlin eine sehr genaue Erklärung auf darüber, was er mit den »Würdigen« unter den Armen meine. Ein Armer, sagte er, ist ein Mann, den widrige Umstände unfähig machen, seinen Unterhalt selbst zu verdienen. Die Erkennungsmerkmale des würdigen Armen entsprechen im Grunde den Fragen, die Oberlin denen stellte, die einen Kredit von seiner Darlehenskasse wollten.

Immer wieder gab es besondere Gründe für Wohltätigkeit – besonders dann, wenn nach Oberlins Meinung eine moralische Verpflichtung für die Gemeinde bestand, wie in einem Fall, als die Leiche eines Wanderjuden auf dem Hochfeld unweit von Belmont gefunden wurde. Oberlin sammelte, um das Verbrechen zu sühnen, bei allen Gemeindegliedern und konnte der Witwe des Ermordeten eine beträchtliche Summe überweisen. Ein anderer Fall war der eines Hausierers, der oft ins Steintal kam. Gelegentlich, wenn jemand etwas dringend brauchte wie etwa Schuhe oder ein Kleidungsstück, aber kein Geld hatte, so gab ihm der Hausierer Kredit. So kam es, daß viele mit der Zeit bei ihm Schulden hatten. Doch eines Jahres kam er nicht mehr. Es stellte sich heraus, daß er krank geworden und gestorben war. Von seinen Schuldnern fühlten viele sich dadurch erleichtert, sie betrachteten ihre Schuld als gelöscht. Das war aber nicht die Meinung Oberlins. Er fand heraus, wie seine Witwe hieß und wo sie wohnte, ging hin und sah die Bücher des Verstorbenen ein. Dann suchte er persönlich jeden auf, der ihm etwas schuldete und riet ihm, seine ganze Schuld zu zahlen. Traf er jedoch Familien an, die so arm waren, daß sie unmöglich hätten zahlen können, so übernahm er selbst die Schuld und zahlte sie aus seinem »dritten Zehnten«.

In seinem unablässigen Bestreben, die Wohltätigkeit in seinem Volk so zu entwickeln, daß sie zur selbstverständlichen Gewohnheit werde, nahm Oberlin oft, besonders auch zum Abendmahl, den Text für seinen Gottesdienst aus Jesaja 58,6–9: »Das aber ist ein Fasten, das ich erwähle: Laß los, welche du mit Unrecht gebunden hast; laß ledig, welche du beschwerst; gib frei, welche du drängest; reiß weg allerlei Last. Brich dem Hungrigen dein Brot, und die, so im Elend sind, führe in dein Haus; so du einen nackt siehest, so kleide ihn; entziehe dich nicht deinem Stamm. Alsdann wird dein Licht hervorbrechen wie die Morgenröte, und deine Besserung wird schnell wachsen, und deine Gerechtigkeit wird vor dir hergehen, und die Herrlichkeit des Herrn wird dich zu sich nehmen. Dann, so du rufest, so wird dir der Herr antworten: ›Siehe, ich bin hier!‹«

Ein neuer Lehnsherr: Baron von Dietrich

Ein Ereignis, das einen Meilenstein in der Geschichte des Steintals darstellt, wollen wir hier nicht übergehen: den Wechsel des Lehnsherrn im Juli 1771, vier Jahre nach Oberlins Amtsantritt. Um die Freude der Steintäler über den Wechsel nachvollziehen zu können, müssen wir das Lehnswesen in aller Kürze erklären: Das ganze Steintal war ein Lehen, das heißt ein Gebiet, das der französische König einem Adligen (denn nur solche durften Lehen besitzen) zum eigenen Gebrauch überlassen hatte. Zu eigenem Gebrauch – das bedeutete, daß der Lehnsherr Abgaben von den Einwohnern seines Gebiets erheben durfte (in Geld als Steuer oder in Dienstleistungen, den Frondiensten), daß er über dieses Gebiet verfügen durfte wie über ein eigenes, daß er Gebote und Verbote erlassen durfte, nach denen sich »seine« Untertanen zu richten hatten. Ohne die Einwilligung oder stillschweigende Duldung des Lehnsherrn konnte auch ein Oberlin nur wenig unternehmen, und so ist sein Vorgehen beim Schulhausbau (zuerst die Genehmigung durch den Bevollmächtigten des Lehnsherrn und dann erst die Vorbereitung in der Gemeinde) ein treues Spiegelbild der damaligen Verhältnisse.

Weil die Einwohner gegenüber dem Lehnsherrn weitgehend rechtlos waren (sie waren ihm »hörig«), hing viel an der Person und den Absichten des jeweiligen Lehnsherrn. Der ursprüngliche, der Graf d'Argenson, befand sich in finanziellen Schwierigkeiten und hatte am armen Steintal nicht viel Freude, weil er in ihm nur eine Einnahmequelle sah – und wie sollten lauter Hungerleider so viel Geld herschaffen, wie für das standesgemäße Leben am Hof nötig war? Außerdem beschränkten neue Vorschriften die Steuern und Frondienste. Endlich hatte d'Argenson den König Ludwig XV. so weit, daß er ihm den Verkauf des Steintals an einen anderen Angehörigen des Adels erlaubte. Dieser andere war der Baron Johann von Dietrich, der den Besitz für 330000 Francs erwarb. Dietrich stammte aus einer reichen Straßburger Familie und war einer der vier »Stettmeister«, die als gewählte Beamte die Stadtregierung leiteten. Auch war er einer der größten Landbesitzer im gesamten Elsaß. Die Hoffnungen, die die Steintäler in ihn setzten, gründeten sich auf folgende Punkte: Als Elsässer wie sie teilte er ihre Liebe zum Heimatland; als Lutheraner hatte er denselben Glauben wie sie; als führender Mann war er allgemein bekannt und geachtet wegen seiner warmherzigen, dabei doch stets würdevollen Gutherzigkeit, seiner natürlichen, spontanen Freundlichkeit und Großzügigkeit und seiner eher demokratischen Gesinnung.

Das sechstägige Fest, das anläßlich des ersten Besuchs des neuen Lehnsherrn gefeiert wurde und bei dem er das übliche Treuegelöbnis seiner neuen Untertanen entgegennahm, wird von Oberlin in einem umfangreichen deutschsprachigen Manuskript beschrieben. Es wurde erst 1933 wiedergefunden und von Heinsius fast vollständig veröffentlicht. Er charakterisiert es wie folgt: »Es zeigt uns das Steintal von einer anderen Seite, als wir es sonst zu sehen pflegen, nicht nur seine Armut und die Not der langen trüben Wintermonate, sondern die festliche Stimmung eines Hochsommertages, die berittenen Männer, die soldatische Ordnung, in der die Bürger der einzelnen Ortschaften zur Huldigung vor ihrem neuen Landesherrn erscheinen.« Es sei, so Heinsius weiter, ein anspruchsloses Genrebild, das ein ländliches Idyll aus dem Zeitalter der Empfindsamkeit schildere, »ein letztes Aufleuchten der alten feudalen Herrschaftskräfte, nicht lange bevor der Sturm der großen Französischen Revolution auch im Steintal die Privilegien des Adels hinwegfegen sollte«.[103]

Den Höhepunkt des Festes, das am Sonntag, dem 14. Juli 1771, begann und bis zum folgenden Freitag dauerte, bildete ein großer Galaempfang für den Stettmeister und sein zahlreiches Gefolge mit Zurufen des gesamten Volks: »Lang lebe der König! Lang lebe unser Herr!«, mit der traditionellen Ablegung des Treueids durch die Ältesten aus jedem Dorf; mit der Überreichung von Blumen durch die Ehrenjungfrauen in der Tracht der Gegend; mit feierlichen Prozessionen von Dorf zu Dorf, bei denen der Lehnsherr von jungen Männern mit Schwertern geleitet wurde; mit Marschmusik und Kinderchören, die hinter Hecken am Wegesrand verborgen standen; mit Gelagen und Ansprachen und mit der Verteilung von Gaben durch den Ehrengast, dem oft dabei Tränen der Rührung kamen über die ehrerbietige Zuneigung dieses schlichten, warmherzigen Volkes. Oberlin selbst, der jede Einzelheit für dieses Fest geplant und dann geleitet hatte, war voll Dank, als er nach der Rückkehr des Stettmeisters nach Straßburg erfuhr, daß der Lehnsherr selber alle Kosten für das Fest tragen wolle und daß er noch darüber hinaus ein ansehnliches Geldgeschenk hinterlassen hatte, von dem jede Familie ihre Portion Wein, Brot oder Geld nach Belieben empfangen sollte, »ohne dasjenige Geld zu rechnen, welches bei unterschiedlichen Gelegenheiten unter die Leute ausgeworfen und sonst verschenkt worden ist«.

Auf diese Weise und unter dem denkbar günstigsten Stern begann die Lehnsherrschaft des letzten Herrn über das Steintal. Und er erfüllte die großen Erwartungen des Volks in den achtzehn Jahren seines Amts wenigstens zum Teil: die Tributzahlungen wurden wesentlich verringert; die Eisenhütte in Rothau wurde neu eröffnet und brachte neue Arbeitsmöglichkeiten; die Kirche in Fouday wurde vergrößert. Die

Gehälter der Pfarrer in beiden Gemeinden wurden erhöht. Der Baron erklärte auch seine Bereitschaft, in Waldersbach ein neues Pfarrhaus bauen zu lassen. Oberlin meinte jedoch, daß er, bis jedes der Dörfer sein eigenes Schulhaus habe, durchaus gewillt sei, mit dem baufälligen alten strohgedeckten »Rattennest« von Pfarrhaus vorliebzunehmen. So wurde der Bau dann tatsächlich um fünfzehn weitere Jahre hinausgeschoben.

Der geschraubte, von Höflichkeiten und Förmlichkeiten triefende Stil der Korrespondenz zwischen dem Grundherrn und seinem Pfarrer, wie er sich in den frühen Briefen spiegelt, bekam mit der Zeit jedoch seine ersten Risse. Dietrich schreibt am 5. Oktober 1772 einen Brief, in dem er Oberlin zwar seiner unverminderten Hochachtung und warmen Zuneigung versichert, sich jedoch gleichzeitig deutlich verwahrt gegen des Pfarrers »Überheblichkeit« und seinen »leidenschaftlichen Eifer«, der ihn dazu verleitet habe, seit Dietrichs Amtsantritt bereits dreimal eine Taktlosigkeit zu begehen.[104]

Der eigentliche Grund für diesen Mißklang wie für so viele andere Feindseligkeiten, die sich im Laufe der Jahre noch entwickelten, lag wohl in Oberlins unnachgiebigem Kampf gegen die Gastwirte im Tal – sowohl in seiner Gemeinde als auch in benachbarten Dörfern –, die seiner Meinung nach mit ihren samstäglichen Tanzunterhaltungen, die bis spät in die Nacht dauerten, die Jugend verdarben. Der unmittelbare Anlaß, auf den der Brief hinweist, war ein besonders heftiger Streit, den Oberlin gegen die Gastwirte vom Zaun gebrochen hatte. So hatten sich die Wirte denn mit ihren Klagen geradeswegs an den Landesherrn gewandt. Dietrich bedauert an einer späteren Stelle in diesem Brief, daß seine Bemerkungen Oberlin betrüben müßten, aber er finde es notwendig, zu verlangen, daß der Pfarrer ernsthafter überlegen möge, bevor er sich von seinem Jähzorn übermannen lasse. Oberlin solle bedenken, daß er selbst als ein Mann des Glaubens, des sittlichen Verantwortungsbewußtseins und der Erfahrung zu ihm spreche. Oberlin antwortete auf diesen Brief und sagte unter anderem höflich und ehrerbietig: »Wenn Ihr Brief mich betrübt, so vor allem deswegen, weil ich Ihnen Schmerz und Bestürzung verursacht habe mit meiner Unbesonnenheit.«

Sechzehn Jahre später, als die Stellung des Adels in Frankreich angefochtener war denn je und die großen Umwälzungen von 1789 immer näher rückten, kam es zu einem zweiten, weit bittereren Briefwechsel zwischen dem Landesherrn und seinem eigensinnigen Pfarrer. Ganz gleich, was solche Streitigkeiten jeweils verursachte, Zusammenstöße dieser Art waren gewiß nicht zu vermeiden zwischen zwei Männern, die, jeder in seiner Art und in seinem Bereich, mehr daran gewöhnt waren, Befehle auszuteilen, als sie hinzunehmen und zu befolgen. Und doch, die hochtönenden Versicherungen gegenseitiger Hochachtung und Freundschaft bedeuteten für sie beide gewiß mehr, als die hohlen Phrasen des Briefstiles ihrer Zeit gemeinhin besagten. Das zeigte sich ein paar Jahre später, als Dietrich zum letztenmal ins Steintal kam – nicht mehr als der große Herr, sondern zutiefst gedemütigt, als ein Opfer der Herrschaft des Terrors.

Waldersbach: Kirche und Pfarrhaus nach einer unbekannten Lithographie

III

Die einsamen Jahre
(1782–1788)

7. KAPITEL

Ein Mensch mit seinem Widerspruch

Im Hause Oberlin

Stets der Lehrer, der Überredungskünstler, der Mahner, verwandelte Oberlin das gesamte Pfarrhaus, ausgenommen die Familienwohnstube und die Schlafkammern, in ein Anschauungsmuseum für den Unterricht und die Erbauung der Gemeinde, wie später auch der vielen Besucher, die von weither nach Waldersbach kamen. In den Zimmern und auf den Fluren standen Glasschränke mit Sammlungen von Insekten, Steinen, Mineralien, Blumen, Kräutern und Gräsern. Auf offenen Wandbrettern waren Bücher, Broschüren und Zeitschriften untergebracht. Die Wände waren mit Bildern behängt: Landschaften, Geschehnisse aus der Bibel, Persönlichkeiten aus Geschichte und Religion, Landkarten, sogar graphische Darstellungen der vermutlichen Wohnstätten der Toten, und schließlich Bibelverse und fromme Sprüche. Die Tür zum Arbeitszimmer diente als Anschlagbrett, auf dem allerlei Vermerke mit Kreide aufgezeichnet waren, einschließlich der Namen von Pfarrkindern, deren Oberlin im Gebet gedenken wollte. Drinnen im Arbeitszimmer gab es einen »kleinen Zierat aus der Physik« und eine Reihe wissenschaftlicher Instrumente. Auf den Tischen und dem Sofa häuften sich Bücher. Eine Sammlung von Edelsteinen in einem Glasschrank war beschriftet mit biblischen Erklärungen zu ihren symbolischen Eigenschaften. Die Bilder an den Wänden stellten Martin Luther dar, Gustav Adolf von Schweden, den Präfekten Lezay-Marnésia und Oberlins Bruder Jeremias Jakob Oberlin.[1]

Gäste durch das Haus zu führen und all das Ausgestellte zu erläutern, war eine Freude für Oberlin. Besonders gerne verweilte er vor einem Beispiel der optischen Täuschung, dessen er sich in seinem seelsorgerlichen Amt als Eheberater oft bediente: auf einer harmonikaartig gefalteten Fläche war ein Bild so gemalt, daß es, von verschiedenen Standpunkten aus gesehen, jeweils etwas anderes darstellt. Wenn nun ein zänkisches Paar zu Oberlin kam, so hieß er die beiden sich setzen, ein paar Schritte auseinander und mit dem Gesicht zur Wand. Dann hing er dieses Bild vor ihnen auf und fragte: »Nun, Etienne, was siehst denn Du da vor dir?« – »Einen Vogel.« – »Und Du, Suzanne, was siehst Du?« – »Ich sehe eine Blume.« – »Was, ihr beiden, so seid ihr also verschiedener Meinung, selbst wenn ihr dasselbe Ding anseht? Dann wechselt doch einmal die Plätze ...« Diese kleine Übung verfehlte gewiß selten ihr Ziel; der Rat des Pfarrers war auf diese Art deutlich genug und nicht so leicht zu vergessen – ein hübsches Beispiel von Oberlins anschaulicher Art zu lehren.

Wann auch immer ein Besuch gemeldet wurde, Oberlin sprang sofort auf. Ob das nun ein einfacher Bauer war aus der Nachbarschaft, eine bedeutende Persönlichkeit aus Straßburg oder gar ein gelehrter Besuch aus einem fernen Land, er ging ihnen allen mit offenen Armen entgegen. War es ein Freund, den er länger nicht gesehen hatte, oder jemand, den er bis dahin nur aus einem Briefwechsel gekannt hatte, so empfing er ihn besonders herzlich, und immer – ob der Besucher nun französisch oder deutsch sprach oder auch englisch – rief er ihm sein frohes »Potzhunderttausend!« entgegen und schüttelte ihm dann fest und warm die Hand mit einem »Nein, ist's denn möglich?« oder »Quoi! est-il possible?« Als kleine Erinnerung an einen solchen Besuch gab er dem Gast oft zum Abschied ein oder mehrere Blättchen mit Bibelversen mit, die er selber zu Hunderten auf seiner kleinen Handpresse aus Holz druckte.

Oberlins Tochter Louise Witz erinnert sich: »Er hatte die besondere Gabe, jedem so zu begegnen, daß er sich sogleich unbefangen und willkommen fühlte. Personen von hohem Rang und Stand wußte er mit genau der richtigen Art von Höflichkeit zu begrüßen, er behandelte aber auch einfache, schlichte Leute mit so warmer Freundlichkeit, ja Ehrerbietung, daß auch sie sich sofort in seiner Gegenwart heimisch fühlten. Niemals herablassend, war seine Vertraulichkeit immer nur freundliche Güte.«[2]

In seiner Art, sich zu kleiden, wie in allen seinen Gepflogenheiten, war Oberlin konservativ und sparsam. Stoeber sagt, daß er ihn in all den dreißig Jahren ihrer Bekanntschaft immer gleich gekleidet gesehen habe: drinnen im Hause in einem langen Überrock mit angeknöpften Aufschlägen in Schwarz und einer kleinen, runden Lederkappe auf dem Kopf; draußen im Freien immer mit einer Perücke, »wie man sie auf Bildern von Jean-Jacques Rousseau sieht«, die von einem mit Wachstuch bespannten Hut mit hoher Krempe bedeckt war. Es gibt aber auch ein Bild von ihm mit einer gestrickten Zipfelmütze. Sein Reisepaß, der ihm im Alter von 63 Jahren ausgestellt wurde, enthält die folgenden Angaben: Größe: 1,78 m; Haar: grau; Augenbrauen: schwarz; Augen: braun; Nase: lang; Mund: mittelgroß; Kinn: spitz; Gesicht: länglich.[3] Er hielt sich sehr gerade und aufrecht, war jedoch weder besonders schlank noch breit gebaut. Es war also nicht so sehr seine körperliche Erscheinung, die die Menschen beeindruckte, als vielmehr sein Auftreten, sein durchgeistigtes Gesicht und die Wärme und Lebhaftigkeit seines Wesens. Oktavia von Berckheim, die ihn gut kannte, als Schülerin und später als Glied seiner Gemeinde, faßt ihren Überschwang folgendermaßen in Worte:

»Wirklich eine hervorragende Erscheinung! Ein langer Mantel umhüllt seine Gestalt von den Schultern bis zu den Fersen. Seine Haltung ist aufrecht . . ., seine hohe Stirn und auch die Augen verraten den regen Geist, die edlen Gedanken, die ihn kennzeichnen. Wenn man mit ihm spricht, so läßt schon sein Blick das Außergewöhnliche seiner Persönlichkeit . . . erkennen. Seine lange, schmale Nase mit einer leisen Erhöhung in der Mitte bezeugt die Tiefgründigkeit seines Geistes, aber auch seine Schlagfertigkeit und seinen sprühenden Witz, die plötzlich aufblitzen können und dann alles um ihn herum bezaubern. Über all das hinaus unterscheidet ihn auch seine Sprache von allen anderen; es ist etwas so Überzeugendes in seiner Art zu sprechen, wie es das selten gibt, und auch im Klang und in den Worten, die er wählt. Nicht, daß er besser spräche als andere – französisch schon gar nicht –, aber man hört lieber, was er so auf diese Weise zu sagen hat, als was tausend andere sagen.«[4]

Hinsichtlich Hygiene und Reinlichkeit war Oberlin fast überempfindlich. Staub oder Krumen auf dem Fußboden, Schmutz auf den Straßen und Wegen widerten ihn an; er hielt seine Schüler an, Unrat zu beseitigen oder ihn zumindest mit Blättern zu verdecken. Und als Begründung zitierte er das 5. Buch Mose. Im Essen und Trinken war er äußerst bescheiden und enthaltsam. An seinem Tisch gab es nur einfaches, wenngleich gesundes Essen, selbst wenn die vornehmsten Gäste zugegen waren.

Einen kleinen Luxus jedoch erlaubte er sich: er nahm gerne gelegentlich eine Prise Schnupftabak. Im kleinen Freundeskreis – wie bei Bibelstunden im Pfarrhaus – reichte er sogar manchmal seine Schnupftabaksdose herum, gemäß seiner Gepflogenheit, alles mit jedem zu teilen. Jedoch stand auch dieses kleine Zugeständnis an die Genußsucht bei ihm unter schärfster Überwachung seines mahnenden Gewissens. Sobald er fühlte, daß er zu viel schnupfte, legte er sich Zügel an. Das schildert einer seiner Hausgäste in folgender Weise: Eben im Begriff, eine Prise zu nehmen, sah er seine Dose grimmig an und sagte: »Was, du alte Dose, du meinst, du kannst mir Befehle erteilen? Ich werde dir's

Das zu Oberlins Lebzeiten errichtete Waldersbacher Pfarrhaus (heutiger baulicher Zustand)

zeigen, wer von uns beiden dem andern zu gehorchen hat. Weg mit dir, ins Gefängnis!« Und damit trug er die Dose die Treppe hinunter und durch die Diele und das Eßzimmer und verschloß sie tief in einem Geschirrschrank. Er wußte nämlich sehr wohl, daß er nicht oft den weiten Weg machen würde, sie zu holen. Wie alle anderen Sterblichen mußte also sogar er, der gestrenge Zuchtmeister, solche Schliche anwenden, um Versuchungen zu widerstehen.

Ein Besucher hat einmal Friederike Rauscher gefragt: »Hat Euer Vater überhaupt irgendwelche Fehler?« Einen Augenblick lang überlegte sie und antwortete dann: »Er kann böse werden!« Auch Stuber kannte diesen Charakterzug an ihm, und Oberlin gab ihn sogar selber zu. Im Alter erinnerte er sich einmal: »Mit der Peitsche hätte ich sie damals gern in den Himmel treiben wollen.«[5]

Seine Unduldsamkeit gegenüber den Mängeln und Fehlern anderer oder gegenüber schlechten Leistungen verursachte Spannungen in ihm selbst und zwischen ihm und anderen und bildete gelegentlich ein ernstes Hindernis für seine Wirksamkeit als Pfarrer. Die Unerbittlichkeit seines Zornes war begreiflicher und leichter zu entschuldigen, wenn es ihm um grundlegende moralische Verfehlungen ging, wie um Vernachlässigung und Mißhandlung von Kindern, um Grausamkeit gegen Menschen und Tiere oder um ernste Übertretungen der Gebote Gottes. Zutiefst überzeugt von der Allgültigkeit der Heiligen Schrift, nahm er sie zum Maßstab bei der Beurteilung jedes menschlichen Verhaltens. Die strenge Selbstzucht, die er sich auferlegt hatte, wollte er auch anderen auferlegen. Daher rührte sein tiefer Grimm über irgendwelche rein menschlichen Schwächen, die niemanden gefährdeten, und eine etwas selbstherrliche Art von Tadelsucht und Kleinlichkeit. Es wurde ihm von manchen als unbefugte Einmischung in ihren persönlichen Bereich sehr verübelt, daß er sich nicht davon abbringen ließ, ihnen Vorschriften zu machen in Sachen Kleidung, körperliche Sauberkeit, Beseitigung von Kot, Nutzbarmachung von Dünger, das Halten von Hunden, über die religiöse Praxis im Familienkreis und sogar über die innere Einstellung von Eheleuten bei der Empfängnis eines neuen Lebens. So manche Feindseligkeit gegen ihn hatte wohl in solchen Einmischungen in die Privatsphäre seiner Pfarrkinder ihren eigentlichen Grund. Über manche seiner Maßnahmen kann man geteilter Meinung sein. Hatte zum Beispiel einer der Heimschüler sich mehr auf den Teller geladen, als er essen konnte, so daß etwas übrig blieb – also gegen die strenge Hausregel verstoßen, daß nichts umkommen dürfe –, so nahm Oberlin seine Kappe ab und warf sie dem jungen Sünder an den Kopf. Das zwang diesen dann, die Kappe aufzuheben und ihm zurückzugeben, wobei er ihm zur Strafe in die betrübten, strengen Augen sehen mußte.

Zum Glück aber gab es Einflüsse, die dieser Neigung zu Reizbarkeit und übermäßiger Unduldsamkeit entgegenwirkten: dazu gehörten Stubers stets offener und ehrlicher Rat und der beruhigende Einfluß seiner Frau, die oft mit ihrem angeborenen gesunden Menschenverstand und ihrem gütigen, ausgleichenden Wesen seinen Zorn zu mäßigen wußte und sein ungestümes Temperament zügelte. Das stärkste Gegengewicht gegen diese Seite seines Wesens lag jedoch in ihm selbst, in seiner außergewöhnlichen Liebenswürdigkeit. Seine Lebensanschauung war tief verwurzelt im Gehorsam gegen den Willen Gottes und in der Liebe zu seinen Mitmenschen.

Auf die Bitte eines Besuchs aus England, des Pfarrers Francis Cunningham, schrieb Oberlin gegen Ende seines Lebens eine kurze Selbstcharakteristik nieder. Darin schildert er sich als »standhaft, doch von nachgiebiger Gemütsart«. Weiter schreibt er:

»Ich besitze Verstand, bin aber doch nur von sehr beschränkten Geisteskräften – Klugheit und mehr politische Bildung als meine geistlichen Kollegen, bin aber dennoch mehr zu Fehlern geneigt, besonders wenn ich nur im geringsten gereizt werde. ... Diejenigen, welche mich großmütig behandeln, gewinnen es bald über mich, aber Widerstand erregt in mir einen erstaunlichen Grad von Beharrlichkeit, besonders in Gewissenssachen. ...

Ich bin nicht nur kühn, sondern wirklich mutig, während ich zugleich insgeheim oft feig bin. Ich bin sehr aufrichtig und redlich, doch auch sehr gefällig gegen die Menschen und deshalb in einem gewissen Grade nicht aufrichtig. ... Ich besitze ein großes Talent, Schwierigkeiten zu überwinden, um mir und jedermann sonst alle Dinge angenehm und leicht zu machen. Ich bin so außerordentlich feinfühlend, zart und mitleidig, daß ich kein Wort und keinen Ausdruck für meine Empfindungen finden kann, so daß diese mich überwältigen und mir Schmerzen verursachen. Ich bin allezeit fleißig und tätig, aber törichterweise auch gemächlich und nachlässig. Ich bin gewöhnlich rasch im Entschlusse und ebenso in der Ausführung. ... Ich bin mürrisch und launenhaft und ein wenig satirisch, jedoch ohne böswillige Absicht.«

Oberlin hat also in der Tat die zwei Seiten seines Charakters deutlich gesehen und bringt dies auch in seiner Selbstcharakterisierung zum Ausdruck, wenn er in ihr am Anfang schreibt, er sei »ein merkwürdig Gemisch von Widersprüchen, daß ich nicht genau weiß, was ich aus mir machen soll«.[6] Vielleicht aber war er einer Erklärung für die eigene Zwiespältigkeit näher, als er selber wußte, wenn er bemerkt, daß er »Deutscher sowohl wie Franzose« sei.

Viel von der Zeit, die ihm selber gehörte, verbrachte er mit Lesen. Er war daran gewöhnt, im Sommer bei Tagesanbruch aufzustehen, im Winter lange vorher. Nach dem Morgengebet zog er sich in seine Studierstube neben dem Schlafzimmer zurück und widmete sich seinen Büchern - allen voraus der Bibel. Durch ein langes, andächtiges Studium des deutschen wie des französischen Textes und durch Vergleiche mit dem hebräischen und dem griechischen Urtext wurde er völlig mit jedem Buch der Bibel vertraut.

Neben der Theologie hatte er auch vielseitige Interessen auf anderen Gebieten. Er selbst bezeugt, daß er sich besonders mit naturwissenschaftlichen und technologischen Problemen beschäftigt hat. Die Fragen, mit denen er an diese Studien herantrat, galten jedoch eher der praktischen Anwendung als der theoretischen Begründung. Wir haben gesehen, daß seine besonders intensive Beschäftigung mit Pflanzenkunde und mit Ökologie aus der Notwendigkeit entsprang, Lösungen zu finden, um dem Mangel an Nahrungsmitteln und der gefährlichen Unwissenheit über die Genießbarkeit von Pflanzen abzuhelfen. Seine Lektüre und seine Versuche auf den Gebieten der Chemie und der Geologie dienten dazu, sein Wissen über die Zusammensetzung des Bodens und die Möglichkeiten seiner Verbesserung zu erweitern, denn davon hing das Gedeihen seiner Gemeinde ab. Seine Experimente in der Physik und der Mechanik zielten auf die Lösung praktischer Probleme, denen er oft in seiner Werkstatt begegnete, wo er Geräte für den Anschauungsunterricht herstellte, wo er Pläne auslegte für Entsumpfung oder Bewässerung, für Wege- und Brückenbau sowie für die Wasserregulierung und wo er Zimmermann und Tischler, Schreiner und Wagenbauer, Schmied, Drucker und Buchbinder in einer Person war.

Trotz all dem Lesen wurde er auf keinem Gebiet ein wirklicher Kenner oder ein Gelehrter, nicht einmal in der Theologie. Schließlich müssen wir ihn wohl beim Worte nehmen, wenn er in der oben zitierten Selbstcharakteristik von sich sagt: »Ich arbeite mich bei allen meinen Studien in die Probleme hinein, bis ich eine klare Vorstellung gewinne; wenn ich dann aber tiefer hineindringen will, dann vergeht mir alles vor den Augen. ... Ich gebe mich Plänen und Entwürfen hin, versuche dann aber doch nach meiner Art das Beste daraus zu machen.«

Ein weiterer Grund zu geistiger Tätigkeit lag in seinem Ziel, in allen Dingen auf die Gnade und die Herrlichkeit Gottes zu verweisen. Dieses Verlangen bestimmte und lenkte seine Lektüre und seine Beobachtungen auf die Astronomie und Geologie und führte ihn zur Erdkunde und zur Geschichte der Wissenschaft. Seine Tagebücher beweisen, wie stark

Oberlins Druckpresse

ihn die Nachrichten über die Ballon-Versuche der Brüder Montgolfier beschäftigten, die in den späten 70er und den frühen 80er Jahren des 18. Jahrhunderts stattfanden. Mit brennendem Interesse verfolgte er die Berichte über die Ballonaufstiege, die Überquerung des Ärmelkanals im Ballon und erging sich in Spekulationen über eine künftige Zeit, in der der Mensch das Weltall durchkreuzt, und überdachte die Möglichkeit, daß es auf dem Mond Leben geben könne (in welchem Falle, so glaubte er, auch Menschen dort zu finden sein müßten).

Als Arzt und Pharmazeut, der er aus eigener Kraft und Erfahrung geworden war, las er regelmäßig Bücher und Artikel über medizinische und pharmazeutische Themen. Sein besonderes Interesse galt Franz Anton Mesmer, dessen Lehre vom tierischen Magnetismus die Gemüter stark bewegte. Sein Drang aber, jeden der ihm Anvertrauten besser zu kennen und ihn in seiner ganzen Persönlichkeit zu verstehen, führte ihn auch auf allerlei andere, damals vielbesprochene Seitenwege der Wissenschaft. Er las Aufsätze über Handschriftendeutung, vertiefte sich in die Schriften von Franz Joseph Gall über Schädelkunde und machte sich mit den *Physiognomischen Fragmenten* seines Freundes Johann Kaspar Lavater vertraut. Ein menschlicher Schädel, auf dem die vermutlichen Zentren der verschiedenen geistigen Tätigkeiten eingezeichnet waren, und eine Reihe von Schattenrissen, deren er sich bei physiognomischen Charakterstudien bediente, gehören zu der viel betrachteten Ausstattung seines Arbeitszimmers.

Zu seinen Studien über Schädelform und Gesichtsumrisse fügte er Beobachtungen hinzu über Merkmale wie Klang der Stimme, Körperhaltung im Stehen wie im Sitzen, Gang, Gesten, Wahl der Kleidung, Geschmacksvermögen beim Essen und Trinken, Benehmen und Verhalten. Bei seiner ständigen Suche nach Inspiration und Orientierung für seine physiognomischen Studien fand er eine weitere Quelle im Buch der Offenbarung, und zwar in der mystischen Bedeutung, die es den Edelsteinen zuschreibt.[7] Ausgehend von der Vision des Johannes vom himmlischen Jerusalem mit seinen zwölf Toren aus zwölf verschiedenen Edelsteinen – und mit deren symbolischem Hinweis auf die zwölf Stämme Israels und die zwölf Apostel – und unter Hinzunahme verschiedener Kommentare entwickelte er eine genaue Farbensymbolik zur Deutung des menschlichen Charakters. Das Hilfsmittel, das er dazu entwarf, ist im Waldersbacher Oberlin-Museum ausgestellt: es ist ein Kasten mit einem Deckel aus Glas, in dem kleine Edelsteine in konzentrischen Kreisen angebracht sind, die der Farbfolge des Spektrums entsprechen. Gelesen und gedeutet wurde der Inhalt an Hand der Angaben, die man über seine Lieblingsfarben machte.

Die Liste der Merkwürdigkeiten, die Oberlin fesselten, wäre unvollständig, wenn wir nicht erwähnten, daß er sich auch mit übernatürlichen Offenbarungen wie Weissagungen, Vorahnungen, Schlafwandeln und Visionen beschäftigt hat. Im Manuskriptband IV der Oberlin-Sammlung in der Stadtbibliothek von Straßburg sind unter dem Titel *Spectra* über 30 Vorkommnisse aufgeführt, die ihm im Jahre 1774 mit allen Einzelheiten als persönliche Erlebnisse berichtet worden sind. Solche Geschichten wurden Oberlin wahrscheinlich zugetragen, weil er sich derlei erbeten hatte. Er schrieb sie in allen Einzelheiten nieder, aber ohne eigenen Kommentar und ohne Werturteil. Im Jahre 1782 hatte Stuber ihm einen Mahnbrief gesandt, in dem er ihn vor der Gefahr einer solchen Liebhaberei für ihn selbst wie auch für seine Pfarrkinder warnte. Eine Antwort Oberlins auf diesen Brief ist nicht vorhanden. 42 Jahre später, im Alter von 84 Jahren, erzählte er seinem Freund Pfarrer Barth aus Möttlingen: »Ich hatte und habe bis heute noch in meiner Gemeinde Familien, welche Geister zu sehen und mit ihnen im Umgang zu stehen, gleichsam erblich besitzen. Als ich hierher kam, wurde mir eine Nachricht um die andere von Erscheinungen und dergleichen hinterbracht. Ich ärgerte mich darüber, weil ich nicht daran glaubte. Aber die Leute lachten mich aus. ›Wir müssen doch besser wissen, was wir gesehen haben, als er!‹ war ihr Urteil. Ich wurde nachdenkend und konnte nicht umhin, die Berichte redlicher Leute, die mir so häufig zukamen, zu glauben.«[8] Mittlerweile war es ja auch, wie wir sehen werden, dahin gekommen, daß er seine eigene Geschichte über Erscheinungen zu erzählen hatte.

Oberlin hielt sich auf dem laufenden über neue Entwicklungen in der schönen Literatur und las eine Reihe der Werke zeitgenössischer Autoren. Unter den Schriftstellern seiner Zeit war ihm wohl Klopstock der liebste mit seinen Oden an Liebe und Freundschaft, an Gott und die Natur, an Vaterland und Freiheit und mit seinem großen epischen Gedicht *Messias*, in dem er einen Glauben und Gefühle zum Ausdruck brachte, die Oberlins eigenem Herzen nahe waren. Daß er selber für die Schönheit der Natur empfänglich und solcher Gefühle fähig war, wie Klopstock sie in Worte gefaßt hatte, das geht aus seinem Tagebuch von 1773 hervor, in dem er ein Erlebnis beschreibt, das ihn an einem Wintertag auf dem Weg nach Barr bewegte:

»Auf der Höhe des Hochfeldes war die Natur von unvergleichlicher Schönheit, eine feierliche Stille herrschte allenthalben, kein Wind ... war bemerkbar, die Täler und die Berge waren wie mit einem Gewand von glänzender Weiße bedeckt, die Tannenwälder schienen mit einem Reif bestreut zu sein, und der gefrorene Schnee warf überall mit Nachdruck die Sonnenstrahlen zurück. ... Die scheinbare Nähe des Himmels beseelte mein Herz mit Kraft und Mut, mehr als jemals faßte ich den Entschluß, mein ganzes Leben dem Wohlsein meines Nächsten zu widmen, um die Absichten meines Schöpfers zu erfüllen und auf diese Weise so gut wie möglich den Vorschriften unseres Heilandes nachzukommen. ... Überall offenbarte die Natur Schönheiten, wie sie kein Sommer darbietet; aber die Mattigkeit lag desto drückender auf meinen Gliedern, und die Gefahren verdoppelten sich mit jedem Schritt. Bald waren es alte, halb faule Baumstämme, über die man, da sie unter dem Schnee verborgen lagen, plötzlich fiel, bald hatte man an der Seite entsetzlicher Abgründe Felsblöcke zu übersteigen, die mit Glatteis bedeckt waren.«[9]

Auf diesem Weg wie auf so vielen anderen war er sich zwar der schützenden Hand Gottes ganz gewiß, dennoch aber wurde ihm sehr deutlich vor Augen geführt, wie sehr der Mensch sich den Launen der Natur anpassen muß: er hatte am nächsten Tag heimkehren wollen; aber in der Nacht drehte sich der Wind, Tauwetter setzte ein und machte die Straßen so unwegsam, daß er »für mehrere Tage gefangen saß bei Sturm und Schnee«.

Umgang mit der Gemeinde

In seinen Bemühungen um einzelne Menschen ging er meist mit freundlichen Mahnungen und sanfter Überredungskunst ans Werk. Eine Ausnahme machte allerdings sein dauernder Kampf gegen öffentliche Vergnügungen wie das Tanzen, wo er stets und ständig streitbar, scharf und unnachgiebig war. Wir haben schon gesehen, daß sich die Gastwirte, von denen es sogar in dieser ärmlichen Gegend eine ganze Reihe gab, beim Lehnsherrn über den streitbaren Pfarrer beschwerten. Ob jedoch die Zurechtweisung durch den Baron von Dietrich die erwünschte Wirkung gehabt hat, kann man mit Recht bezweifeln, denn Oberlin ließ sich nicht einmal durch die Androhung körperlicher Gewalt von seinem Kampf gegen die Sünde der Lustbarkeit abbringen. Vor allem am Anfang seiner Amtszeit kam es wegen seiner Schmähreden zu Zusammenstößen mit jugendlichen Raufbolden. Überliefert ist der Plan, Oberlin bei einem Gang zu einer etwas abgelegenen Stelle des Pfarrsprengels aufzulauern und ihn in die Breusch zu werfen, »um ihm das heiße Blut etwas abzukühlen«. Er hörte davon und begann den Weg dorthin etwas früher als geplant. Auf einem Umweg kam er an die Stelle, wo sie sich eben erst versammelten, stieg vom Pferd und ergab sich ihnen sofort, »um ihnen die Mühe, sich zu verstecken, zu ersparen«. Verschämt verzog sich der Trupp, so schnell es ging. Ein anderes Mal, auf einem Spaziergang durch den Wald, stieß er an einer einsamen Stelle auf einen Mann, den er als einen der Radaubrüder erkannte, die er kürzlich von der Kanzel herab gebrandmarkt hatte. Er war ein rauher, zottiger Geselle von erschreckendem Aussehen und mit einer Axt in der Hand. »Aha«, sagte der Kerl, »da hab ich dich ja, du Schuft!« – »O nein«, entgegnete Oberlin, »das ist ein Irrtum, ich heiße gar nicht Schuft, ich heiße Johann Friedrich Oberlin.« Dabei nahm er seinen Hut ab, grüßte mit einer tiefen Verbeugung, ging an dem Mann vorbei und weiter, mit geradem Rücken und festem Schritt und ließ den Gegner vor Staunen starr und stumm am Wegrand stehen.[10]

Oberlins Mut zeigt auch der folgende Vorfall. Der Zufall wollte es, daß eines Tages eine katholische Familie in den Ort zog. Gute, ehrliche Leute, und dennoch waren viele ihrer Nachbarn schnell voller Feindseligkeit ihnen gegenüber, einer Feindseligkeit gegenüber Zugezogenen, die auch durch falsche Frömmelei und Eifersucht genährt wurde; denn hier war ein Mann, der keine Schulden hatte und darum sofort für reich gehalten wurde. Als die »Neuen« nun zu einer Kindstaufe nach Schirmeck gehen wollten, erfuhren sie, daß eine Handvoll von selbsterklärten Verteidigern des Protestantismus vorhatte, ihnen aufzulauern und sie zu belästigen. Die Familie kam zu Oberlin, der ihr anbot, sie zu begleiten, was sie gerne annahmen. Wie der kleine Trupp nun auf dem Wege durch den Wald zu der Stelle kam, die am gefährlichsten zu sein schien, da fiel Oberlin auf die Knie und betete zu Gott, daß Er die drohende Gefahr abwenden möge, oder, wenn das nicht sein könne, seinen Begleitern Kraft und Mut gewähren möge, für alles, was da komme. Als wenig später der wilde Haufen aus dem Gehölz hervorbrach, bot sich ihm ein Bild, mit dem er nicht gerechnet hatte: An der Spitze des Zugs der Pfarrer Oberlin, den Säugling auf dem Arm. Hinter ihm die papistische Familie. Und Oberlin hielt dem Haufen das Kind entgegen mit den Worten: »Hier seht ihr ihn, den Gegenstand eures Zornes, dieses kleine Ding, das euch so viel Ärgernis und solchen Schmerz bereitet, daß euer ganzer Seelenfrieden davon bedroht ist!« Einer nach dem anderen wandten sie von seinem festen Blick die Augen ab. So gab er der Mutter das Kind zurück mit den Worten: »Geht nun hin in Frieden! Gott sei mit euch!« Und die Familie schritt ungehindert durch die Menge und weiter auf Schirmeck zu.

Oberlin selbst aber blieb bei den Leuten zurück, redete mit ihnen in seiner stillen, sicheren Art und sprach von der Duldsamkeit des Glaubens und von der Christenpflicht, den Nächsten zu lieben. Zu guter Letzt ging er mit ihnen ins Dorf zurück und verabschiedete sich schließlich mit den Worten: »Bewahrt diesen Tag gut in eurem Gedächtnis, wenn ihr wollt, daß ich ihn vergesse!«[11] Am nächsten Abend klopften Wortführer der so gedemütigten Horde bei den Eltern des nun getauften Kindes an, um sie um Verzeihung zu bitten.

Diese Art von Angriffen hörte mit der Zeit auf, als sich herumgesprochen hatte, daß sich der junge Pfarrer nicht so leicht einschüchtern ließ. Aber andere kamen, die sich nicht so rasch durch mutiges, entschlossenes Auftreten abwenden ließen; sie waren auf ihn als Person gemünzt, heimtückisch und gehässig; die Angreifer jedoch blieben namenlos und im Verborgenen. Ihre Waffen waren böswillige Anspielungen und Bezichtigungen.

Die Verleumdungen begannen schon früh in Oberlins Amtszeit, erreichten ihr größtes Ausmaß im zweiten und dritten Jahrzehnt und gingen, obwohl weniger bösartig, bis in die Jahre nach 1800. Damit ließ es erst wirklich nach, als Oberlin ein so ehrwürdiges Alter erreicht hatte, daß er fast nur noch einstimmiges Wohlwollen genoß.

Man kann nicht sagen, daß Oberlin je gelernt hätte, solche Ehrabschneider leichthin unbeachtet zu lassen, was vielleicht das Einfachste gewesen wäre. Stattdessen schlug er sich oft mit ihnen in einem scharf geführten Federkrieg herum. Die meisten Anschuldigungen sind ganz offenbar darauf gerichtet, ihn der doppelten Moral anzuklagen in zwei der wichtigsten Tugenden, von denen er in seinen Predigten und seinen Mahnungen oft sprach: Verantwortungsbewußtsein in geldlichen Dingen und moralische Lauterkeit. Unter den Oberlin-Handschriften im Straßburger Archiv befindet sich eine lange Liste, betitelt: »Verleumdungen gegen mich«. Die ersten vier Punkte dieser Liste mögen hier als Beispiele genügen: »1. Für einen Louisdor, den ich einem Armen gab, soll ich bis zu drei Francs Zinsen jährlich verlangt haben. 2. Ich soll mich mit Bettgenossen und Konkubinen vergnügen. 3. Ich soll Gelder für die Ausbesserung von Wegen verlangt, dann aber nur die Hälfte verbraucht und den Rest selber eingesteckt haben. 4. Ich sei der reichste Mann im Lande.«[12]

Wir wollen hier nicht in Oberlins Fehler verfallen und verzichten darauf, diese Verleumdungen im einzelnen zu widerlegen. Aus Oberlins Lebenswandel und den erhaltenen Dokumenten ergibt sich kein Anhaltspunkt, daß etwas an diesen Vorwürfen war. Vielmehr scheint ihnen die Berechnung zugrundezuliegen, daß jemand, der sich gegen eine pure Verdächtigung mit großem Aufwand verteidigt, sich gerade dadurch vollends den Verdacht einhandelt, es sei etwas an der Sache und er habe etwas zu verbergen. Daß aber Oberlin angesichts der Anfeindungen und des dauernden Widerstandes der Waldersbacher der Wohltäterei manchmal müde wurde, das wollen auch wir nicht verschweigen.

Manchmal sah Oberlin, daß seine so strenge Zucht und sein unablässiges Bestehen auf dem Vorrang des Geistlichen vielleicht bei allem Guten, das es schaffe, doch auch schädliche Folgen haben könne: es könne zum Beispiel in der Jugend einen Hang zur Verdrießlichkeit hervorrufen oder gar Schwermut wecken. Zwei seiner Schriften zeugen von solchen Gedanken. Die erste ließ er im Januar 1782 unter seinen Kostgängern von Hand zu Hand gehen:

»Meine lieben Schüler,

ich fürchte, daß Ihr mich mißversteht. Ihr meint, daß Ihr nicht mehr lachen oder Spaß miteinander haben dürft. Und dabei hat doch niemand ein solch klares Anrecht darauf, fröhlich zu sein, wie die Kinder Gottes. Der Apostel Paulus ruft uns doch zu: ›Freuet euch, freuet euch von ganzem Herzen!‹ Aber Ihr tut das nicht. Und darin tut Ihr eben unrecht. Alle Dinge haben doch ihre Zeit, und sogar unser Gebet und unser Gesang zur Ehre Gottes könnten ihm mißfallen, wenn sie uns abhielten von der vollen Hingabe an die Aufgaben und die Arbeit, die uns anvertraut sind. Was auch immer Euch davon ablenkt – sei das nun Scherz oder Singen, Lachen oder Gebet, Fröhlichkeit oder Betrübnis ... –, das wird vom Herrgott bestraft, mit Armut und Not. ... Bedenket darum und unterscheidet mit Sorgfalt: 1. Hielten Gebet und Frömmigkeit uns ab vom rechten Fleiß zur Arbeit, so wären sie ein Unrecht vor Gott. 2. Scherzen und Lachen aber, in der Allgegenwart Gottes, und von einer Art, die uns nicht abhält vom Eifer, unsere Arbeit zu tun, die mögen ihm gar wohl gefallen.«[13]

Daß Oberlin sich aber bei all seinem Ernst und seiner Strenge durchaus auch im Spiel zu seinen Schülern gesellen konnte, davon zeugt die zweite Aufzeichnung. Sie stammt aus einem Tagebuch der jungen Sophie Diemer aus Oberbronn im Elsaß, die als Kostgängerin im Jahre 1805 im Pfarrhaus lebte. Sie erzählt von ihren Erlebnissen und von verschiedenen Schulausflügen, von denen Oberlin einen selbst geleitet hatte. Es fing an mit der abendlichen Wanderung hinauf nach Belmont, wo die Sonne morgens schon mehrere Stunden scheint, während Waldersbach unten im Tal noch unter einer Nebeldecke liegt. In den Hütten der Belmonter Freunde standen die Wanderer am nächsten Morgen schon um fünf Uhr auf, aßen ihr Frühstück, bestehend aus Brot und Wein, und zogen los. Zwar regnete es, aber das dämpfte die Stimmung kaum. Scherzend, lachend und singend ging es auf das Hochfeld hinauf zum Sommerhof. Dort stand ein Mahl bereit aus Milchsuppe mit Kartoffeln und frischer Butter. Draußen war es derweil windig und zu kalt geworden, und so kletterten sie alle zum Heuboden hinauf, besangen von dort den Regen; kamen auf allerlei Gesellschaftsspiele und stellten schließlich Rätselbilder nach ländlichen Szenen, wie das die etwas fortschrittlichere Stadtjugend im Zeitalter der Empfindsamkeit gerne tat. Auf dem Heimweg kletterte eines der Mädchen auf einen Baum und ahmte von dort oben aus eine Vogelstimme nach. »Die anderen, schnell vom selben Geist erfaßt, stimmten mit anderen Vogelrufen ein, und bald hallte der ganze Wald wider von all den frohen Echos. Und Papa Oberlin war der Kuckuck. Dann verteilte er Bonbons; das viele Singen hatte uns die Kehlen ausgetrocknet. Und so kamen wir dann um acht Uhr abends heim nach Waldersbach.«[14]

Vergnügungen wie diese fanden Oberlins Zustimmung, denn sie waren, wie er es liebte, weder allzu geräuschvoll noch besonders teuer. Es gab aber in dieser Gegend auch andere, tief verwurzelte volkstümliche Lustbarkeiten, denen er sich offen und mit aller Macht widersetzte, vor allem deshalb, weil sie kostspielig waren und die Schuldenlast der Familien nur noch vergrößerten, aber auch weil sie Gelegenheit gaben zu Ausschweifungen und zu Unzucht. Dazu gehörten auch die herkömmlichen Hochzeitsfeiern, die etwa so verliefen: Beim Sonntags-Gottesdienst wurde das Aufgebot bekanntgegeben. Am Montag zogen Braut und Bräutigam durchs ganze Tal, um die Einladungen auszutragen. Am Dienstag wurde die Kleidung für das Brautpaar und für sein Gefolge zurechtgemacht. Das Brautkleid war schwarz mit einer breiten

Seidenschärpe und reich verziert mit vergoldeten und silbrigen Blättern und mit Rosmarinzweigen, der schwarze Anzug des Bräutigams war ebenso geschmückt. Zu den Kniebundhosen wurden rote Strümpfe getragen. Das Käppchen der Braut war mit einem Blütenkranz umrahmt und mit langen farbigen Bändern behängt. Am Höhepunkt der Festlichkeiten wurde dieser Kopfschmuck ausgetauscht gegen einen bunten Kranz, der mit Lametta umwunden war.

Am Mittwoch, dem Hochzeitstag selbst, geleiteten die Väter des jungen Paares den Pfarrer zur Kirche - an der Spitze einer großen Prozession aus den Familien, dem Brautgefolge und allen Gästen. Jeder hielt einen Rosmarinzweig in der Hand, der Bräutigam außerdem einen Lorbeerzweig. Nach der Hochzeitspredigt trat der Brautführer heran, um die Braut vor dem Altar zum Bräutigam zu führen. Der Pfarrer vollzog dann die Trauung und sprach den Segen über das neue Paar. Den Weg aber aus der Kirche hinaus fand das Paar versperrt durch eine Schranke von bunten Bändern in den Händen kleiner Mädchen, die sie erst fallen ließen, wenn der Bräutigam jedem von ihnen eine Münze geschenkt hatte. Im Hause der Braut stand dann ein großes Festmahl bereit, aus verschiedenem Fleisch, Schwarzbrot, mehreren Arten von Kohl, besonders dem im Elsaß immer bevorzugten Sauerkraut, gewürzten Pasteten, vor allem die bekannte Elsässer Gänseleberpastete. Zum Nachtisch gab es nach einer Spezialität des Ortes, »Coinnates«, schließlich einen Kuchen aus Weizenmehl, bedeckt mit gekochtem Käse und geschlagenem Rahm. Das Brautbett war mit Vorhängen aus weißem Leinen umgeben und mit bunten Bändern geschmückt. Hier wurden die Festlichkeiten in dem Augenblick als beendet angesehen, da einer der Brautführer den Vorhang zuzog. In wohlhabenden Häusern aber gingen die Hochzeitsfeiern darüber hinaus noch ein paar Tage weiter. Fast alle Familien jedoch, reich oder arm, fanden sich um ein beträchtliches Stück tiefer in Schulden, wenn das Fest vorbei war.

Man kann sehr wohl verstehen, daß Oberlin solches Gepränge und Geprasse verabscheute. Im allgemeinen wurde es als Ehre angesehen, wenn der Pfarrer bei Familienfesten zu Gast war. Aber das war eine Ehre, die Oberlin den Gastgebern vorenthielt, wenn die Feier seinem Maßstab an Würde und Bescheidenheit nicht entsprach. Bei Hochzeitsfesten, die er durch seine Teilnahme ehrte, führte er eine neue Sitte ein, die anstelle sorgloser Ausgelassenheit die Verantwortlichkeit und Eignung der künftigen Ehefrau bezeugen sollte. Die Braut mußte dem Pfarrer drei Dinge vorlegen, die sie selbst gemacht hatte: einen Laib Brot, ein Wams oder Hemd und ein Paar gestrickte Strümpfe. Darauf pflegte der Pfarrer eine Lobrede auf sie zu halten und einen Trinkspruch auf das Brautpaar auszubringen.

Mit der Zeit kamen die großen Hochzeitsfeiern aus der Mode und wurden ersetzt durch einen bescheideneren Brauch, bei dem die Festlichkeiten nach dem Gottesdienst endeten. Nach der bürgerlichen Trauung, die der Bürgermeister vollzog, begab sich das Brautpaar zur Kirche, wo dann der Pfarrer in schlichter Weise zu den beiden über die religiöse Bedeutung der Ehe und des Familienlebens sprach. Dann erteilte er der neuen Gemeinschaft den Segen der Kirche, und zum Abschluß wurde der Ehrenpokal unter den Verwandten und den anderen Trauzeugen herumgereicht.

Sollen wir nun derartige Veränderungen des bodenständigen Brauchtums als unerläßliche Vorbedingung für die Beständigkeit der Gesellschaft, für moralischen Anstand und wirtschaftliches Gedeihen loben? Oder sollen wir sie bedauern als unberechtigte Unterdrückung einer harmlosen Geselligkeit um einer prüden Nüchternheit willen, die aus bloßem Gehorsam gegen eine puritanisch gebieterische Persönlichkeit entspringt? Volkskundler und Heimatfreunde werden die Zurückdrängung der ganz eigenständigen Sprache des Steintals ebenso beklagen wie die Umwandlung ländlich deftiger Feste zu einer nüchternen Feierlichkeit; andere werden sie als Schritte in Richtung Fortschritt begrüßen. Dennoch bleibt die Überlegung, ob Oberlin mit seiner kompromißlosen Strenge der Verwirklichung seiner Ziele immer einen guten Dienst erwiesen hat.[15]

Der Dichter Lenz bei Oberlin

Ein weiteres wichtiges Dokument der Persönlichkeit des Steintalpfarrers sind detaillierte Tagebuchnotizen Oberlins aus dem Jahr 1778, die seine Begegnung und seinen Konflikt mit dem Dichter Jakob Michael Reinhold Lenz schildern - ohne jede Beschönigung. Lenz, ein glühender Verehrer Goethes, stammte aus dem Baltischen, lebte aber Anfang der siebziger Jahre in Straßburg. Als Goethe Straßburg den Rücken kehrte, folgte ihm der mittellose Lenz 1776 nach Weimar, wurde jedoch auf Betreiben Goethes ausgewiesen. Lenz macht sich daraufhin wieder auf den Weg nach Süden und irrt zu Fuß lange Zeit durch die Schweiz. Bei einem Besuch bei Christoph Kaufmann in Winterthur zeigen sich Anzeichen geistiger Umnachtung, gegen die Kaufmann nichts unternehmen kann. Kaufmann, ein Freund Oberlins, erhofft Besserung für Lenz unter der Obhut des Steintaler Pfarrers und schickt Lenz nach Waldersbach. Dort trifft er am 20. Januar 1778 nach Einbruch der Dunkelheit bei dem ahnungslosen Oberlin ein. Oberlin, der den Besuch von Lenz in seinem Tagebuch umfassend dokumentiert, erinnert sich an seinen ersten Eindruck:

»Ich kannte ihn nicht. Im ersten Blick sah ich ihn, den Haaren und hängenden Locken nach, für einen Schreinergesellen an; seine freimütige Manier aber zeigte bald, daß mich die Haare betrogen hatten. – ›Seien Sie willkommen, ob Sie mir schon unbekannt.‹ – ›Ich bin ein Freund Kaufmanns und bringe ein Kompliment (Gruß) von ihm.‹ – ›Der Name, wenn's beliebt?‹ – ›Lenz.‹ – ›Ha, ha, ist er nicht gedruckt?‹ (Ich erinnerte mich, einige Dramen gelesen zu haben, die einem Herrn dieses Namens zugeschrieben wurden.) Er antwortete: ›Ja; aber belieben Sie, mich nicht danach zu beurteilen.‹«[16]

Wie alle Wanderer, die zum Pfarrhaus kamen, wird Lenz sofort in den Familienkreis aufgenommen. Mutter Oberlin bringt ihm zu essen, wäscht und verbindet ihm eine Wunde, die er am Fuß hat, und sorgt für ihn wie für ein eigenes Kind. Sehr bald jedoch wird es offenkundig, daß es sich hier um einen Menschen handelt, der Trost und geistigen Zuspruch noch weit mehr nötig hat als körperliche Pflege. Man bringt Lenz im Schulhaus unter. An den folgenden Tagen begleitet er Oberlin auf seinen Amtsgängen, läßt sich von ihm die Schulen zeigen und sagt zu allem seine Meinung. Er äußert den Wunsch, die Predigt am Sonntag darauf zu halten (Lenz hatte in Straßburg Theologie studiert), was Oberlin ihm gestattet. »Herr Lenz hielt auf der Kanzel eine schöne Predigt, nur mit etwas zu vieler Erschrockenheit«, heißt es im Tagebuch.

Christoph Kaufmann ist inzwischen mit seiner Braut auch in Waldersbach angekommen, fragt Oberlin nach dem Ergehen von Lenz, läßt ihn aber über dessen seelische Verfassung im unklaren. Stattdessen macht er Oberlin den Vorschlag, er solle anläßlich von Kaufmanns Hochzeit in die Schweiz kommen und bei dieser Gelegenheit gleich Lavater besuchen. Oberlin willigt ein und macht sich bald danach auf die Reise. Unterwegs erfährt er jedoch das Ausmaß der geistigen Zerrüttung des in Waldersbach gebliebenen Lenz. Lenz habe von der Gastfreundschaft seiner Freunde gelebt und auf seinen plan- und ziellosen Wegen mit seinem absonderlichen, oft wild verworrenen Betragen Erschrecken und Unheil angerichtet. Sogar der zutiefst gütige Lavater habe die Geduld mit ihm längst verloren, und Johann Georg Schlosser klärt Oberlin über Lenz auf. Oberlin bricht die Reise ab und kehrt in Sorge um seine schwangere Frau und seine Familie nach Waldersbach zurück, wo sich inzwischen die Anzeichen der geistigen Umnachtung des Dichters gemehrt und die Familie in Angst und Schrecken versetzt haben.

Oberlin versucht, mit dem verzweifelten Lenz in ein Gespräch über den Grund seiner Unruhe zu kommen. Er setzt sich mit Lenzens Selbstvorwürfen auseinander und bittet ihn, sich mit seinem Vater auszusöhnen; jedoch stoßen seine Bemühungen immer wieder an die eine Grenze: Wenn Lenz einen seiner Anfälle von Schwermut hat, ist alles, was er in den Stunden der Klarheit erkannt und mit Oberlin besprochen hat, wie weggeblasen:

»Fürchterlich und höllisch war es, was er ausstand, und es durchbohrte und zerschnitt mir das Herz, wenn ich an seiner Seite die Folgen der Prinzipien, die so manche heutige Modebücher einflößen, die Folgen seines Ungehorsams gegen seinen Vater, seiner herumschweifenden Lebensart, seiner unzweckmäßigen Beschäftigungen, seines häufigen Umgangs mit Frauenzimmern, durchempfinden mußte. Es war mir schrecklich und ich empfand eigene, nie empfundene Marter, wenn er, auf den Knien liegend, seine Hand in meiner, seinen Kopf auf mein Knie gestützt, sein blasses, mit kaltem Schweiß bedecktes Gesicht in meinen Schlafrock verhüllt, am ganzen Leibe bebend und zitternd; wenn er so, nicht beichtete, aber die Ausflüsse seines gemarterten Gewissens und unbefriedigten Sehnsucht nicht zurückhalten konnte. – Er war mir um so bedauerungswürdiger, je schwerer ihm zu seiner Beruhigung beizukommen war, da unsere gegenseitigen Prinzipien einander gewaltig zuwider, wenigstens von einander verschieden waren.«[17]

Trotz Oberlins Bemühungen verschärft sich die Situation. Lenz unternimmt Selbstmordversuche, rennt zu wildfremden Leuten und gibt sich als Mörder aus. Oberlin kann ihn nicht mehr unbeaufsichtigt lassen und entschließt sich schweren Herzens, als die Angst vor Lenz immer weitere Kreise zieht, ihn unter Bewachung nach Straßburg bringen zu lassen. Noch bevor es so weit ist, unternimmt Lenz, als er sich unbeobachtet fühlt, einen weiteren Selbstmordversuch:

»Ich ging einen Augenblick in die Stubkammer, ohne im allergeringsten mich aufzuhalten, nur etwas zu nehmen, das in dem Pult lag. Meine Frau stand inwendig in der Kammer an der Tür und beobachtete Herrn Lenz; ich faßte den Schritt, wieder herauszugehen, da schrie meine Frau mit gräßlicher, hohler, gebrochener Stimme: ›Herr Jesus, er will sich erstechen!‹ In meinem Leben habe ich keinen solchen Ausdruck eines tödlichen, verzweifelten Schreckens gesehen, als in dem Augenblick in den verwilderten, gräßlich verzogenen Gesichtszügen meiner Frau.

Ich war haußen. – ›Was wollen Sie doch immer machen, mein Lieber?‹ Er legte die Schere hin. – Er hatte mit scheußlich starren Blicken umher geschaut, und da er niemand in der Verwirrung erblickte, die Schere still an sich gezogen, mit fest zusammengezogener Faust sie gegen das Herz gesetzt, alles dies so schnell, daß nur Gott den Stoß so lange aufhalten konnte, bis das Geschrei meiner Frau ihn erschreckte und etwas zu sich brachte.«[18]

Lenz nimmt, als die Bewachung eingetroffen ist, »von jedem so rührenden Abschied, daß aller Augen in Tränen gebadet standen«. Wie ein Gefangener bewacht, trifft er in Straßburg ein. Sein Zustand bessert sich auch in den folgenden Jahren, die er in Jena, Basel, Riga, St. Petersburg und Moskau verbringt, nie dauerhaft. Nach langsamer Verblödung wird er schließlich im Mai 1792 in einer verlassenen Straße in Moskau tot aufgefunden.

So kurz der Aufenthalt von Lenz bei Oberlin war, so weitreichend war seine Wirkung. Trotz seines beklagenswerten Zustands war Lenz ein gefeierter Dramatiker, den manche sogar über Goethe stellten – und seine Komödien *Die Soldaten* und *Der Hofmeister* stehen in der Tat noch heute auf dem Theaterspielplan. Berichte über seine letzten Tage bei Oberlin machten seinerzeit im Elsaß die Runde, und man diskutierte in Straßburg darüber, ob Oberlin recht getan hatte – mit seinen Worten: »Die einen sagten, wir hätten ihn gar nicht aufnehmen sollen, die anderen, wir hätten ihn nicht so lange behalten, und die dritten, wir hätten ihn noch nicht fortschicken sollen.« Oberlin brachte das Geschehen aus seiner Sicht zu Papier – nicht für eine Veröffentlichung, sondern ganz für den eigenen Gebrauch bei der Beantwortung der vielen Briefe, die ihn von überall erreichten, und auch für den seiner Freunde, die ihn verteidigen wollten. Er schrieb das Dokument auf Deutsch, auf 19 großen, eng beschriebenen Seiten. Es ist eine eindrucksvolle Selbstverteidigung und endet mit diesen Worten: »Alles, was ich auf die ... einander zuwiderlaufenden ... Urteile antworten werde, ist: Alles, was wir hierin getan, haben wir vor Gott getan, und so, wie wir jedesmal allen Umständen nach glaubten, daß es das Beste wäre.«[19]

Das Interesse an Oberlin, das die Affäre Lenz unter den Literaten mit sich brachte, blieb viele Jahre wach. Ein halbes Jahrhundert nach dem Vorfall – als dieser endlich weitgehend vergessen und Oberlin längst tot war – sah der Dichter Georg Büchner in Waldersbach das Manuskript von Oberlins Bericht und verwendete es als Vorlage und Material für seine Novelle *Lenz*. Dieses Werk, obwohl Fragment, zählt dennoch zu den bedeutendsten Novellen der deutschen Literatur. Durch sie wurde Oberlin für viele ein Begriff (und ist es heute noch) als der freundliche, gütige, aber trotzdem in diesem Falle Lenz hoffnungslos unterlegene Pfarrer und Ratgeber. Ausgehend von Büchners Version sind neue Werke entstanden – zu erinnern ist hier an eine gleichnamige Erzählung von Peter Schneider und an die Oper *Jakob Lenz* von Wolfgang Rihm.

8. KAPITEL

»Du hast mir meine Frau entrissen«

Die Mutter des Steintals

Das Eheleben Magdalena Salomé Oberlins erstreckte sich auf vierzehneinhalb Jahre, insgesamt 174 Monate - fast die Hälfte dieser Zeit war sie schwanger. Von den neun Kindern (vier Buben und fünf Mädchen), denen sie das Leben schenkte, starben zwei in der Kindheit.* Vor den Entbindungen ging sie meist zeitig nach Straßburg und blieb dort danach noch mehrere Wochen, wenn nicht Monate, zur Erholung, um sich von den Anstrengungen und dem Einerlei des Lebens im Steintal auszuruhen. Auch war sie häufig krank und machte mehrere Male ausgedehnte Kuren in Bad Niederbronn. Angesichts dieser häufigen Abwesenheit von zu Hause und ihrer zarten Gesundheit, die solche Kuren nötig machte, hat Georg Meyer angezweifelt, ob sie den Titel »Mutter des Steintals« verdiene, mit dem einige Schriftsteller sie ausge-

* Die überlebenden Kinder sind:

Frédéric-Jérémie (2.1.1772–27.8.1793) studierte Theologie und Medizin und starb als Soldat in Bergzabern.

Fidélité-Caroline (11.9.1775–15.5.1809) heiratete 1795 Johann Jacob Wolf, der Pfarrer in Mittelbergheim war.

Charles-Conservé (27.12.1776–28.5.1853) studierte Theologie und Medizin, war Pfarrer in Rothau, dann Arzt in Fouday.

Henri-Gottfried (11.5.1778–15.11.1817) studierte Theologie und Naturwissenschaften, war Hauslehrer in Riga, wurde 1814 Vikar seines Vaters, reiste als Vertreter der Französischen Bibelgesellschaft nach Südfrankreich, wo er starb.

Henriette-Charité (27.10.1779–18.2.1839) heiratete Josua Graf; dieser war Pfarrer in Mühlhausen, Missionar im asiatischen Teil Rußlands, 1818–1824 Oberlins Vikar.

Louise-Charité (5.4.1781–23.8.1856) heiratete Peter Witz, der Pfarrer war in Mühlhausen, Bienne und Colmar.

Frédérique-Bienvenue (14.11.1782–18.2.1854) heiratete Philipp Louis Rauscher, der Pfarrer in Barr war und 1825 Oberlins Nachfolger in Waldersbach wurde. [20]

zeichnet haben und wie auch Oberlin selbst sie gelegentlich genannt hat.[21]

Daß sie ihrer eigenen Familie eine gute Mutter war, daran kann kein Zweifel sein, denn es zeugen dafür Aussagen, nicht so sehr ihrer eigenen Kinder, die zur Zeit ihres Todes erst zwischen elf Jahren und neun Wochen alt waren, sondern von gereifteren Persönlichkeiten, die der Familie Oberlin fast so nahe standen wie die Kinder selbst: Anne-Catherine Gagnière und Louise Scheppler. Sie waren es, die mit Mutter Oberlin die Versorgung der Kinder teilten und den Haushalt übernahmen, wenn sie nicht daheim sein konnte.

Ungeachtet ihrer zarten Gesundheit und der vielen Arbeit, die sie als Mutter und durch die Führung eines so großen Haushalts hatte, half Salomé Oberlin ihrem Manne bei seinen Pflichten als Seelsorger und teilte sich mit ihm nicht nur die Ausbildung der Lehrerinnen und Lehrer, sondern auch die Leitung vieler Zusammenkünfte der Gemeinde zu Bibelstunden, Andachten, Gebetskreisen usw. Sie besuchte die Bauersfamilien in ihren Häusern, besonders wenn Krankheit oder anderes Mißgeschick eingekehrt war und sie Hilfe brauchten oder ein Wort des Trostes und der Aufmunterung. Sie leistete ärztliche Hilfe, wenn ihr Mann nicht daheim war. Sie war Herrin und Gastgeberin an einem großen Tisch, nicht nur für ihre eigene Familie, sondern auch für die Kostgänger und die vielen Besucher, die ins Pfarrhaus kamen und die sie alle, vom einfachsten Bittsteller bis zur höchstgestellten Persönlichkeit, mit freigebiger Gastlichkeit und geselliger Selbstverständlichkeit empfing. Als ihr Mann die Gemeinde nicht davon überzeugen konnte, daß Arbeit gegen Bezahlung nichts Entehrendes habe, fand sie Zeit und Kraft, ein Beispiel zu geben und selber eine bezahlte Arbeit anzunehmen mit Stricken, Spinnen und Weben. Die Schriftsteller also, die diese bemerkenswerte Frau die »Mutter des Steintals« genannt haben, scheinen mir sehr wohl ihre Gründe dafür gehabt zu haben. Und wenn ihr Name in der Erinnerung weniger hell leuchtet als der ihres Mannes, so liegt das wohl weniger an Fehlern oder Unzulänglichkeiten ihres Dienstes an der Menschheit, als an der tragischen Kürze ihres Lebens und daran, daß sie ihre Arbeit immer als Hilfe beim Werk ihres Mannes verstanden hat.

Madame Oberlin war ihrem Mann Gattin, Ratgeberin, Gefährtin. In dem inneren Gleichgewicht ihrer eigenen Persönlichkeit verband sie Gehorsam mit Hingabe, Bescheidenheit mit Selbstvertrauen, Nachgiebigkeit mit Festigkeit, und konnte darum ihrem Gatten eine Stütze sein, wo es ihm an eigenen Kräften fehlte. Sicherlich war es ihr Einfluß, der sein Temperament mäßigte, seinen Jähzorn dämpfte und gelegentlich die Schärfe seines moralischen Urteils milderte. Oberlin selbst faßt ihren Beistand so zusammen: »Immer half sie mir wunderbar und unterstützte unermüdlich all meine Gedanken und meine Arbeit. Sie war die Mutter meiner Gemeinde.«[22] Wohl mehr als einmal betete er, wie es in seinem Tagebuch steht: »Ach, mein Gott, gib mir zur Nahrung bloß Kartoffelschalen und als Getränk nur Wasser aus Pfützen, aber erhalte mir meine geliebte Frau am Leben!«

Düstere Gedanken, daß sie ein früher Tod erwarte, überkamen ihn oft. Aber er scheint sie ihr verschwiegen zu haben, während er frohere Vorahnungen, die er auch kannte, wenn er weniger bedrückt war, mit ihr teilte. So zum Beispiel schrieb er ihr nach Niederbronn: »Gestern abend, um neun Uhr fünfzehn, überkam mich plötzlich eine große Freude deinetwegen, und ich fühlte mich getrieben, Gott zu danken und zu preisen; nun aber wüßte ich gerne, ob Dir etwa in demselben Augenblick etwas Besonderes widerfahren ist. Aber auch wenn Du selbst vielleicht nichts bemerkt hast, so ist es dennoch gewiß, daß etwas geschehen ist, das Dich betrifft, oder daß es beschlossen wurde im Himmel.« Der Brief ist in ungewöhnlich liebevoller Art verfaßt und schließt mit »Gott sei mit Dir, mein liebes Kind.«

Obwohl Oberlin für sich selbst von aller Furcht vor dem Tode frei war – oft sogar sprach er den Wunsch, bald sterben zu dürfen, offen aus –, versetzte ihn der Gedanke, daß seine Frau sterben könnte, in eine Angst, die manchmal zum Entsetzen anwuchs, besonders in Zeiten ihrer Abwesenheit. Als am Heiligabend 1769 ihr erstes Kind geboren wurde, war er von Glück erfüllt; aber drei Wochen später schreibt er in sein Tagebuch: »Wie entsetzlich lang mir diese Woche war. Ich sollte Geduld haben, sollte dem Herrgott danken, daß er mir erlaubt, meine geliebte Frau schon nächste Woche heimzuholen; und dennoch habe ich nicht einen Augenblick Ruhe, weiß jedoch nicht, was mich so ängstigt. Vergebens frage ich mein Herz: ›Was willst du nur von mir?‹ Es antwortet mir nicht. . . . Was ich auch tue, ob ich lese oder bete, seufze oder gar weine, ach, es ist immerfort das gleiche. Könnte es sein, daß meine Frau gestorben ist, wie ich am Samstag meinte, daß es geschehen sei . . .?«[23]

Manche Schriftsteller haben Oberlin ungewöhnliche Gaben des Vorauswissens zugeschrieben. Einige sagen, daß er sie von seinem Großvater Feltz geerbt habe, dessen ähnliche Gabe sich darin offenbarte, daß er genau den Tag seines eigenen Todes vorhergesagt habe. Auch haben sie als Beweis die Tatsache angeführt, daß Oberlin häufig Augenblicke kannte, in denen er plötzlich geheimnisvolle Offenbarungen hatte von Ereignissen, die gerade weit entfernt geschehen waren oder eben geschahen. Als Beispiel für solche »Ahnungen« erwähnen sie meist Tagebucheintragungen wie die oben zitierte vom Januar 1770. Es mag jedoch sein, daß es nicht eine Warnung und Vorahnung war, sondern nur ganz verständliche traurige Gedanken, die Trübsal eines Einsamen vielleicht, der seine durch die Einsamkeit hervorgerufene Angst, daß er seine Frau ganz verlieren könnte, in Worte faßte, ohne Hinweis jedoch auf eine bestimmte Zeit oder ein bestimmtes Geschehen. Es war für ihn ein Ausdruck seiner Liebe zu ihr und seiner Dankbarkeit.

Wollte man jedoch die angstvolle Beklemmung vom Januar 1770 nun wirklich als Vorahnung ihres bevorstehenden Todes ansehen, so wäre diese doch immerhin recht ungenau; denn Magdalena Salomé lebte noch dreizehn Jahre darüber hinaus. Besaß er aber in der Tat im tiefsten Inneren eine Stimme, die ihm ein nahendes Geschehen im voraus ins Bewußtsein rief, so erwies diese sich doch als erstaunlich stumm, als Salomés Todesstunde wirklich kam; so stumm sogar, daß man ihn zweimal aus ganz tiefem Schlaf wecken mußte, ohne daß ihn die leiseste Unruhe gewarnt und vorbereitet hätte auf das, was dann kam.

Oberlin selbst gibt zwei Schilderungen der Ereignisse am 18. Januar 1783, den Todestag seiner Frau, und den Abend zuvor. Die eine, noch vom selben Tag, wurde von Leenhardt unmittelbar aus Oberlins Handschrift abgedruckt; die andere, ohne Datum und offenbar später verfaßt, wird von Stoeber zitiert. Der folgende Bericht ist ein Auszug aus beiden Dokumenten[24]:

Am Abend, als alle anderen im Haushalt sich zurückgezogen hatten, verblieben Mann und Frau noch eine Weile in vertrauter, friedlicher Unterhaltung, »sehr glücklich und ganz und gar gesund«. »Der Herr, mein Gott«, sprach sie, »hat mir in dir Wort gehalten; er hat mir versprochen, daß er mich sein Heil finden lassen werde, und in der Tat, er hat es mich in dir finden lassen, du bist es, dem ich die Kenntnis verdanke, die ich vom Himmel und all dem besitze, was uns nach dem Tod erwartet. Ich danke dir, lieber Mann, und ich erkenne in dir die Treue meines lieben Gottes.« Ein Kuß zur guten Nacht, ehe sie sich trennten, dann stieg er die Treppe hinauf in seine Stube, und sie ging in das Zimmer hinunter, das sie mit ihrem neun Wochen alten Kind und dessen Pflegerin Louise Scheppler teilte.

Gegen sechs Uhr morgens kam Sara Caquelin, das andere Mädchen im Haushalt, um Oberlin zu wecken: »Madame ist krank!« Als er, nachdem man ihn ein zweites Mal geweckt hatte, schließlich in das Zimmer trat, fand er die Kranke aufrecht auf ihrem Bett sitzen, die Füße in einer Wanne, den Körper vorwärtsgebeugt, den Kopf gestützt von Sara Caquelin. Oberlin schreibt: »Sie krümmte sich vor Schmerzen und schrie zu Gott: ›O Herr, sei barmherzig . . ., befreie mich von dieser entsetzlichen Pein!‹ Ihr Gesicht war blau, ihre Augen gen Himmel gerichtet, und ich weiß nicht, ob sie gewahr wurde, daß ich bei ihr war (aber ich glaube, sie war sich dessen bewußt).« Von Krämpfen geschüttelt und mit Schaum vorm Mund rang sie nach Atem; »ich sah sie wie wild mit den Füßen um sich schlagen und hörte dann ein leises Röcheln in ihrer Kehle und Brust.« Zweimal noch richtete sie sich auf, das Gesicht blauer noch als zuvor, die Augen jedoch jetzt geschlossen. »Ich fühlte nach ihrem Puls, fand aber keine Spur von ihm, und als ich ihr die Hand auf's Herz legte, fühlte ich es nicht mehr schlagen.« Sebastian Scheidecker war gekommen; auch er konnte keinen Puls finden. Und doch befahl man noch den Mädchen, ihr die Glieder sanft zu massieren; aber ihr Körper wurde sehr bald steif. »Ich saß fast bis zur Mittagszeit bei ihr; da war ihr Körper dann ganz und gar starr. Ich glaube nicht, daß ich sie mehr als einige Minuten noch lebend im Arm gehalten habe. Lange aber hielt ich ihren Schlaf für eine Ohnmacht.«

Als sich die Kunde von Frau Oberlins Tod im Tal verbreitete, war die Gemeinde »wie vom Blitz getroffen«. Und doch erreichten Oberlin in den Tagen danach viele Berichte von Leuten, die von einer unerklärlichen Unruhe am Tag und in der Nacht vor ihrem Tod berichteten. Allein das Pfarrhaus schien in tiefem Frieden dagelegen zu haben – außer vielleicht Magdalena Salomé Oberlin selbst; denn im Rückblick auf die letzten Wochen wurde es den Mädchen klar, wie ungewöhnlich tätig sie gewesen war und wie bemüht, die Vorratskammer reichlich zu versorgen und noch zusätzlich Kleidung für die Kinder herzustellen. Louise Scheppler bekundete, daß Madame an dem Abend, als Oberlin hinaufgegangen war, selbst noch fast zwei Stunden aufgeblieben und durchs Haus gegangen sei, als wolle sie sich vergewissern, daß alles in guter Ordnung war; und daß sie dann noch, kurz vor Mitternacht, an die Betten der Kinder trat, um jedem wie zu stillem Segen die Hand behutsam auf den Kopf zu legen – was niemand je zuvor sie hatte tun sehen. Viel später erfuhr Oberlin auch noch, daß seine Frau wenige Wochen vor ihrem Tode einer Freundin anvertraut hatte, ihre verstorbene Schwester, die Frau Jeremias Jakob Oberlins, sei ihr im Traum erschienen und habe ihr den Tag ihres Todes genannt.

Der folgende Bericht über Oberlins Verhalten, als er von ihrem Bettrand aufgestanden war, noch immer in dem hoffnungsvollen Glauben, daß sie nur ohnmächtig sei, stammt als Dokument von Stoeber.

»Ich überließ sie der ärztlichen Sorgfalt des Sebastian Scheidecker, den man herbeigerufen hatte, und eilte auf den obersten Boden des Hauses hinauf. Ich warf mich hier auf die Knie nieder und strengte mich an, zu Gott zu beten, daß diese Ohnmacht nicht lange Zeit dauern möchte; ich wiederhole, daß ich mich anstrengte, denn so brennend auch mein

Verlangen nach Erhörung war, so schien mein Gebet von Blei zu sein und wollte nicht gen Himmel steigen. Ich war gezwungen zu sagen: ›Lobet den Herrn, alle Völker, denn seine Gnade wacht über dir immer und ewiglich.‹ Ach, sprach ich, was hast Du getan, o mein Gott, Du hast mir meine Frau entrissen und ich soll Dich dafür loben! Ich ging wieder hinunter. Sebastian, der mich kommen hörte, wollte mir meinen Verlust anzeigen; aber ich sagte zu ihm, daß ich schon davon unterrichtet wäre.«

»Er kann böse werden« – ja gewiß! Und doch, Oberlin wurde durch diesen Ausbruch der Verzweiflung von seiner ersten Auflehnung, seinem ersten Zorn befreit:

»Ich hatte an diesem Tage ziemlich Kraft, um die notwendigen Briefe zu schreiben und die anzuordnenden Gegenstände zu besorgen; hierauf überließ ich mich völlig meinem Schmerz. Er war so lebhaft, daß ich Gott unaufhörlich anflehte, mich auch sterben zu lassen, und daß es für mich eine Wonne gewesen wäre, mit dieser teuren Hälfte von mir selbst begraben zu werden. Derselbe Gott, der diesen entsetzlichen Schlag über mich verhängt hatte, behandelte mich hierauf mit der größten Güte wie einen Kranken beim Phantasieren, den man nach und nach wieder zur Vernunft zu bringen sucht.«

Magdalena Salomé Oberlin, geborene Witter, starb im Alter von 35 Jahren und wurde am 21. Januar 1783 nahe der Kirchenmauer auf dem Waldersbacher Friedhof beigesetzt.

Louise Scheppler

Die Jahre nach dem Tod von Madame Oberlin sind nicht zu denken ohne die Gestalt Louise Schepplers. Louise Scheppler (1763–1837) war mit 15 Jahren in den Dienst von Frau Oberlin getreten und wurde außerdem bald Lehrerin an den Kleinkinderschulen. Schon vor dem Tod von Oberlins Frau war sie ein wichtiges Mitglied des Haushaltes, und nach deren Tod – Louise Scheppler war noch keine zwanzig – scheint sie sehr bald die Führung des Haushalts übernommen zu haben. Schon im Juli 1783, als der kranke und erschöpfte Oberlin zur Kur in Bad Niederbronn war, ist sie es, die ihm ausgiebig von allen Neuigkeiten im Haus berichtet, für das sie sich nun verantwortlich fühlt. Sie schreibt von der Betrübnis der Kinder und von ihrer eigenen darüber, daß er fern von ihnen sein müsse; von dem Kummer über die Nachricht, daß die

Louise Scheppler (1763–1837). (Nach einem Holzstich aus dem 19. Jahrhundert.)

Kur länger dauern werde als erwartet; und von ihrer Furcht davor, daß die Kinder bald auch ihren geliebten Papa verlieren könnten.[25]

Wie die anderen Mädchen, die im Haushalt halfen, erhielt Louise außer Kost und Logis und freiem Unterricht, solange sie noch ausgebildet wurde, ein kleines Taschengeld. Als sie aber ihren neuen Posten in der Familie antrat, bat sie, daß Oberlin sie nun als Kind des Hauses ansehen und ihr nicht mehr geben möge, als er den eigenen Kindern gab. Er wollte ihrem Wunsche nachkommen, fühlte sich aber doch verpflichtet, sie besser zu entlohnen für alles, was sie tat. So verabredete er eine Geldsendung an sie durch einen Freund in Straßburg; Louise aber durchschaute diese List, schickte das Geld zurück und schrieb den folgenden undatierten Brief (vielleicht zur Zeit, da Oberlin in Niederbronn war):

»Teurer Papa, Sie beabsichtigen also, mir die einzige Freude zu nehmen, die mich hoffen ließ, nach und nach dahin zu kommen, Ihnen meine schwachen Dienste anzubieten, bei denen ich nur so viel Lohn annehmen möchte, als ich gerade dringend brauche. Doch leider bin ich noch weit davon entfernt, dies Ziel zu erreichen, weil ich nicht nur das Gehalt annehmen soll, sondern darüber hinaus noch mehr, als mir zusteht. Dies macht mir Kummer. Aber es scheint mir, teurer Papa, daß Sie nicht verstehen, was ich für Sie empfinde. Ich bin auch nicht in der Lage, es

Ihnen auszudrücken. Es ist überaus hart, von Herzen zu lieben, ohne zu wagen, es zu zeigen oder Proben davon zu geben. Ich bin mit äußerst gedrücktem Herzen

Ihre sehr ergebene Louise.«

Zehn Jahre später, im Jahre 1793, als Louises Vater gestorben war und ihr ein kleines Erbteil hinterlassen hatte und sie nun keine weiteren Verpflichtungen mehr gegenüber ihrer Familie hatte, bat sie noch einmal, daß Oberlin sie nun in jeder Hinsicht gleich den eigenen Kindern behandeln und ihr keinen Lohn mehr geben solle. »Ich für meine Person brauche nur etwas Kleidung, Strümpfe und Holzschuhe, und wenn ich etwas dergleichen nötig habe, werde ich es Ihnen sagen, wie es ein Kind seinem Vater sagt.« Offenbar wurde ihr der Wunsch endlich auch gewährt. Nach Oberlins Tod aber, im Jahre 1826, drängten seine Kinder darauf, daß Louise doch annehmen solle, was ihr Erbteil als Kind sei und was auch sie selbst erhielten. Aber sie schlug alles aus und erbat sich nur, daß sie im Pfarrhaus bis zu ihrem Lebensende bleiben dürfe, was ihr auch gerne vergönnt wurde.[26]

Dem unbefangenen Leser mag der Gedanke gekommen sein, daß der oben zitierte Brief eine Zuneigung zum Ausdruck bringe, die über die Gefühle einer Tochter hinausgeht, daß es kurz gesagt ein Liebesbrief sei. Es wäre auch vielleicht nicht zu verwundern, wenn die Gefühle eines jungen Mädchens sich unter solchen Umständen hier und da etwas verwirrt hätten. Und so gab es denn auch im Steintal und in Straßburg böse Zungen, die von einem Skandal im Pfarrhaus munkelten. Doch niemand, der Oberlin kannte, sei es persönlich oder durch Kenntnis seines Lebenswerks, konnte je solchen Gerüchten Glauben schenken, denn seine moralische Integrität war über jeden Verdacht erhaben. Louise war Oberlin ergeben, erfüllte alle Aufgaben und trug die Arbeitslast weiter, die seine Frau getragen hatte. Sie verrichtete alle Obliegenheiten einer Herrin des Hauses, aber keineswegs die einer Mätresse. Die Beziehung zwischen den beiden wird am besten dadurch charakterisiert, daß sie ihn genauso wie seine eigenen Kinder mit »Papa« anredete, öfter vielleicht auch mit »Mein lieber Papa«.

Die wichtigen Tatsachen in Louise Schepplers Leben sind schlicht und darum leicht in Kürze zu berichten. Das eine, verhältnismäßig kurze Dokument reicht dafür völlig aus, nämlich die begleitende Denkschrift an die französische Akademie der Wissenschaften, die sie für den Monthyon-Preis vorschlägt, den sie 1829 erhalten hat. Gleich zu Anfang heißt es in dieser Schrift, es gehe hier nicht um besondere Charakterzüge oder Tugenden, die die Kandidatin besitze, sondern um ein ganzes, langes Menschenleben, das sie, allen wahrhaft christlichen Tugenden geweiht, gänzlich für andere gelebt habe. »47 Jahre lang hat sie alle Sorgen und Nöte ihres bewundernswerten Herrn geteilt und war immer die stärkste Stütze bei all seinen guten Werken. Vornehmlich durch sie konnte dieser Mann Gottes seinen schönen, großartigen Plan verwirklichen, für die ganz Kleinen schon, im Vorschulalter, der ganzen Nation zum Vorbild, Kinderaufseherinnen auszubilden.« Weiterhin wird beschrieben, um was alles sonst sie sich in den Jahren nach Oberlins Tod kümmerte: die vorbereitende Arbeit zur Gründung einer Schule für Kindergärtnerinnen; die Verwaltung der zinsfreien Gemeinde-Leihkasse; die Anfertigung von Kleidern für die Armen; ihre Liebestätigkeit an Kranken und an denen, die in Not waren. »Und so ist sie immer weiter noch die gütige Wohltäterin für eine Bevölkerung von zweitausend Seelen, die sie alle hochachten und ehren als ihre geliebte Mutter.«

Das Dokument umfaßt auch einen ungekürzten Brief, den Oberlin kurz vor seinem Tod an seine Kinder schrieb und in dem er ihnen Louise als Vorbild ans Herz legt. Er hebt hervor, daß sie als Kindergärtnerin nicht nur dem einen Dorf gedient habe, sondern nach einem regelrechten Stundenplan von einem zum anderen gewandert sei.

»Die Mühen und die Schwierigkeiten, die sie auf sich nahm, hätten tausend andere entmutigt und abgeschreckt. ... Das wilde, rauhe Gebaren der Kinder, die Austreibung des unverständlichen Patois ..., die erschreckenden Zustände der Straßen und Wege ..., daß sie immer aufs neue fertig werden mußte mit Steinen und Wasser, Regengüssen und eisigem Wind, Hagel und tiefem Schnee, vor den Füßen und von oben her mit Lawinen von den steilen Hängen. Nichts war ihr ein Hindernis. Und wenn sie dann am Abend heimkam, außer Atem, durchnäßt, die Glieder vor Kälte steif ..., die Knie wundgerieben von Eiskrusten an ihren Unterröcken, dann wandte sie sich Euch zu, um für Euch zu sorgen, meine Kinder, und für unseren Haushalt.«[27]

Am 20. Juli 1837 kam Louise Scheppler heim, »ermüdet, aber glücklich und zufrieden« nach fünf Stunden Arbeit an dem Nachmittag in einer der »Strickstuben« im Tal. Sie aß ihr Abendbrot, schwatzte ein Weilchen mit den Rauschers (einer Tochter Oberlins und deren Mann), ging noch zwei Nachbarn kurz besuchen, und zog sich dann zurück. In der Nacht bekam sie eine Lungenentzündung, und am 25. Juli starb sie, 74 Jahre alt.

Oberlins außerordentliche Leistungen wurden zum großen Teil durch die Unterstützung großer und guter Freunde und Helfer ermöglicht, vornehmlich durch Johann Georg Stuber, Sebastian Scheidecker und Jean-Luc Legrand. Aber die größte Hilfe während seiner Amtszeit und bis zu seinem Tode wurde ihm durch Louise Scheppler zuteil.

9. KAPITEL

Offenbarungen und Visionen

»Man kann behaupten, daß im Steintal die Toten den Lebenden näher stehen als sonstwo, man verliert sie nicht aus den Augen; es besteht hier ein sehr reger Verkehr zwischen der sichtbaren und der unsichtbaren Welt.«

(Daniel Ehrenfried Stoeber)[28]

»Offenbarungen vom Paradies«

Unter den allzu übertriebenen Modeströmungen der Zeit gab es eine, die besonderen Anklang fand in dem Straßburger Hang zum Mystischen. Madame Oberkirch, eine scharfe Beobachterin des Straßburger Lebens, die genau zur Zeit von Oberlins Jugend ihre Erinnerungen niederschrieb, beschreibt den Zeitgeist im Elsaß als ungemein wundersüchtig:

»Ich würde es Aberglauben nennen, wenn ich nicht selbst, ganz gegen meine bessere Einsicht, von dem ergriffen wäre, was eigentlich ein Anzeichen für den Niedergang einer Gesellschaft ist. Es steht fest, daß noch niemals die angeblichen Hellseher mit ihren Prophezeiungen und allem, was damit zusammenhängt, eine solche Gefolgschaft gefunden haben. Selbst die Einbildungskraft der gediegensten Menschen ist voll davon. Die Gespräche drehen sich nur noch um diese Dinge, die in den Köpfen der meisten rumoren. Wenn meine Memoiren manche Spuren davon tragen, so beweisen sie nur, daß ich unsre Zeit wahrheitsgemäß geschildert habe. Unsere Nachkommen werden dies kaum für möglich halten; sie werden es nicht verstehen, daß Menschen, die an Gott zweifelten, solchen Voraussagungen unbedingten Glauben schenken konnten.«[29]

Zwei Seelen wohnen also in der Brust der damaligen Straßburger; Madame Oberkirch stellt fest, daß sie gefühlsmäßig von einer Sache ergriffen ist, die ihrer verstandesmäßigen Einsicht widerspricht. Diesen Gegensatz von Gefühl und Verstand (den man sich als Sich-nicht-ganz-Wohlfühlen in der eigenen Haut, als »Unbehagen in der Kultur« denken kann) sieht sie als Hinweis für den Niedergang der Gesellschaft. Und

»Die zwölf Gründe der Stadt Gottes« – ein Holzkasten mit Edelsteinen und der Bezeichnung ihrer symbolischen Bedeutung von Oberlins Hand – ist ein Geschenk Oberlins an Christian Gottlob Barth (heute in Privatbesitz in Metzingen).
Die heilige Siebenzahl der vollendeten Gemeinde Gottes ist umgeben von den Mauern des neuen Jerusalem mit ihren zwölf Grund- und Edelsteinen mit den Namen der zwölf Apostel (nach Apg. 1,13 und Offb. 21,19.20).

Zum Bild Seite 166:
»Je tiefer hinab, je höher hinauf« – das ist ein zentraler Gedanke, der Oberlin leitet bei seiner Beschäftigung mit der sichtbaren und unsichtbaren Welt, die er in seinen Zeichnungen stufenförmig schematisiert dargestellt hat. Je tiefer der Weg in die Selbstverleugnung der Jesusnachfolge (nach Philipper 2, 5–11) führt, desto höher wird der Mensch durch den auferstandenen Herrn erhoben werden im Reich der Himmel, im Königreich Gottes (s. Seite 171).

La Nouvelle Jerusalem.
La Montagne de Sion, ou le Royaume de Dieu.
Le Paradis.
La Mer, ou le Sommeil.
La Mort, ou premier Ciel.
Notre première Vie préparatoire.
Les Enfers.
Le Gouffre de Feu.

damit liegt sie gar nicht so falsch. Die letzten Jahrzehnte vor der Französischen Revolution stellen tatsächlich so etwas wie eine Umwertung aller Werte dar: die Aufklärung mit ihrem rationalistischen Vernunftglauben und ihrer Kritik des Christentums kündigte dem Absolutismus die Gefolgschaft auf und schuf die geistigen Bedingungen der Revolution. Der als Gegenströmung an Einfluß gewinnende Pietismus weist entschieden mystische Züge auf. Im Elsaß, von alters her Grenzland zwischen Frankreich und Deutschland, Mittler zwischen französischer und deutscher Kultur, stoßen diese beiden Richtungen – französische Aufklärung und deutscher Pietismus, deutsche Empfindsamkeit – mit aller Heftigkeit zusammen. Straßburg bildet das Zentrum einer neuen literarischen Strömung, des Sturm und Drang: der 1770 bis 1771 in Straßburg studierende Goethe stand bald in engem Kontakt mit dem Schriftsteller und Arzt Jung-Stilling; zu seinem Kreis gehörten außerdem der Dichter Jakob Michael Reinhold Lenz und der Theologe Franz Christian Lersé. Die geistigen und die geistlichen Führer Straßburgs standen unter dem Einfluß von Visionären wie Lavater und Jung-Stilling – das ging so weit, daß sogar der glühendste Vorkämpfer des Rationalismus, Isaak Haffner, bereit war, der Guillotine zu trotzen, indem er offen seinen Glauben an ein wahres Leben nach dem Tod verteidigte.

Oberlin kannte die verschiedenen Strömungen und ihre Vertreter aus eigener Lektüre und hatte sich sein Urteil gebildet. Aus Zeitungen, Zeitschriften und Briefen von Freunden wußte er um die Prophezeiungen der Seher und Wahrsager seiner Zeit, und zumindest einmal befragte er sogar selber einen. Daß er sich mit diesen Dingen beschäftigt hat, ist ersichtlich aus Dokumenten, die sich jetzt im Elsässischen Museum in Straßburg befinden. Ein Briefumschlag trägt die Aufschrift von Oberlins Hand: »Mlle Wippermann«. Er enthält umfangreiche Notizen über Visionen und Prophezeiungen der bekanntesten Hellseherin seiner Zeit. Ein zweiter Briefumschlag, betitelt »Offenbarungen«, enthält vermischte Notizen über Träume und Erscheinungen. Darüber hinaus gibt es in der Stadtbibliothek ein Manuskript mit dem Titel *Spectra,* das unter anderem von den Wirkungen handelt, die in der Bibel berichtete Visionen auf ihre Empfänger hatten.[30]

Oberlins eigene, sehr gründliche und ernste Untersuchungen unerklärlicher Dinge beschäftigen sich mit den apokalyptischen Prophezeiungen in der Bibel. Unter dem Einfluß seiner Eltern und der Herrnhuter Brüdergemeine wie auch von Johann Sigismund Lorenz, war er gereift im Glauben an die leibliche Auferstehung und an die ewige Seligkeit derer, die der Erlösung würdig seien. Seine erste Predigt hatte sich an die Hörer gewandt mit der Mahnung, sich bereit zu halten für das ewige Leben. Vom Tode der Gerechten sprach er immer voller

Zuversicht. Er sprach von den verheißenen Freuden des ewigen Lebens mit einer Überzeugung, als habe er sie ebenso klar vor Augen wie die irdische Realität, die das »Gefängnis seiner Tage« füllte. Er war viel zu praktisch veranlagt, um sich mit der unklaren Vorstellung von einer körperlosen Existenz in einem unvorstellbaren, unbegrenzten Äther zu bescheiden, wo namenlose Freuden ein rechtschaffenes Leben auf Erden mit unbestimmtem Lohn entgelten. Er wollte wissen, welcher Art solche Belohnungen und welcher Gestalt die vielen »Wohnungen in seines Vaters Haus« seien. Zu diesem Zweck begann er, wie bei allem, was er lernen wollte, damit, die Heilige Schrift zu durchforschen; und um seine eigenen Untersuchungen zu ergänzen, las er auch, was andere Sucher zu sagen hatten.

Unter diesen waren zwei schwäbische Theologen und Theosophen: Johann Albrecht Bengel (1687–1752), der aus Zahlenangaben in der Offenbarung (Kap. 13,18) den Beginn des Tausendjährigen Reiches Christi für das Jahr 1836 erwartete (ein Datum, das später auch von Jung-Stilling angenommen wurde); und Friedrich Christoph Oetinger (1702–1782), der die tiefsten Geheimnisse der Bibel zu ergründen suchte, indem er auch die jüdische Geheimlehre der Kabbala in sein theologisches Forschen miteinbezog.[31] Auch war da Johann Kaspar Lavater (1741–1801) mit seinen eben veröffentlichten *Aussichten in die Ewigkeit;* dazu drei Engländer: Thomas Bromley (1629–91), ein Jünger des deutschen Mystikers Jakob Böhme (1575–1624); John Pordage (1607–81) und Jane Leade (1623–1704), die beide überzeugte Nachfolger von Böhme und Bromley waren als sogenannte »Bromleyan Behmists«, und schließlich der schwedische Seher Emanuel Baron von Swedenborg (1688–1772).

Mit Lavaters *Aussichten in die Ewigkeit* wurde Oberlin im Jahre 1774 vertraut. Mehr als irgendein anderes Buch über dieses Thema entsprach es Oberlins weit mehr praktischem als philosophischem Sinn; denn diese *Aussichten* »sind nicht philosophische Gedanken über die Unsterblichkeit der Seele im Zeitstil der Aufklärung, sondern eher etwas wie eine Einsicht in die Beschaffenheit und das geistige Vermögen der Menschen nach dem Tode, damit die Vorstellungskraft eine Hilfe habe, die hohe Würde und Gottähnlichkeit des menschlichen Geistes zu erfassen«. Am 26. Juli 1774 schrieb Oberlin an Lavater einen ausführlichen Brief, dessen wichtigste Stellen hier zitiert werden sollen:

»Es sei mir erlaubt, Ihnen auf das allerwärmste zu danken für die Erbauung, die Ermutigung, die erneute Bereitschaft, Christus nachzuleben, die Sie mit den *Aussichten in die Ewigkeit* unter uns bewirkt haben. Gottes Segen sei um Sie für all den Segen, den dieses Buch gebracht hat und gewiß auch weiterhin bringen wird für mich selbst, meine Frau, meine Schüler, meine jungen Kostgänger, meine Bekannten und meine Gemeinde. ... Ich hatte vorher schon selbst versucht, mir, mit meinen wenigen Kenntnissen der Natur, Vorstellungen vom Himmel zu machen, die anders wären als unsere gewöhnlichen Ideen, die nur dunkel und unserer Zeit so unwürdig sind. Und nun hat mir dieses wertvolle Buch diese meine Vorstellungen bestätigt, sie aber so wunderbar erweitert und auf neue Fundamente gestellt, dazu auch noch so viele weitere geschenkt, daß es mir als etwas ganz Neues und um so Wertvolleres erscheint.«[32]

Der Schriftwechsel zwischen Oberlin und Lavater, der mit diesem Brief begann, sollte sich fortsetzen bis zu Lavaters Tod im Jahre 1801. Die Gedanken und Anschauungen der *Aussichten* blieben ein sehr wichtiges Element in Oberlins Vorstellungen vom ewigen Leben. Lavaters bekanntestes Werk, *Physiognomische Fragmente,* jedoch rief in Oberlin noch ein ganz neues Interesse wach, das dieses Buch auch weiterhin nährte, sein Leben lang: die Charakteranalyse.

Die beiden Männer haben einander niemals von Angesicht zu Angesicht gesehen, obgleich sich mehrere Gelegenheiten zu einem Treffen geboten hätten. Die erste war eine Reise, die nicht nur geplant war, sondern auch begonnen wurde, und auf der Oberlin in Zürich Lavater besuchen wollte. Weil er seine Familie jedoch nicht mit Lenz alleinlassen wollte und konnte, hielt es Oberlin für ratsam, die Reise in Köndringen abzubrechen und nach Waldersbach zurückzukehren. Es ist erstaunlich, daß sie nicht dann in Straßburg zusammentrafen, wo Lavater später mehrere Male war, mindestens einmal sogar als Gast in Stubers Haus, wo sich eine ganze Reihe von Bewunderern einstellte, um ihn zu ehren.

Oberlins erste Begegnung mit Swedenborgs Schriften fiel in das kritische Jahr des Todes seiner Frau, 1783. In französischer Übersetzung kam ihm das Werk *Wunder des Himmels und der Hölle* in die Hand. Zwei von den drei Bänden aus Oberlins Bücherei sind in der Stadtbibliothek in Straßburg. Den Gebrauchsspuren nach müssen sie in der Waldersbacher Gemeinde viel herumgekommen und viel gelesen worden sein. Vorne im Buchdeckel des ersten Bandes ist von Oberlins Hand eine ausführliche Besprechung eingeklebt, und verstreut in beiden Bänden finden sich Randbemerkungen, meist kritische Einwände, manchmal sogar sehr drastisch ausgedrückt.

Sowohl die Besprechung als auch die Randbemerkungen sollten offenbar als Unterweisung für andere Leser dienen, mit dem Doppelzweck, den Umlauf des Buches zu rechtfertigen, aber zugleich auch den

Leser vor der unkritischen Übernahme von dessen Offenbarungen zu warnen. Schon die ersten drei Sätze der Besprechung weisen auf den Kern der ganzen Abhandlung:

»Ich finde in diesem außerordentlichen Buche solche Erleuchtung, solche Belehrung und so bewundernswerte Beweisführungen, daß ich nicht weiß, wie ich Gott recht dafür danken soll. Aber andererseits finde ich darin auch Schlußfolgerungen und Auslegungen der Heiligen Schrift, die so kühn und so unbedacht sind, daß ich sie auf keinen Fall zulassen kann. Dieser Autor versucht, den ganzen Sinn der Heiligen Schrift zu vergeistigen, tut das aber auf furchterregende Weise. Wenn man so vorgeht, bleibt nichts mehr sicher, und ein jeder könnte dann mit der Bibel verfahren, wie er wollte!«

Später in derselben Schrift kommt er zu noch schärferen Worten:

»... daß Herr Swedenborg im Irrtum ist, wenn er aus seinen Visionen grundlegende Prinzipien ableitet und wenn er allzusehr als sicher hinnimmt, was ihm von seinen Stimmen gesagt wurde – die meist recht wenig fortgeschritten zu sein scheinen in ihrem Wissen um die Wunder Gottes –; daß die leibliche Auferstehung und das Jüngste Gericht immerhin noch nicht stattgefunden haben; daß man die Bibel wörtlich nehmen muß und sie niemals genau genug lesen kann; daß Herr Swedenborg gewiß ein wichtiger Mann ist, daß er jedoch mit seinen Ideen den rechten Weg verfehlt, denn – mögen die Seligen sich seiner erbarmen! – er hat um der symbolischen und mystischen Auslegung willen den buchstäblichen Sinn des Heiligen Wortes beiseite getan. ...«[33]

Über die *Wunder des Himmels und der Hölle* hinaus kaufte sich Oberlin andere Bücher von Swedenborg, sobald sie auf französisch erschienen. Noch heute finden sich unter den Werken aus Oberlins Bücherei in der Stadtbibliothek von Straßburg fünf weitere Bände von Swedenborg. Allen seinen negativen Bemerkungen über dessen Offenbarungen zum Trotz war er zweifellos von dem Verfasser dieser Werke gefesselt. Man weiß, daß er sie viele Jahre lang im Zusammenhang mit seinen eigenen eschatologischen Studien benutzt hat.

Früh schon in seinen Betrachtungen über die Beschaffenheit der jenseitigen Welt hatte Oberlin sich mit der Schrift *Der Weg zu Christus* des Mystikers Jakob Böhme beschäftigt. Er hatte sie »ungemein schwierig« gefunden, war jedoch bei seinem Versuch, sie zu verstehen, standhaft geblieben, denn er fühlte, »daß in Wahrheit der Geist Gottes darin« sei. Und wie der große Philipp Jakob Spener, der Vater des Pietismus, der ebenfalls zugegeben hatte, daß er den größten Teil dieser Schrift nicht verstehe, glaubte auch Oberlin, daß »ein jeder doch etwas von dem erfassen sollte, das so deutlich den Stempel des Heiligen Geistes trägt«. Man kann aber wohl vermuten, daß Oberlin meinte, das Wesentliche bei Böhme besser durch die mehr praktisch gesinnten Anhänger Böhmes in England erfassen zu können, die sich in der um 1670 gegründeten »Philadelphischen Gesellschaft« betätigten und sie nun weiterführten.

In den persönlichen Aufzeichnungen Oberlins finden sich die Namen Bromley, Pordage und Leade an vielen Stellen.[34] Den Namen Pordage finden wir meist in Zusammenhang mit Notizen über »Göttliche Metaphysik«, »Offenbarungen vom Paradies«, »Ewige Natur«, »Die sieben Welten des Pordage« und ebenso auf einer Reihe von Karten und Darstellungen der jenseitigen Welt wie dem »Pordage'schen Ewigkeitskreis« und der »Ewigkeitswelt mit ihren Höfen«, die Oberlin selbst entworfen hat. Die Welten, die Oberlin etwa auf einem Druck unterscheidet und jeweils mit Bibelstellen belegt, sind diese:

Das Neue Jerusalem
Der Berg Zion oder das Königreich Gottes
Das Paradies
Das Meer
Der Tod
Die Höllen
Feuersee

Oberlin stellte sich also den Aufenthalt der Menschen nach dem Tod als eine Art Stufenordnung vor; und er entwickelt, vor allem in seinen Altersjahren, eine Einordnung in diese Welten: Der Feuersee ist die Bleibstätte derer, die nicht in das Buch des Lebens geschrieben sind, die Hölle der Wohnung der bösen Menschen, der Tod die »Wohnung der ganz natürlichen Menschen, die nur an irdischen Dingen Geschmack und Vergnügen hatten ... – ob sie gleich übrigens Gott fürchteten«. Das Meer ist ihm die Wohnung der »unvollkommen Erneuerten«. »Die Erneuerten, die ihre Erneuerung und Reinigung vollendet haben«, bewohnen das Paradies, die »vollendeten Heiligen« wohnen auf dem Berg Zion. Das »Neue Jerusalem« steht über dieser Rangfolge, denn es »wird erst am Ende nach allen Revolutionen dieser Welt offenbar werden«. Oberlin hat seine Vorstellungen von den Wohnstätten der Verstorbenen immer wieder verändert und weiterentwickelt.[35]

Oberlins Vorstellung vom Jenseits ist wie eine Photomontage, zusammengestellt aus vielen Ideen, die er aus den zahlreichen Schriften der Zeit ausgewählt hatte. Eines der Elemente jedoch scheint mehr als alle anderen sein Eigentum zu sein, nämlich die Vorstellung vom sofortigen Übergang der Seele der Gerechten aus dem körperlichen Dasein auf

Erden in die körperlose Existenz der ersten Stufe des Himmels. Ganz zweifellos hielt er sich getreu an die Worte Christi zu dem reuigen Schächer am Kreuz: »Heute noch wirst du mit mir im Paradiese sein!« Das zeigt sich deutlich in der folgenden Stelle aus der Begräbnisrede für den Gemeinderat Nicolas Banzet aus Bellefosse.

»Wie alle Tage stand unser lieber Verstorbener gestern früh auf, versorgte sein Vieh und tat die gewohnte Arbeit. ... Er wußte nicht, daß der Engel des Todes bereits den Befehl erhalten hatte, seinem irdischen Leben und seinen Mühen ein Ende zu machen. Der Engel sah unter dem Auftrag hinab auf Bellefosse; sein Blick durchdrang Tausende und Abertausende von Welten, und sein Ohr begleitete das Auge auf dem Weg. Er hörte Nicolas Banzet in seinem Todeskampf stöhnen und nach Atem ringen. ... Da schwang sich der Engel auf zu schnellem Flug, geschwinder als der Blitz stieß er auf Bellefosse herab. Er betrat die dunkle, ärmliche Hütte, dem Zeichen von Gott gehorsam. Und da schlägt die Stunde, hallt weithin durch die himmlischen Welten. Der Engel hebt den Arm zum Todesstreich. Und die Fesseln fallen ab von dem Körper, die Wände des Kerkers zerbröckeln und sinken dahin. Und die Seele, die müde, furchtsame Seele, schaut und fühlt die vollkommene, glückselige Freiheit ..., er ..., der sich wie ein elender Wurm gewunden hat unter der Last seines erdgebundenen, kranken Körpers, fliegt nun auf vom Boden, frei und leicht, einem Vogel gleich. ... Er, der eben noch Nahrung zu sich nehmen wollte für seinen hinfälligen Körper, darf jetzt die Freuden des Paradieses genießen. ...«[36]

Oberlin wandte viel Zeit und Liebesmühe an das Entwerfen und die graphische Darstellung des Reiches der Toten. Er stellte Lagepläne her und zeichnete topographische Skizzen, manchmal in Spalten angeordnet, manchmal als Kugel oder Halbkugel, manchmal aber auch als ein Gefüge von konzentrischen Bögen und Parallel-Linien. Eine der Karten, auf der er die Übereinstimmungen zwischen den »himmlischen Wohnungen« und dem Tempel in Jerusalem darstellte, wurde auf seiner kleinen Handpresse in vielen Exemplaren gedruckt. Obwohl diese Handzettel das einzige sind, was je von ihm im Druck erschien, war die Tatsache, daß Oberlin sich für diese Dinge interessierte, dennoch weit bekannt, und mehrere Bücher wurden veröffentlicht, deren Urheberschaft fälschlich ihm zugeschrieben wurde.

Die Wirkung dieser starken Vertiefung in mystische Schriften war unterschiedlich. Einerseits lud sie zur Nachahmung ein; andererseits brach eine neue Welle von Feindseligkeiten über Oberlin herein. Leenhardt hat einen Entwurf für einen Brief vom 17. Mai 1785 abgedruckt, in dem sich Oberlin an einen ungenannten Freund wandte mit einer

Verteidigung seiner Gedanken. Teile daraus möchte ich hier zusammenfassend zitieren:

»Man wird sagen, ich solle die Bibel nicht so systematisch ansehen. Aber ist nicht unser ganzer Glaube systematisch geordnet und nach Tabellen ausgerichtet? Unser Katechismus zum Beispiel – ist er nicht eine geordnete Zusammenfassung, wie man sie nirgends in der Bibel in der Form findet? ... Sollte mir nicht erlaubt sein, alles das zusammenzubringen, was mir ein Bild macht von den Reichtümern, um die ich all mein irdisch Gut veräußern und zum Opfer bringen soll? Darf ich es nicht niederschreiben und zusammenrechnen, wie ich das auf Erden tue mit meinen Einnahmen und Ausgaben? ... Man wird sagen, meine Darstellungen seien zu schwach, zu ungewiß. Aber was schadet das? Nicht eine unserer Landkarten ist genau und naturgetreu, und dennoch danke ich Gott, daß ich sie habe. ...

Man sagt, ich solle meine Darstellungen für mich behalten, nicht sie herumzeigen unter meinen Steintälern. Aber das möge Gott verhüten. Ich lebe doch nur für sie; meine Kräfte, mein Wissen, meine Gaben, meine Felder, mein Vieh, mein Geld, meinen Garten, alles teile ich doch mit meiner ersten Liebe, meiner Gemeinde. ... Man sagt, ich würde meiner Gemeinde schaden. Das aber scheint kaum sehr wahrscheinlich. Oder hätte mir jemand im Jahre 1767 eine andere Gemeinde zeigen können von so armen Schluckern, daß hier einer als reich galt, wenn er genug Kartoffeln hatte für das ganze Jahr und nicht etwa im Frühjahr Gras kochen mußte? Und wer könnte mir jetzt eine zeigen, wo so viel Gutes getan worden ist, der Armut abzuhelfen, wo jeder jedem hilft, wo niemand betteln geht und wo ein jeder Hilfe und Unterstützung demjenigen bringt, der ärmer ist als er selbst? ... Vergleiche man doch diese Gemeinde mit jeder anderen in der Nachbarschaft, ob deutsch oder französisch! Dann wird man den Unterschied schon zugeben müssen!«[37]

Visionen

Im Winter 1782/83 war Oberlins Geist und Sinn wahrscheinlich noch mehr als zu irgendeiner anderen Zeit erfüllt vom lichtvollen Zauber der unsichtbaren Welt. Als das Jahr zur Neige ging, machte er sich an eine Reihe von acht Predigten zu diesem Thema, deren erste, gehalten am 15. und 25. Dezember 1782, sich mit den messianischen Weissagungen in

Jesaja 9,1–6 beschäftigte. Der Text war zwar der herkömmliche Bibelabschnitt der Kirche für den letzten Advents-Sonntag, der Kern der Predigt selbst aber entsprach wohl eher der Überschrift für ein Manuskript: »Das Paradies und die Wohnungen der Seligen«.[38]

Am Neujahrstag hielt er die zweite Predigt dieser Reihe, am 5. Januar 1783, dem Sonntag Epiphanias, die dritte. Die nächste Predigt dieser Reihe am 26. Januar ist überschattet vom unvorhergesehenen Tod seiner geliebten Frau acht Tage vorher. Am selben Tag hatte Oberlin ein merkwürdiges Erlebnis. Die sehr persönliche Eintragung, die er darüber seinem Tagebuch anvertraute, beginnt: »Am 18. Januar 1783, Abigails* Tag, ist sie gestorben . . ., am 21. wurde sie begraben. Am 22. legte sie sich zu mir, als Unbekannte verkleidet, aber die Umarmung, die Küsse, die Tränen auf meinen Wangen ließen mich bald fühlen, wer sie war. Und das Wiedererkennen strömte als wunderbarer Trost in meine wunde Seele. ›Du wirst staunen, wie oft ich bei dir sein werde‹, sagte sie noch und verschwand.«

Noch zweimal erschien sie ihm in einer Verkleidung, »in der Person meines Freundes Monsieur de Koch, Sekretär der Russischen Gesandtschaft in Wien; dann in der meiner Mutter«. »Anfangs«, so erzählt Oberlin, »war mir der erneute Schmerz fast unerträglich. Ich wurde elend, ohne krank zu sein, und meine Kräfte verfielen, bis ich ohne Stütze nicht mehr gehen konnte. Dann aber, ganz allmählich, durchdrang mich der niemals mehr ausbleibende Trost der Gegenwart Gottes, und mein Schmerz verwandelte sich in eine stille, sanfte, wenngleich melancholische Hingabe, vermischt mit Lob und Dank und großer Vorfreude auf die Wiedervereinigung in der Ewigkeit.«

Oberlin bezeugt, daß ihn seine verstorbene Frau ihre Gegenwart auf viele Weise spüren ließ. Manchmal konnte es bei Tag geschehen, wenn er eben eine Hand ausstreckte, daß er dann am kleinen Finger einen leisen Druck gewahrte, der ihn still daran erinnerte, daß er und sie oft auf diese Art ein kleines Liebeszeichen ausgetauscht hatten, wenn sie einander kurz begegneten im Getriebe ihres Tagewerks. Bald schien es, als habe sie das Amt seines Schutzengels übernommen, an dessen Existenz er sein Leben lang geglaubt hatte und der ihm in mancher Not geholfen und beigestanden hatte. In dieser Rolle warnte sie ihn nicht nur vor kleinen Mißgeschicken, sondern auch vor ernsteren Gefahren wie dem bevorstehenden Einsturz einer Gartenmauer, die jemanden hätte erschlagen können. Sie beriet ihn, wie sie es immer getan hatte, beim Planen und Ausführen seiner Arbeit. Einmal warnte sie ihn sogar vor der Gefahr, daß ein neues Unternehmen erfolglos bleiben würde, wenn

* Frau König Davids

es ihm nicht gelinge, der bösen Zunge der geschwätzigen Magd Catherine Gagnière Einhalt zu gebieten.

Die Tagebuch-Eintragung vom 23. April 1783 (dreizehn Wochen nach Salomés Tod) ist besonders aufschlußreich. Es war Ostersonntag und das siebente Mal, daß sie ihm erschien, und zwar

»zum erstenmal in ihrer eigenen Gestalt. ... Mehrere Tage schon hatte ich aufs neue schwer gelitten in meiner Seele; mein blutendes Herz war zerrissen und mein Geist ermattet ..., ein Leiden aus dem Innersten heraus, denn körperlich war ich gesund. Ich hatte zu Gott gefleht, er möge mir ein wahres Ostern schenken, ein Auferstehen aus meinen Sünden. Ich hatte auch gebetet, er möge mir gewähren, meine geliebte Frau zu sehen und mit ihr zu sprechen. Nach einer erfrischenden Nacht erschien sie mir dann im Traum. Sie war so gekleidet wie gewöhnlich, als sie noch am Leben war ..., aber um so viel größer als ich, wie ich zu ihren Lebzeiten größer gewesen war als sie, und als ich neben ihr ging, konnte ich nicht Schritt halten. ... Ich bat sie, langsamer zu gehen, obwohl ich weiß, daß sie mir mit dem schnellen Gang sagen wollte, ich müsse mich beeilen mit Dingen, die mein Seelenheil beträfen.«[39]

Sie deutete hin auf Osterlämmer, die eben geopfert worden waren, und sagte ihm, daß auch er sich nicht solchem Opfer werde entziehen können. »Denn diejenigen, welche sterben, ehe die Wirkung solchen Opferns sich an ihnen erfüllt, die finden nicht sogleich den Weg zu ihrem Herrn im Himmel, sondern verbleiben noch in Händen, die nicht gar liebevoll und sanft mit ihnen umgehen.« Dann führte er sie mitten durch die Dorfbewohner in die Kirche. Ob aber irgendjemand sah, wer ihm da zur Seite ging, konnte er nicht sagen. Er selber aber war sich von diesem Tage an gewiß, daß seine Frau bei ihm sein könne und es wohl auch oft sei, ohne, wie sie ihm bedeutete, von anderen Lebenden gesehen zu werden.

Rosenberg verzeichnet 22 Erscheinungen.[40] Die hier berichteten mögen als Beispiele genügen, um uns ein Bild zu machen. Im Jahre 1824, lange nachdem die Erscheinungen aufgehört hatten, kam aus Möttlingen in Württemberg Pfarrer Dr. Christian Gottlob Barth zu Besuch nach Waldersbach. In einem Brief an seinen Freund und Nachfolger in Möttlingen, Johann Christoph Blumhardt (der das Anbrechen des Reiches Gottes auf unserer Erde erwartete und ebenfalls mit Oberlin befreundet war), schildert er seine Eindrücke: »Als ich Oberlin aufsuchte, war er vierundachtzig Jahre alt. Aber dieser klar denkende, geistvolle, klassisch gebildete Mann, der die Bibel über alles schätzt, sprach von der unsichtbaren Welt, als sei er in ihr ganz und gar zuhause.« Barth weiter: »Diese psychologische Sonderbarkeit war mit seinem ganzen Wesen aufs genaueste verwoben, und sie ist umso merkwürdiger, als er, im Gegensatz gegen die gewöhnliche Erfahrung, sich doch durch derartige Spekulationen in seiner praktischen Tätigkeit auf keine Weise stören ließ.« Oberlin erzählte ihm folgendes:

»Seit dem Tode meiner Frau sah ich sie neun Jahre lang fast alle Tage, träumend und wachend, teils hier bei mir, teils drüben in ihrem jenseitigen Aufenthaltsorte, wo ich merkwürdige Dinge, auch politische Veränderungen, lang ehe sie sich ereigneten, von ihr erfuhr. Sie erschien aber nicht nur mir, sondern auch meinen Hausgenossen und vielen Personen im Steintal, warnte sie oft vor Unglück, sagte voraus, was kommen werde, und gab Aufschluß über Dinge jenseits des Grabes. Nach neun Jahren (1792) geschah es, daß ein Bauer von meinem Filialort Belmont, ein gewisser Josef Müller, der in der andern Welt seinen Onkel Morel suchte, ein Mann, der samt seiner Familie oft Erscheinungen hatte, in der unsichtbaren Welt war. Dem erklärte mein verstorbener ältester Sohn (durch den Müller zum Geist seines Onkels geführt wurde), seine Mutter sei nun zu einer höheren Wohnung der Seligen aufgestiegen; er möge mir berichten, daß sie fortan nicht mehr auf Erden erscheinen könne. Von da ab sah ich meine Frau nicht mehr.«[41]

Wenn Oberlin von solchen Erfahrungen sprach, gebrauchte er oft das Wort »Traum«, einerlei, ob er diese Träume nachts im Schlaf gehabt hatte oder bei Tage. Er fügte aber auch hinzu, daß er zwischen diesen und allen gewöhnlichen Träumen genauso gut unterscheiden könne, wie man eine Farbe von einer anderen unterscheidet.[42] Für ihn hatten diese Dinge nichts mit Okkultismus oder Spiritismus zu tun; nichts daran war ihm unheimlich, gespenstisch oder gar furchterregend; er war sich nur eben mit allen seinen Sinnen der wahren, lebendigen Gegenwärtigkeit seiner Frau bewußt. Es sei jedoch, so fügte er ausdrücklich hinzu, nichts Sinnliches und keinerlei Begierde in solchen Begegnungen oder in seinem immer neuen Wunsch nach ihrer Gesellschaft gewesen. Daß es solche Visionen geben könne, überraschte ihn in keiner Weise. Er wußte viel zu viel von den Erscheinungen, von denen die Bibel berichtet, als daß er sie hätte bezweifeln können: solche Dinge wie Jakobs Traum von der Leiter, die in den Himmel reichte und auf der die Engel auf- und abstiegen, oder die apokalyptischen Offenbarungen des Johannes, oder auch die zahllosen Geschichten, in denen es heißt: »... und ein Engel des Herrn erschien ihm im Traume und sprach. ...« Alles dies war für ihn, der die Bibel durchaus wörtlich verstand, »Evangelium«; er glaubte daran ebenso fest wie an die unbefleckte Empfängnis, die Speisung der Fünftausend, die Verwandlung des Wassers in Wein in Kana und alle die unzähligen Wunder, die im Alten und im Neuen Testament verzeichnet stehen.

Als im Jahre 1788 Baron Dietrich Oberlin als »lächerlichen Visionär« zu verspotten suchte, antwortete er ihm: »Ich glaube an Visionen, weil ich an die Heilige Schrift glaube, und ich glaube ihr wirklich, nicht nur, um mein Brot damit zu verdienen. ... In der ganzen Bibel wird deutlich, daß Gott immer (durch Visionen) mit seinem Volk verkehrt hat. ... Darum ist uns gesagt: Ein Volk, das keine Visionen hat, ist verlassen.«[43]

Die Schranke, genannt Tod, zwischen Gottes Auserwählten hier auf Erden und den Seelen der Erlösten im Jenseits war ihm niemals so gewaltig erschienen, daß es ihm unnatürlich vorgekommen wäre, sie zu durchbrechen. Schon in seiner Jugend hatte er sich in seinem Tagebuch auseinandergesetzt mit dem Gedanken an die Trennung durch den Tod seiner Eltern oder von anderen, die er liebte: »Es will mir scheinen, daß ich, wenn ich sterbe, durchaus nicht von ihnen getrennt sein werde. Ich sehe nichts darin, als daß der Herr des Hauses mir eine andere Wohnung anweist, etwas weiter entfernt von der meiner Eltern, so daß unsere sichtbare Gemeinschaft für eine Weile unterbrochen ist. Unterdes aber werden wir weiterhin im selben Haus leben, ich selbst nur etwas näher schon bei Gott, dessen Gegenwart sich überall durch das ganze Haus ausbreiten wird.«[44]

In diesem Sinne berichtet auch ein englischer Freund der Familie Oberlin von seinem Besuch im Pfarrhaus bald nach dem Tod von Friedrich Jeremias Oberlin: »Sie sprachen von ihrem Fritz nicht als von einem Verstorbenen, um den man trauert, sondern wie von einem Freund, der eben hinübergeschritten war aus diesem Leben in das nächste, den man aber sah und hörte und den man ganz gewiß einst wiederfinden werde. Noch im frischen Schmerz des Verlustes, trösteten sie sich in der Vorfreude auf das Wiedersehen.«

Was einen im Hinblick auf Oberlins Visionen besonders verwundert, ist, daß er nicht der einzige war, der sie erlebte: am 28. Januar, zwei Tage nach Oberlins erstem »Traum«, erschien Frau Oberlin auch Sara Caquelin. »Und bald«, sagt Leenhardt, »wurde das ansteckend, und Oberlin, der alles sorgfältig aufzeichnete, empfing Berichte über solche Erscheinungen von allen Seiten. Man erzählte, wie Madame ihnen ihre Fehler aufgezeigt und ihnen dann etwas vom Himmel enthüllt habe. Es kam zu einer wahren Flut von phantastischen Geschichten, deren oft ungesunde Absurdität er nicht immer gleich erfaßte; auf lange Zeit hinterließen sie traurige Spuren in den Gemütern.« An anderer Stelle deutet Leenhardt an, daß auch Oberlins eigener Sohn Charles-Conservé, der seines geistlichen Amtes enthoben wurde, »weitgehend ein Opfer solcher Verirrungen war«.[45]

Die Gefahr solcher Verirrungen hat Oberlin möglicherweise selber mit heraufbeschworen. Daß der Aberglaube im Steintal gang und gäbe war, ist bekannt; von Oberlin selbst wissen wir, daß er noch 1803 gegen den Hexenglauben predigen mußte. Daß die tote Frau Oberlin nicht die erste Person war, die den Steintälern erschienen ist (oder von der sie glaubten, sie sei ihnen erschienen), beweisen die Geistererscheinungen und seltsamen Erlebnisse, die Oberlin selber schon vor dem Tod seiner Frau unter seinen Gemeindegliedern zusammengetragen hat. Aber dieses ausgesprochene Interesse an Visionen macht die Vision, die eigentlich eine private, höchst persönliche Erfahrung ist, zu einem Gegenstand öffentlichen Interesses, dem dann, wegen seines Sensationswerts, zu große Bedeutung beigemessen wird. Für Oberlin waren die Visionen nicht der Springpunkt seines Glaubens. Neun Jahre lang war ihm seine Frau erschienen. Als sie ihm nicht mehr erschien, hörte er deswegen nicht auf, sich mit dem Zustand der Seelen nach dem Tod zu beschäftigen und fing nicht an, an der Wirklichkeit seiner Erscheinungen zu zweifeln. Auch seine Visionen dauern bis an sein Lebensende fort.

Barth bezeichnet die Visionen Oberlins als »psychologische Sonderbarkeit«. Damit ist zum einen ausgedrückt, daß auch die Freunde Oberlins, die seinen Gedanken sonst nahestanden (denn auch sie beschäftigten sich intensiv mit dem Zustand nach dem Tode), seine Visionen als etwas außer der Reihe Liegendes ansahen, als über die unter Theologen naheliegenden Gedanken zum Leben nach dem Tod hinausgehend. Auch von Stuber gibt es mahnende Briefe desselben Inhalts. Zum anderen sahen offenbar auch Freunde wie Barth in dem Beharren Oberlins auf seinen Visionen in keiner Weise eine Erkenntnis, die ihnen noch fehlte, sondern eher etwas Befremdliches an einem Menschen, den sie liebgewonnen hatten. Wenn wir diese psychologische Sichtweise übernehmen, so könnte man sagen, daß seine Visionen Oberlin eine Kraft gaben, auch in einsamen und schweren Jahren unversehrt aus allen Prüfungen hervorzugehen und die großen Aufgaben, die er sich vorgenommen hatte, weiter zu erfüllen in den 43 Jahren, die ihm nach dem Tode seiner Frau noch in seinem Amt verblieben. Die Sehnsucht nach Erlösung von seinen irdischen Mühen, besonders stark in den ersten neun Jahren nach dem Tod seiner geliebten Frau, tritt beim alternden Oberlin zurück und begleitet ihn erst wieder im letzten Jahrzehnt seines Lebens durch jeden mühevollen Tag.

IV

Revolution und Befreiung
(1789–1804)

10. KAPITEL

Christlicher Patriotismus

Oberlin und Baron Dietrich

Wenn bei irgendeiner Gelegenheit die Frage nach dem Verhältnis zwischen Bürger und Staat aufkam, so antwortete Oberlin stets mit der einen festen Verhaltensmaßregel, die vom Apostel Paulus aufgestellt und von Luther mit allem Nachdruck unterstützt worden ist: »Jedermann sei untertan der Obrigkeit, die Gewalt über ihn hat. Denn es ist keine Obrigkeit ohne von Gott; wo aber Obrigkeit ist, die ist von Gott verordnet.« (Römer 13,1) Um ein Beispiel zu geben für die praktische Anwendung dieser Lehre in Oberlins Leben, wollen wir seine Beziehungen zu der einen Persönlichkeit darstellen, die in der Erfahrung der Steintaler Gemeinde recht augenfällig und erkennbar den Begriff der politischen Macht darstellte, nämlich zu dem Lehnsherrn des Steintals, Baron Johann von Dietrich.

Das Verhältnis zwischen den beiden war anfangs ausgesprochen gut – sicher auch vor dem Hintergrund der unerquicklichen Beziehungen zum vorherigen Lehnsherrn, dem Grafen d'Argenson. Gelegentliche Beschwerden des Lehnsherrn – etwa über den Inhalt einer Predigt oder über Oberlins Streit mit den Gastwirten – scheinen das gute Einvernehmen zwischen den beiden kaum getrübt zu haben. Auch als wegen der »Christlichen Gesellschaft« (siehe Kapitel 5) die Wogen im Steintal hoch gingen und sich Oberlins Gegner an Dietrich wandten, griff dieser, wie Oberlin 1808 bezeugt, »die Sache bei mir auf eine so glimpfliche, kluge, väterliche Weise an, daß ich den Wink Gottes dabei merkte«.[1] Dietrich stellte auch Bauholz für den Belmonter Schulhausbau zur Verfügung und ließ 1787 auf seine Kosten ein neues Pfarrhaus in Waldersbach bauen. Da kommt es 1788 zu einem Schlagabtausch, der die Beziehungen zwischen beiden nachhaltig trübte. Anlaß für den Streit ist ein (leider verlorengegangener) Brief Oberlins an Dietrich. Was Oberlin genau geschrieben hat und ob er sich im Ton vergriffen hat, ist deshalb nicht mehr feststellbar, aber aus der Antwort Dietrichs geht hervor, daß Oberlin ihn davon unterrichtet hatte, daß für die Kirche in Belmont nun eine größere Zahl von Sitzplätzen benötigt werde und er den Lehnsherrn ersuche, aus seinen Wäldern das nötige Holz für den Bau einer neuen Empore, entweder umsonst oder zu verminderten Kosten, zur Verfügung zu stellen. Solche Anfragen waren durchaus nichts Neues. Die Steintäler waren überzeugt, daß der ihnen zustehende Anteil an den Waldprodukten über Jahrzehnte durch die Lehnsherren unrechtmäßig beschränkt worden war; der Rechtsstreit um diese Sache lief schon fast ein Jahrhundert. Dietrich, bei weitem der freigebigste von allen Herren, die das kleine Lehen je gekannt hatte, war auch oft schon ähnlichen Anliegen mit freundlicher Zusage entgegengekommen.

In diesem Falle jedoch eröffnet er seine entrüstete Antwort mit einer sarkastischen Bemerkung, die den Bittsteller einer Art Mischung von Aufsässigkeit und pastoralem Größenwahn bezichtigt: »Wirklich schade«, so beginnt er, »daß Sie, Herr Pfarrer, damals (vor vierzehn Jahren) die Gelegenheit haben vorbeiziehen lassen, nach Ebenezer in die britischen Kolonien auszuwandern. Sie hätten in dem amerikanischen Aufstand gewiß eine hervorragende Rolle gespielt und gingen nun vielleicht längst mit Stab und Mitra geschmückt einher.« Er wirft Oberlin vor, daß er, geschmeichelt von seiner eigenen Autorität, sein Amt mißbrauche, indem er »gewisse Gemeinden« aufwiegele zur Respektlosigkeit gegen ihren Landesherrn. Er bezichtigt ihn der Undankbarkeit, »des übelsten aller Laster«, und stellt dann eine Liste auf von acht größeren Zuwendungen, die er während seiner Amtszeit als Lehnsherr an die Waldersbacher Gemeinde gemacht habe und die sich insgesamt auf 96200 Livres belaufen hätten. Dann erhebt er Einspruch, daß Oberlin ihn an die unerschöpfliche Weisheit der Heiligen Schrift erinnert habe. »Wer würde das denn auch bezweifeln oder verneinen? Wenn Sie aber beabsichtigen, meine Religion und mein sittliches Verhalten anzugreifen, so versichere ich Ihnen, daß die reiner sind als die Ihren. Ich glaube auch nicht, daß irgendjemand mich als *einen Verzückten und einen lächerlichen Visionär bezeichnen würde,* wie Sie, und niemals habe ich jemanden vor den Kopf gestoßen mit *zweideutigen, schlüpfrigen Bemerkungen, wie Sie es des öfteren an meinem Tisch getan haben und wie es andere Gäste, vornehmlich der katholische Geistliche von Rothau und Herr Jaeger bezeugen könnten. Mehr als einmal schon war ich nahe daran, Sie wegen solcher Unbedachtsamkeit zur Rede zu stellen,* Sie sollten doch wirklich anstatt dessen ein gutes Beispiel geben für das, was Sie predigen.«[2] (Das hier kursiv Gedruckte hat Oberlin selber unterstrichen und am Rande dann mit dikkem Ausrufungszeichen dazugeschrieben: »Welch unfaßbare Unverschämtheit!«)

Mit Nachdruck lehnt der Baron dann das »aufdringliche Verlangen« Oberlins ab; er werde das Baumaterial weder kostenlos noch überhaupt zu irgendeinem Preise abgeben. »Es steht Ihnen nicht zu, mir vorzuschreiben, was ich zu tun habe. Außerdem scheint ja die Kirche seit dem Frühling merkwürdig plötzlich zu klein geworden zu sein; niemand sonst hat mir zuvor etwas davon berichtet!« Dann erklärt er: »... um diesen dummen Anträgen jetzt schließlich aber ein Ende zu machen, und damit die Bevölkerung sich nicht länger in falschen Vorstellungen wiegt, werde ich nun den Elsässischen Hohen Rat angehen, die Wälder des Steintals vermessen zu lassen und den Dörfern alles Forstland zur Nutznießung zu überlassen, das über neun- oder zehntausend Morgen hinausgeht«. Daß dies aber nicht als Akt der Menschenfreundlichkeit gemeint ist, zeigt der Nachsatz. Dietrich kündigt an, wenn sich bei der Vermessung herausstellen solle, daß von seinem Weideland etwas fehle, werde er sich am Weideland der Gemeinde schadlos halten. Dies, führt er weiter aus, sei die Antwort, die Oberlins »unschicklicher Brief« verdiene. Er habe sie auf französisch abgefaßt, damit sie leicht in der ganzen Gemeinde verbreitet werden könne. »Seien Sie im übrigen dessen versichert«, so schloß er den Brief, »daß ich Ihre guten Eigenschaften durchaus zu schätzen weiß und daß ich aufrichtig verbleibe Ihr sehr ergebener und gehorsamer Diener, Baron von Dietrich, Graf zum Steintal.«

Diesen Brief beantwortete Oberlin mit angemessener Würde und Zurückhaltung, aber auch mit Festigkeit.

»Ich soll eine gewisse Gemeinde zur Nichtachtung ihres Landesherrn aufgestachelt haben? Aber welche denn, und wer hat das gesagt? Das wäre doch genau das Gegenteil von dem, was ich immer getan habe und weiterhin tue. Es ist leicht, jemanden zu verleumden. Und der Herr Baron wird sich entsinnen, daß mir auch früher schon mehrere Male derartiges Unrecht geschehen ist. Aber woher kommen die Verleumdungen in diesem Falle? ... Der Einfluß, den ich auf meine Gemeinde habe, *der* soll mir den Kopf verdreht haben? Das können meine Feinde nur vor Leuten sagen, die nicht unter uns leben; denn jede Dorfgemeinschaft kann immerhin handeln, wie es ihr gefällt. Ich werde nur in nebensächlichen Dingen befragt; und selbst wenn sie dann meine Meinung erfahren haben, folgen sie meinem Rate nur, wenn er ihnen gefällt.« (Hier allerdings unterschätzt Oberlin die Wirkung seines eigenen, meist recht autoritären Verhaltens gewaltig!) »Ich bin entzückt von der Aufzählung Ihrer früheren großzügigen Zuwendungen und habe die Ehre, Ihnen dafür noch einmal sehr zu danken ... Nein, der Herr Baron ist gewiß kein lächerlicher Geisterseher, wie ich es bin; aber es gehört doch wohl zu dem Beruf des Pfarrers, daß er weiß, was die Heilige Schrift enthält und lehrt; und ich glaube an Gesichte, eben weil ich an die Bibel glaube. Durch die ganze Bibel hindurch spricht Gott zu seinem Volk, auf daß es sich nach Seinem Willen verhalte, und darum heißt es auch: ›Wo keine Weissagung ist, wird das Volk wild und wüst.‹ (Sprüche 29, 18) – ... und wenn ich nun in aller Bescheidenheit noch einmal auf die Bitte um den besagten Gegenstand zurückkomme, so ist das nicht Einmischung, meinem geistlichen Beruf zuwider, sondern in der Tat meine Sache und meine Aufgabe. – Es ist mir eine Ehre, solange ich lebe, mit der tiefsten Ergebenheit dem Herrn Baron zu dienen.«[3]

Auf diesen Brief antwortete Dietrich: So sehr er auch davon überzeugt zu sein wünsche, daß Oberlins Versicherungen seiner Unschuld wohlbegründet sein möchten und die Vorwürfe seines Lehnsherrn daher nicht gerechtfertigt seien, so könne er dennoch nicht daran glauben: »In der ganzen Grafschaft ist die öffentliche Meinung gegen Sie; Sie werden allgemein als der Diktator Ihrer Gemeinde angesehen, und die Leute folgen nicht etwa Ihrem Rat, wie Sie meinen, sondern Ihrem Befehl.«

Inzwischen hatte Dietrich auch von einer anmaßenden Eingabe gehört, die der Gemeinderat Bohy, Lehrer in Solbach, gegen ihn aufgesetzt hatte, ein Mann, der bisher immer nur das Sprachrohr Oberlins gewesen sei.

»Jedermann«, schreibt Dietrich an Oberlin, »war schockiert davon und hat mir das auch zu verstehen gegeben; nicht aber Sie selbst, der doch der Erste hätte sein sollen, sich davon zu unterrichten. Anzunehmen, Sie selber hätten etwa nichts davon gewußt, hieße doch die Wahrheit selbst beleidigen. Diese Aktion gegen mich hat die Mißgunst meiner Untertanen erregt, und sie verdienen nun nichts anderes, als daß ich in Zukunft mit meiner Wohltätigkeit sparsamer umgehen werde.

Das Land gehört immerhin dem König; ich muß es unversehrt für ihn erhalten. An mir liegt's nicht, daß die Bevölkerung nichts davon besitzt. ... Ihr Vorgehen aber zwingt mich nun dazu, den Hohen Rat zu ersuchen, die vorgesehene Forstvermessung einzustellen. All Ihre Zitate aus der Heiligen Schrift und all Ihre Berufungen auf Gott sind zu nichts nütze, Herr Pfarrer. ... Ich glaube aber, daß ich dank den Bemühungen Ihres Vaters gut genug erzogen und auch Christ genug bin, um imstande zu sein, mehr für andere zu tun, als irgendein Theologe bis jetzt getan hat.«

Er wiederholt seine Erklärung, daß er angesichts alles dessen, was er bisher für die Gemeinden getan habe, keineswegs bereit sei, nun auch für die neue Empore in Belmont das Bauholz zu bezahlen, schließt seinen Brief jedoch mit der Bemerkung, daß er gewillt sei, alles Geschehene zu vergessen, und daß er dem Pfarrer Oberlin mit denselben alten Gefühlen der Freundschaft und Hochachtung ergeben sei. – Am Rand dieses Briefes steht dann von Oberlins Hand: »Was soll man auf diesen Brief nun antworten?«[4]

Der schnelle Wechsel in der Stimmung des Lehnsherrn, von Großzügigkeit zu Hartherzigkeit, läßt sich vielleicht aus der damaligen politischen Situation erklären. Das Lehenswesen bestand in Frankreich Mitte des 18. Jahrhunderts nur noch in wenigen entlegenen Gebieten wie gerade dem Steintal. Die Lehensherren nahmen jedoch lediglich einen Teil der Rechte wahr, die ihnen zukamen. In ganz Frankreich aber blieben für die Bauern eine Reihe der Lehensverpflichtungen an ihren Lehnsherrn, vor allem steuerlicher Art, bestehen. Die Unzufriedenheit der Bauern war groß, und nach der schlechten Ernte von 1788 kam es in ganz Frankreich immer wieder zu Bauernaufständen und Plünderungen (auch im Elsaß, zum Beispiel in Murbach), die 1789 noch vor der Revolution in einigen Regionen in einen »Bürgerkrieg« gegen die Grundherren ausarteten. Die Monate vor der Revolution werden deswegen als »Große Furcht« bezeichnet.[5] Die Privilegien des Adels – und zu diesem Stand gehörte auch Baron von Dietrich als städtischer Patrizier – waren jedoch auch von einer zweiten Seite bedrängt: der drohende Staatsbankrott machte den König geneigt, die bisherige Steuerfreiheit des Adels aufzuheben, seine Stellung gegenüber den Bauern zu schwächen und dem Bürgertum gewisse Mitspracherechte bei der Regierung einzuräumen, die bisher nur Adel und hohe Geistlichkeit innegehabt hatten.

Zu dieser allgemeinen Zuspitzung der politischen Lage kommt eine spezielle im Steintal, nämlich ein Konflikt, der schon lange schwelte und nach 1772 durch die Verringerung der Abgaben und Steuern durch Baron Johann von Dietrich nur vorübergehend in den Hintergrund gedrängt worden war: die Regelung der Waldbenutzung und der Weiderechte. Seit 1570 hatten die Steintäler einige Rechte im herrschaftlichen Wald: sie durften totes Holz, Nüsse und Beeren sammeln, außerdem war ihnen jährlich eine bestimmte Menge Bauholz zugestanden. Nach 1700 wurden diese Rechte durch den Lehnsherrn enger ausgelegt, womit die Einheimischen nicht einverstanden waren und einen Prozeß gegen den Lehnsherrn anstrengten. Dieser Prozeß zog sich bereits über Jahrzehnte hin und hatte außer hohen Kosten noch kein greifbares Ergebnis gebracht. Denn im Steintal war es wie vielerorts sonst in Frankreich: die Lehnsherren waren geneigt, sich für die Verluste, die sie mit der Aufhebung des Vasallentums erlitten hatten, durch Übergriffe auf »Gemeindeland« zu entschädigen, wo die Bauern seit alters her ihr Vieh geweidet oder Holz geschlagen und gesammelt hatten. Die Grenzen zwischen Besitz der Gemeinde und Besitz des Grundherrn waren also oft strittig und nicht mehr eindeutig feststellbar.

Nun muß man wissen, daß das Haupteinkommen, das Dietrich aus seinen Besitztümern im Steintal zog, von den Eisenwerken in Rothau kam, die das dort abgebaute Eisenerz verarbeiteten. Das Brennmaterial zum Betrieb der Öfen stammte zumeist aus den Wäldern des Tals. Unter Dietrichs geschickter Leitung stieg die Leistungsfähigkeit der Schmelzwerke erheblich an; dadurch wurden aber auch die Anforderungen an die Holzzufuhr immer größer. Gleichzeitig nahm die Bevölkerung ebenfalls an Zahl zu und hatte ihrerseits einen höheren Bedarf an Bau- und Brennholz. Um ihren Holzbedarf zu decken, machten sich Lehnsherr und Einwohnerschaft nun gegenseitig das Eigentumsrecht streitig.

Die Französische Revolution

Die Dinge waren noch in der Schwebe, als sich die großen Umwälzungen anbahnten, die unter dem Namen »Französische Revolution« in die Geschichte eingegangen sind. Oberlin fand mehr und mehr Gelegenheit, seine Gewohnheit zu pflegen, das öffentliche Geschehen in seinen wöchentlichen Betstunden und Gottesdiensten zu besprechen. Als die revolutionäre Nationalversammlung alle Rechte der Grundherren aufgehoben hatte, wurde die Neuverteilung der Macht unter die Gesellschaftsklassen der allgemeine Gesprächsstoff, und es lief das Gerücht um, daß es keine Bischöfe, keine Lehnsherren, keinen Kirchenzehnten, keine Abgaben, keine Titel und keine Unterschiede mehr geben solle. Und so mußte Oberlin sich dann auch eines Tages offen in der Predigt erklären. Als getreuer lutherischer Seelsorger halte er weiterhin fest an seiner hohen Wertschätzung der persönlichen Freiheit, zugleich aber auch an seiner Pflicht und Verantwortlichkeit für eine gewisse Ordnung, sagt Oberlin. Er führt seine Meinung so aus:

»Unterschiede in Beruf und Lebensweise sind auf tausenderlei Weise natürlich und unerläßlich für die rechte Ordnung und das Gedeihen aller menschlichen Gesellschaft. Es muß Herren geben und Dienende ..., Vorgesetzte und Untergebene, Könige und Untertanen. Das beruht auf demselben Gesetz wie die Unterschiede im Körperbau, in Gesichtern, Charaktereigenschaften, Begabungen und Fähigkeiten. Der eine hat mehr Verstand, kann ein Ganzes besser begreifen und die Zusammenhänge der Dinge sehen, kann zum Gedeihen aller somit Pläne aufsetzen und darum auch besser Befehle erteilen. Der andere hat mehr körperliche Kraft, kann somit für das Wohl der Allgemeinheit besser Arbeiten verrichten, für die man einen guten Rücken und kräftige Arme braucht. So hat ein jeder Fähigkeiten und Kräfte, die dem anderen fehlen. Und damit es beiden wohlergehe, brauchen sie einander und kommen dadurch gegenseitig zu Wertschätzung und zu Respekt. Ihr seht, die Natur selbst ruht auf diesem Gesetz. Je näher also die Anpassung in Beruf und Lebensweise an dieses Gesetz der angeborenen Eigenschaften und Talente in ihrer Vielfalt herankommt, desto mehr Ordnung, Harmonie und Wohlstand bringt sie im Volk hervor. Dies alles ist ganz unbestreitbar, und wer etwa meint, er könne solche Unterschiede abschaffen und Gleichheit einführen dort, wo die Natur mit eigener Hand Mannigfaltigkeit hervorgebracht hat, der weiß nicht, was er verlangt; er will etwas, was nicht gut wäre, etwas, was nicht möglich ist.«[6]

Hätte die Predigt hier geendet, müßte man den Eindruck gewinnen, Oberlin sei ohne Rückhalt ein Verteidiger des alten Systems gewesen, bereit, die Herrschaft des Adels trotz all des willkürlichen Mißbrauchs seiner Macht zu rechtfertigen. Im nächsten Abschnitt seiner Predigt aber fragt er nach dem Grund der Schuld der alten Obrigkeit und stellt fest, daß die Adligen samt und sonders den Ränken und Machenschaften des Teufels verfallen gewesen seien und deshalb das Recht auf Treue und Unterwürfigkeit des Volkes verwirkt hätten:

»Aber es ist auch unbestreitbar, daß der Vater der Lüge, der dunkle Fürst unseres Zeitalters, der seit dem Anbeginn der Welt bis zum heutigen Tage – immer unter dem Anschein einer großartigen Ordnung – nur alles zu verwirren sucht, gegen dieses naturgegebene und nützliche Gesetz auf tausenderlei Art verstoßen und die menschliche Gesellschaft in einen Zustand der Unordnung und des Elends gebracht hat, obwohl sie doch nur Ruhe, Frieden und Wohlstand hätte erfahren sollen.« Er beschreibt darauf »die zahllosen Manöver, durch die die Menschen immer wieder und überall versuchen, einander zu versklaven, und wie sie zu dem Zweck die Unterschiede bestätigen, die unter ihnen geschaffen sind durch menschliches Gesetz oder übertriebene Vorurteile, die aller gerechten Ordnung zuwider sind«. Und diesem traurigen Stand der Dinge stellt er das Reich Jesu Christi gegenüber, so wie es in der Ewigkeit zu sein verspricht und wie wir es doch schon hier auf Erden gründen sollten, ein Reich, »das sich auf der Hingabe und dem Opfer eines jeden aufbaut und in dem der größte aller Menschen der ist, der all den anderen am besten dient.«

Oberlin übernahm die Schlagworte der Revolution und bediente sich ihrer oft in seinen öffentlichen Reden. Für ihn jedoch bedeuteten »Freiheit, Gleichheit und Brüderlichkeit« weder die gewaltsame Beseitigung höherer Autorität noch die Aufhebung des Privateigentums. Das Ideal, das er vor Augen hatte, lag auf weit höherer Ebene und war darum wohl zugleich unerreichbarer als das der Revolutionäre, die ihn schließlich auch angeklagt haben, er stelle sich ihren Zielen entgegen. Umwälzung – Revolution – bedeutete für ihn Wandlung nicht nur in der Gesellschaftsordnung, sondern auch in dem Herzen jedes Bürgers, was auch sein Stand oder sein Titel war. Die ideale menschliche Gesellschaft war für ihn nicht unbedingt der klassenlose Staat, doch immerhin einer, in dem die Vorrechte einzelner Gruppen, ungeachtet der sozialen Ordnung, durch das Ideal weltweiter Hingabe und Demut, der Liebe eines jeden für den anderen, zu ersetzen waren. Gewiß, Demokratie war seinen Idealen näher verwandt als Feudalismus; aber er sah Enteignung keineswegs als unerläßlich an, damit das Reich Gottes hier auf Erden anbreche.

Obwohl er der Losung der Revolution meist seine eigene, abweichende Auslegung gab und sie auf seine Art benutzte, wäre es verfehlt, ihn der Unklarheit, der Feigheit oder gar der Heuchelei zu bezichtigen, denn er sagte wiederholt und ohne Rückhalt, was er meinte. Eines von vielen Beispielen dafür ist eine Ansprache, die er 1794 anläßlich des Jugendtages der Gemeinde hielt:

»Ich wollte, alle Mitglieder der Französischen Republik wären von wahrhaft republikanischer Gesinnung beseelt und bemühten sich zu verstehen, daß das Glück der Allgemeinheit das Glück des einzelnen bedeutet, daß jeder einzelne darum bestrebt sein sollte, für das Wohl der Gesamtheit zu leben, stets dessen eingedenk, daß seine Handlungen nur dann der Gnade und Liebe Gottes gewiß sein können, wenn sie der Nächstenliebe entspringen.«

Danach erklärt er genau, was er mit dem Wort »republikanisch« meint:

»Republikaner sind wir, wenn wir nur für das Wohl der Allgemeinheit leben, handeln oder irgend etwas unternehmen. ...

Republikaner sind wir, wenn wir keinen Beruf, keine Stellung wählen, es sei denn für das Wohl der Allgemeinheit. ...

Republikaner sind wir, wenn wir uns aus Liebe zu unserem Volk wahrhaft bemühen, durch Lehre und Beispiel unsere Kinder zu guten Werken zu erziehen, damit sie sich anderen als nützlich erweisen. ...

Republikaner sind wir, wenn wir den Geist unserer Kinder so lenken, daß sie empfänglich sind für die Wissenschaften und alle Kenntnisse, die sie für ihre Lebensaufgabe fähiger machen, und wenn wir sie lehren, ihren Nächsten so zu lieben wie sich selbst. ...

Republikaner sind wir, wenn wir unsere Kinder vor der selbstsüchtigen Zügellosigkeit bewahren, die verderblichen Einfluß auf unser Volk gewonnen zu haben scheint.

Möge Gott geben, daß die Republik und alle, die ihr wahrhaft dienen, unter seinem Schutz gedeihen.«[7]

Was sich in seiner Redeweise wandelte, war, daß er nun den Ausdruck »guter Republikaner« benutzte, wo er zuvor »guter Christ« gesagt hatte; er meinte aber mit dem neuen Wort genau dasselbe, was das alte für ihn bedeutet hatte; die Gemeinde der »wahren Republikaner« entsprach somit seinem lang gehegten Ideal, dem Gottesvolk. Äußerungen wie diese haben Heinsius dazu bewegt zu sagen: »In seinem Munde gewinnen die großen, oft mißbrauchten Worte ›Freiheit, Gleichheit und Brüderlichkeit‹ einen echten, tiefen Klang.«[8]

Die besondere Eigenart seiner Deutung der revolutionären Parole hatte jedoch kaum eine abkühlende Wirkung auf die Inbrunst seiner patriotischen Begeisterung. Die Ereignisse von 1789 wandten seinen Blick vorübergehend ab von den mystischen Visionen vom Paradies, die ihn so lange und so ernst beschäftigt hatten; jetzt wandte er sein Denken und seine Kräfte dem Geschehen hier auf Erden zu und der Verwirklichung seiner täglichen Bitte: »Dein Reich komme; Dein Wille geschehe *auf Erden* wie im Himmel.« Als erstes wollte er in seinem Volk dieselbe Begeisterung für die neue Ordnung entfachen, die ihn selbst zu dieser Zeit beseelte, und nebenbei vielleicht Gelegenheit schaffen, den allgemeinen Enthusiasmus in die richtigen Wege zu leiten, damit sein beständiges Ziel, das Reich Gottes auf Erden zu gründen, greifbare Wirklichkeit werde. Als eine Gelegenheit, diesem Ziel näher zu kommen, benutzte er patriotische Feste, die ihm große Freude machten und die er mit viel Geschick zu planen und aufzuziehen wußte. Einen Anlaß für eine solche Feier gab ihm der erste Jahrestag der Erstürmung der Bastille, der 14. Juli 1790. Dafür ließ er auf der Wiese der Perheu einen »Altar des Vaterlands« errichten, wo sich die Gemeinde aus dem ganzen Tal in feierlichem Zuge einfand, um dem Dankgottesdienst und der Vereidigung der neu gewählten Ortsvertreter beizuwohnen.

Das größte Fest von allen aber fiel auf den 13. November 1791, an dem die Annahme der Verfassung gefeiert wurde, die die Macht des Königs eingeschränkt und eine gesetzgebende Gewalt geschaffen hatte. Zu jener Zeit verwahrte sich im Elsaß noch niemand gegen die Teilnahme der Geistlichkeit bei politischen Feiern. Stuber gab man in Straßburg sogar ein Amt mit politischer Verantwortung durch seine

Alabaster-Büste Oberlins (vom Straßburger Bildhauer Ohmacht, 1821)

Wahl in den ersten Verfassungsrat der Stadt. Im Steintal schien es also nur natürlich, daß Oberlin sein Volk bei solchen Feiern dirigierte, wie er es sonst in allen anderen Dingen tat.

Stoeber, der selbst dabeigewesen ist, beschreibt die doppelte Feier, das Verfassungsfest und die Schärpenweihe, davon die Schärpenweihe besonders ausführlich.[9] Der Festort war die Kirche in Fouday und der Platz davor. Das Programm umfaßte nach kurzer Einleitung zunächst die »Schärpenweihe« zur Einsetzung der nun verfassungsgemäß gewählten Bürgermeister und Dorf-Ältesten. Die Weihe fand vor dem Altar der Kirche statt, wo Oberlin jedem die »achtenswerten Zeichen der Würde und des Ansehens ihres Amtes« umlegte, die als Schärpe drapierte Trikolore, die neue französische Nationalflagge. Nach Worten der Ermahnung und einem Gebet entließ er die so Geschmückten mit dem Auftrag, beim ersten Vorsteher die dort aufbewahrte Konstitutionsakte (Verfassungsurkunde) zu holen. Man schlug die Trommeln und ließ so lange die Glocken läuten, bis der ganze Zug mit den Fahnen wieder zurückgekommen und in die Kirche eingezogen war. Dann trat Oberlin vor die Ältesten, nahm die Akte in die Hand und legte sie auf den Altar.

Sein Gebet war eine Danksagung für die Gabe der Freiheit, aber auch eine Bitte um Schutz und Weisung für den neuen Staat durch den

»Herrn aller Nationen«: »Ach Gott, wie wunderbar und unendlich groß bist du: durch die Kleinen hast du die Großen gestürzt, durch die Schwachen die Starken entwaffnet.« Nachher, in der Predigt, verglich er das Werk der Revolution mit der Vision des Propheten Daniel (Kap. 2, 34.35.44) von dem »Stein, herabgerissen nicht von Menschenhand ..., daß er den ungeheuren Koloß der Aristokratie und des Antichrists zermalmen und vernichten werde und diese wie die Spreu auf Sommertennen vom Wind hinweggefegt werden und nach allen Seiten hin verwehen, daß man sie nirgends mehr finden kann; aber dieser Stein wird ein großer Berg werden und die ganze Erde einnehmen. Denn Gott wird vom Himmel ein Königreich aufrichten, das nimmermehr zerstört wird.« Am Ende des Gottesdienstes sprach er dann den Segen über die Gemeinde:

»Der Herr segne all die, welche die Gründung seines Reichs lieben. ...

Der Herr lasse leuchten sein Angesicht über die Freunde der neuen Verfassung und der öffentlichen Wohlfahrt und demütige und bekehre all die, welche bloß sich und ihre Familie lieben.

Der Herr erhebe sein Angesicht auf Frankreich und auf die ganze Erde und gründe sein Reich des Friedens auf ihr und vereinige alle Völker unter dem Zepter Jesu Christi, des erhabenen Herrn des ganzen Weltalls. Amen!«

Ist je der priesterliche Segen derart patriotisch umschrieben worden? Und hatte sich wohl sonst irgendwo in ganz Frankreich ein zweiter Prediger für diesen Tag das 2. Kapitel des Buches Daniel zum Text erwählt? Zu dieser Zeit sah Oberlin in der Revolution eben noch nichts anderes als das wahre Kommen des Reiches Gottes auf Erden.

Ein knappes Jahr später, als Österreich und Preußen Frankreich den Krieg erklärten und die neugewonnene Freiheit der Nation gefährdet schien, als, mitgerissen von dem großen Strom, auch die jungen Hitzköpfe im Steintal zu den Fahnen eilten, konnte Oberlin die Rekruten nicht ohne einen besonderen Abschieds-Gottesdienst davonziehen lassen. Er kannte sie ja alle wie seine eigenen Kinder, und so sprach er zu den jungen Leuten noch einmal von der christlich vaterländischen Lebensführung und ermahnte sie, Vorbild für andere Soldaten im Feld zu sein:

»Ihr habt einen Unterricht und eine Erziehung erhalten, wie die meisten eurer künftigen Kameraden sie nicht genossen haben. Seid ihnen daher ein Licht, ein Beispiel, ein Muster im Betragen. Möge man an euch die Wahrnehmung machen, daß es keine vortrefflicheren Menschen gibt als die, welche in allen Lebenslagen die Lehren des Evangeliums befolgen. ... Erinnert euch stets, daß Gott, der Gott der französischen Verfassung, der Gott der Waffen und der Siege, ein Gott der Liebe ist. ... Wenn ihr ein feindliches Land betretet, so denkt daran, daß wir nicht Feinde des Volkes dort sind ...; die französischen Fürsten, die Fahnenflüchtigen, die Emigranten, der König von Preußen, der deutsche Kaiser sind unsere Feinde, aber ihre Untertanen sind es nicht. ... Habt Mitleid mit ihnen, seid rechtschaffen gegen jedermann. ... Und sollte einer von euch sein Grab fern von hier finden, so wird er erkennen, daß die Länder, wohin uns Gott und unsere Pflichten führen, immer dem Himmel am nächsten sind.«[10]

Dies, so mag man sich entsinnen, sind die Worte eines Mannes, der selbst einmal erwogen hatte, Militärpfarrer zu werden, und später, nach Übersee zu gehen, weil er davon überzeugt war, daß seine Pflicht ihn dahin rufe. Und sie gewinnen noch an Eindringlichkeit, wenn man bedenkt, daß fast genau ein Jahr darauf Oberlins ältester Sohn, Friedrich Jeremias, der als Freiwilliger in den Krieg gezogen war, in der ersten Schlacht fiel, an der er teilnahm.

Aber Oberlins Patriotismus beschränkte sich nicht auf Zeremoniell und Ansprachen. Er äußerte sich zum Beispiel auch zur aktuellen Politik wie zum Beispiel der Papiergeldfrage.[11] Die neue Nationalversammlung hatte nämlich zur Abwendung des Staatsbankrotts im Dezember 1789 beschlossen, niedrig verzinsliche Schuldverschreibungen in Umlauf zu setzen, die sogenannten Assignaten, deren Wert sich auf 400 Millionen Livres belief. Als kurzfristige Anleihen gedacht, sollten sie sich baldigst abtragen durch den Verkauf der konfiszierten Kron- und Kirchengüter. Jedoch bereits im April 1790 wurden sie kurzerhand zum gesetzlichen Zahlungsmittel erklärt und aller Zinsverpflichtungen enthoben. Die Ausgabe weiterer Assignaten bei gleichzeitigem Verkauf der Nationalgüter an wohlhabende Bürger und Bauern führte zu einer immer schnelleren Inflation des Papiergelds, bis schließlich im Jahr 1796 39 Milliarden Livres in Assignaten im Umlauf waren, denen praktisch keine Werte mehr gegenüberstanden.

Oberlin sah diese Entwicklung schon früh voraus, und als Mann der Tat, der mit der Revolution sympathisierte, nahm er bald praktisch Stellung – mit einer allerdings rührenden volkswirtschaftlichen Naivität: Am 15. Februar 1792 ermahnte er in einer Predigt seine Zuhörer, die Assignaten im Umlauf zu belassen und sie zum vollen Nennwert anzuerkennen. Er bezeichnete sie als Schuldscheine der Nation, für die das ganze Volk, durch seine Abgeordneten, in gutem Glauben nicht nur sein Eigentum verpfändet habe, sondern auch sein Vertrauen und seine Ehre. Jeder, sagte er, der solches Geld zu einem niedrigeren Preis erwerbe, um selbst Gewinn daraus zu schlagen, sei nicht nur ungetreu gegenüber seiner Christenpflicht, nur gemäß dem öffentlichen Wohl zu handeln, sondern sogar ein Feind des Reiches Christi, das zu jeder Zeit in Fehde liege mit den Mächten der Finsternis. Wer aber sein Vertrauen zu dieser Art Geld bewahre, der sei ein Patriot, »und alle wahrhaften Christen sind Patrioten«.[12]

Oberlin war sich seiner Sache so gewiß, daß er der immer rascher fortschreitenden Inflation zum Trotz auch weiterhin nach wirksamen Mitteln suchte, durch die er das Gewissen seines Volks, selbst jetzt noch, inmitten des allgemeinen moralischen Verfalls, rein erhalten konnte. Am 30. Mai desselben Jahres führte er die Seinen auf einen Weg, der in seiner Einfachheit schlechthin genial anmutet: Jeder, ob Mann oder Frau, solle sich ein für allemal entschließen, wenn er eine Fünf-Livres-Assignate (= 100 Sous) benutze, um eine Schuld zu tilgen oder etwas zu kaufen, aus freien Stücken einen kleinen Verlust von zwei Sous einzustecken »zur Erhaltung der Ehre Frankreichs«; auf diese Art und Weise habe sie, wenn sie dann fünfzigmal den Besitzer gewechselt habe, ihren Wert verloren und sei einem Kredit gleich, der getilgt, das heißt voll bezahlt sei. Und dennoch seien hundert Sous zu vollem Wert erhalten und bezahlt, und niemand habe einen nennenswerten Verlust dabei gehabt. So könnten alle Bürger, erklärte er, dazu beitragen, daß die Assignaten nach und nach aus dem Verkehr gezogen würden, und so auch mithelfen bei der »Befreiung des rechtschaffenen Bürgers aus den teuflischen Krallen der Spekulanten«. Zu diesem Zweck forderte er alle ehrenwerten und patriotischen Bürger auf, was sie an Fünf-Livres-Assignaten hätten, ihm zu bringen. Er werde auf der Rückseite notieren, was sie dafür bezahlt hätten, damit sichergestellt sei, daß niemand mehr den Kurswert dafür verlange. Nach jeder Transaktion solle auf der Rückseite der Assignate der aktuelle Wert in kleinen, aber leserlichen Zahlen vermerkt werden, um das allmähliche Sinken des Wertes der Assignate festzuhalten. »Ich biete«, so schließt Oberlin seine Ausführungen, »den Dienst meiner Feder jedem an, der mich mit seinem Vertrauen beehren will.«[13]

»Durch dieses Mittel«, schreibt er, »ist jeder arme und rechtschaffene Bürger in der Lage, der Nation und der Verfassung jedesmal ein Opfer von zwei Sous darzubringen, weil er eine Assignate um zwei Sous niedriger ausgibt, als er sie eingenommen hat. Da überdies die Verfassung sichtbar von Gott kommt, so bringt man dieses ehrenhafte Opfer auch Gott dar; außerdem erweist man auch ein Liebeswerk allen Armen der Nation und trägt dazu bei, das Reich des Teufels und seiner Verschworenen, der niederträchtigen und verabscheuungswürdigen Assignatenhändler, zu zerstören, die mit dem Schweiß der Armen und dem

Blut der Witwen und der Waisen wuchern.«[14] Diese seine eigene Weise, das Papiergeld auszuschalten, förderte er außerdem durch ein Warenlager mit Ackerwerkzeugen, Kleidung, Holzschuhen, Schulbüchern und -material, Gesang- und Gebetbüchern und dergleichen, das er für Käufer anlegte, die die entwerteten Zettel dafür gaben.[15]

Als er das System in der Gemeinde durchgesetzt hatte – wohl ohne daran zu denken, daß ein Erfolg nur möglich war, weil seine Gemeinde so abgelegen und in sich geschlossen lag –, lenkte er mit treuherzigem Optimismus die Aufmerksamkeit der Nationalversammlung auf diese Methode. »Das Volk in diesem Tal«, schrieb er, »kann keine Eier, keine Butter kaufen, es sei denn gegen Silbermünzen; nicht aus Verachtung für die Assignaten (wir haben aufgeweckte, wahre Patrioten hier), sondern weil wir mit ihnen weder Korn noch Futter für das Vieh erhandeln können.« Der erhabene Konvent hat daraufhin freilich nicht das Oberlin-System für den Rückzug der Scheine auf nationaler Basis angenommen und eingeführt; doch wurde immerhin ins Protokoll vom »19. Frimaire des Jahres III« (9. Dezember 1795) der Beschluß aufgenommen, die Bewohner des Steintals wegen ihres staatsbürgerlichen Opfers durch Veröffentlichung ihres Plans im Korrespondenzblatt und durch Mitteilung dieser gewitzten Erfindung an den Finanzausschuß lobend zu erwähnen, um ihm diesen freiwilligen Beitrag zur Verminderung der im Umlauf befindlichen Assignaten bekanntzugeben.[16]

Nach dem Scheitern der Revolution machte die neue bürgerliche Regierung, das Direktorium, dem Wirrwarr schließlich ein Ende, indem sie alles Papiergeld abwertete und zu je 3000 Livres für einen Goldfranc aufkaufte. Am 21. Mai 1797 aber wurden alle noch uneingelösten Assignaten für ungültig erklärt. Oberlin aber wollte seinem aufrechten Volk etwas von Wert zukommen lassen als Ersatz für seine entwerteten Papierscheine. So kaufte er mit Geld aus seinem eigenen Kirchenzehnten weiterhin Ware zum Verkauf im Tal und hielt fest an dem alten Verfahren, das er für richtig befunden hatte, und zwar noch lange, nachdem der Staat die Assignaten als Zahlungsmittel abgeschafft hatte. Wie dann die verschmutzten und abgegriffenen alten Fetzen so einer nach dem anderen an den Nullpunkt kamen, schrieb Oberlin jeweils quer über ihre Vorderseite: »Gott Lob und Dank! Wieder eine Ehrenschuld der Nation abbezahlt!« Die letzte Assignate wurde im Jahre 1818 feierlich getilgt; das war einundzwanzig Jahre, nachdem der Staat jede Verantwortung für diese Papierscheine mit einem Federstrich gekündigt hatte.[17]

Als Kampfaktion gegen die Wirtschaftsschwierigkeiten der Nation war Oberlins System gewiß ein Schlag ins Wasser oder ein mit naivem Idealismus unternommenes donquichottisches Abenteuer. Doch für alle die, die bis zum Ende getreulich ihm zur Seite blieben, muß ebenso gewiß eine stolze Freude und Genugtuung daraus erwachsen sein, denn sie hatten gezeigt: »Wer im Kleinen treu ist, der ist's auch im Großen.« Um Oberlins eigene Opfer zu dieser Zeit in ihrer ganzen Größe zu ermessen, sollten wir aber auch bedenken, daß sein Gehalt in den Jahren der Revolution sich beinahe in nichts auflöste, so daß er sich und seine Familie durch die Schulgelder seiner Kostgänger im Hause nur eben über Wasser hielt.

Beflügelt von den Gedanken der Französischen Revolution, überlegte sich Oberlin auch neue Möglichkeiten der Erziehung und Aufklärung der Bürger. Vor allem verdoppelte er jetzt seine Anstrengungen für die Erwachsenen. Die Leihbibliothek, für die er mühsam mit der Zeit eine beträchtliche Anzahl von Büchern zusammengetragen hatte – die meisten waren von ihm selber persönlich auf dem Büchermarkt in Straßburg ausgesucht und aus eigener Tasche bezahlt –, wuchs im Jahre 1792 weiter durch Anschaffung neuer Zeitschriften und Bücher, Werke wie Fénélons *Telemachos*, Äsops *Fabeln*, eine Anthologie der Schriften Alexander Popes, betitelt *Prinzipien der Moral*, Handbücher über Landwirtschaft und Bienenzucht, Werke über Pädagogik, von Berquin, Campe und Basedow, die *Nachfolge Christi* von Thomas a Kempis.[18]

Ein bedeutungsvolles neues Unternehmen im Dienste der allgemeinen Aufklärung war die kostenlose Verteilung eines neuen Almanachs für alle Haushalte, den Oberlin selbst zusammenstellte und veröffentlichte. Solche Almanache, die jährlich neu erschienen, waren damals weit verbreitet und enthielten neben einem Kalender und nützlichen Hinweisen wie Wetterregeln auch einen unterhaltenden Teil mit Gedichten, moralischen Erzählungen, Berichten über fremde Länder usw. Oberlin stellte seinen Almanach in den Dienst der Aufklärung des Volks: Um Horoskopen und astrologischen Tabellen entgegenzuwirken, die in seiner Gemeinde im Schwange waren, informiert er über Stern- und Wetterkunde, für die christliche Lebensführung enthält er einen Kalender des Kirchenjahrs mit passenden Bibelstellen für die Feiertage, für das staatsbürgerliche Bewußtsein Erklärungen zu nationalen Gedenktagen und Feiertagen in der Gemeinde, weiter Hinweise zu Landwirtschaft und Viehzucht, zu Fragen der Gesundheit, Körperpflege, Krankenfürsorge. Und schließlich enthält er – sicher auch angesichts der Tatsache, daß im Frankreich der Jahre 1791 und 1792 viele Säuglinge auf den Namen von Staatsmännern getauft wurden – eine Liste empfehlenswerter Vornamen. Sie umfaßt etwa 350 Namen und vergrößert stark das übliche Angebot an Namen, die christliche Tugenden bezeichnen. Beispiel dafür sind einige Namen, die er den eigenen Kindern bei der Taufe gab: Fidélité, Charité (sogar zweimal!), Bienvenue und Conservé.[19]

Zuflucht und Befreiung

Friedrich von Dietrich, geboren 1748, war gewiß der Begabteste und Beste unter den vielen Generationen von Dietrichs, die sich im Elsaß durch ihre Klugheit und ihre Tüchtigkeit als Verwalter einen Namen gemacht haben – sei es in ihren eigenen geschäftlichen Angelegenheiten oder in den vielen Ämtern, die sie in der wirtschaftlichen oder politischen Führung des Landes bekleideten.[20] Friedrich von Dietrich, der Sohn des Lehnsherrn, war Königlicher Kommissar für Forstwirtschaft, Bergwerke und das Fabrikwesen ganz Frankreichs gewesen, Turgot und Lafayette zählten ihn zu ihren Freunden. Als in Straßburg nach der Revolution der erste verfassungsmäßige Bürgermeister zu wählen war, fiel auf Friedrich von Dietrich die überwältigende Mehrzahl der Stimmen. Wo immer er erschien, wurde er stürmisch begrüßt. Er war der Gründer und der Leiter einer Gesellschaft, die er »Freunde der Verfassung« nannte. In seinem Hause traf sich die Elite Straßburgs, Männer der Wirtschaft, der Politik und des Militärs. Und dort, bei einer großen Soirée im Frühjahr 1792, erklang zum erstenmal die »Marseillaise«, die spätere französische Nationalhymne; ihr Verfasser und Komponist, Rouget de Lisle, war damals in Straßburg als Hauptmann bei den Pionieren stationiert; und er war an dem Abend unter Dietrichs Gästen.

Doch drohte Dietrich bald Gefahr. Unter der Führung von Eulogius Schneider wandte sich die radikalste Gruppe der Straßburger Jakobiner gegen ihn und suchte ihn zu stürzen, nicht nur als Präsident des »Patriotischen Vereins«, sondern auch aus dem Amt des Bürgermeisters. Man bezichtigte ihn des Hochverrats und der »Begünstigung deutscher Elemente«. Im Juni 1792 erhielt er vom höchsten Vertreter der Nationalregierung in Straßburg einen Brief, der ihn beschuldigte, daß er die Auslieferung der Stadt an die Feinde Frankreichs plane. Gemeint waren die preußischen und österreichischen Truppen, die nicht weit von Straßburg standen und weiter im Norden und im Süden schon auf französisches Gebiet vorgedrungen waren. Es nützte nichts, daß der Stadtrat von Straßburg gegen die Bezichtigung des Hochverrats Protest einlegte und ein Treuegelöbnis für Dietrich ablegte, das nicht nur von jedem Ratsmitglied, sondern auch von Tausenden von Bürgern der Stadt unterzeichnet war: Die Schreckensherrschaft war unabwendbar auf dem Vormarsch.

Nach der Ausrufung der Republik und der Einsetzung des Nationalkonvents wurde der Stadtrat in Straßburg aufgelöst. Damit endete auch der politische Einfluß der Familie Dietrich. Friedrich wurde nach Paris beordert, er solle sich wegen der Anklagen gegen ihn verantworten. Auf dem Wege erfuhr er jedoch, daß man ihn bei seiner Ankunft sofort verhaften werde. So änderte er sein Reiseziel und ging nach Basel, wo er im Hause der Eltern seiner Frau Zuflucht fand. Für diese offensichtliche Vaterlandsflucht wurde sein Name in Paris auf die schwarze Liste der Emigranten gesetzt. Als er sechs Wochen darauf zu der Einsicht kam, daß diese Liste eine ernstliche Gefahr für seine Familie und ihren Besitz bedeuten könne, kehrte er freiwillig nach Frankreich zurück. Sein Gesuch, vor dem Nationalkonvent gehört zu werden, wurde jedoch abgewiesen; man bedeutete ihm, er solle sich vor dem Revolutions-Tribunal in Straßburg verantworten. Als er deswegen im November 1792 in seine Heimatstadt zurückkehrte, kam es zu so vielen Sympathiekundgebungen für ihn, daß seine Gegner befürchten mußten, in Straßburg könne der Prozeß gegen ihn mit Freispruch enden. Aus diesem Grunde beschafften sie sich vom Nationalkonvent die Anordnung, er solle in Besançon vor Gericht gestellt werden. Selbst dort wurde er im März 1793 freigesprochen, jedoch nicht aus dem Gefängnis entlassen, da sein Name auf der Liste der Emigranten stand. Im August wurde er nach Paris überführt. Die Jakobiner verlangten seinen Tod. Am 28. Dezember wurde er ein zweites Mal vor Gericht gestellt und nach kurzem Verhör verurteilt. Am nächsten Tag fiel er der Guillotine zum Opfer.

Zur Zeit der Hinrichtung hatte sich Johann von Dietrichs Familie nach Rothau zurückgezogen. Sobald Oberlin die Nachricht von Friedrich von Dietrichs Tod erhielt, ritt er nach Rothau hinüber. Nicht nur als Seelsorger im Steintal machte er diesen Besuch, sondern er sah es auch – trotz der harten Worte, die gelegentlich zwischen den beiden gefallen waren – als eine Freundespflicht an, Johann von Dietrich und seiner Familie beizustehen in dieser Zeit der Not und der Trauer um ihren Sohn, dem er selbst von Herzen zugetan gewesen war.

Im März 1794 ging Johann von Dietrich nach Straßburg zurück mit einer Bittschrift an die Obrigkeit, sie möge den fälschlich dort geführten Namen seines hingerichteten Sohnes von der Liste der Emigranten (die ihn zum Hochverräter gestempelt hatte) tilgen und seiner Familie den beschlagnahmten Besitz zurückerstatten. Das Gesuch wurde abgelehnt. Die Rothauer Eisenwerke wurden zwar weiterhin von Dietrichs altem Vorsteher geleitet, doch war der nun nicht mehr dem Baron verantwortlich, sondern einem Regierungsbevollmächtigten. Die Wälder wurden von den Förstern des Bezirks durch Patrouillen überwacht; doch waren sie angewiesen, für jeden Haushalt im Tal zwei Klafter Brennholz freizugeben.

Johann von Dietrich starb am Neujahrstag des Jahres 1795, ein Jahr nach der Hinrichtung seines Sohnes. Ein neuer Antrag auf Rückerstattung des Eigentums, diesmal für seine Witwe und die Familie, wurde bewilligt. Ein Mann namens Champy hatte das Rothauer Schloß derweil erworben, doch sorgte er dafür, daß Frau von Dietrich noch mehrere Jahre in Rothau bleiben konnte.

Nicht allein Rothau, sondern auch die anderen Dörfer gewährten in den Schreckensjahren zahlreichen Männern, Frauen und Kindern Zuflucht. Sogar das Pfarrhaus in Waldersbach bot noch Unterkunft, obwohl es bis unters Dach bereits bevölkert war von der Familie, den Haushaltshilfen, den Lehranwärtern und den Kostgängern. Die freigebige Art, mit der Oberlin solche unglücklichen Gäste aufnahm, und die treue, manchmal schlaue Weise, in der er sie auch beschützte, zeigt sich recht anschaulich in der Geschichte der jungen Adélaide de Villeneuve, deren Eltern beide in Avignon enthauptet worden waren. Um für das Mädchen Platz zu schaffen, hatte Oberlin seinen Schlafraum aufgegeben und sich im Arbeitszimmer eingerichtet. Der Oberlin-Biograph Ehrenfried Stoeber war gerade zu Besuch, als ein Gendarm erschien, um das Pfarrhaus nach unbefugten Bewohnern zu durchsuchen. So wurde Stoeber selbst zum Zeugen für das, was dann geschah.[21] Oberlin führte den Beamten mit der gewohnten Höflichkeit durchs Haus, von einem Zimmer in das andere. Als sie aber »an seinem Schlafgemach anlangten, sagte Oberlin mit jenem entwaffnenden Lächeln, das zugleich Liebe und Achtung einflößt: ›Bürger Gendarm, willst du nun auch hier eintreten? Es befindet sich nichts Verdächtiges darin außer mir!‹ Der Gendarm zog sich bestürzt zurück und entschuldigte sich mit der Strenge seines Auftrags.« Mademoiselle de Villeneuve selbst erzählte später, sie habe, als sie gerade beim Umkleiden war, die Männer kommen hören und sich hinter der Tür versteckt. So hatte niemand sie gesehen, als Oberlin die Tür ein wenig öffnete.

Aber nicht nur Adlige fanden im Steintal Zuflucht. Eine beträchtliche Anzahl von Familien teilte ihre Wohnung und ihre einfache Kost mit Bürgern aus dem Mittelstand, deren Leben unter dem Terror in Gefahr geraten war. Unter ihnen war eine Frau, deren Name mit dem jungen Goethe verbunden bleibt: die Pfarrerstochter Friederike Brion, die im Sommer des Jahres 1771 jenes »Idyll in Sesenheim« mit dem jungen Studenten der Rechte an der Universität Straßburg durchlebt hatte, das durch das *Sesenheimer Liederbuch* unsterblich wurde. Nach dem Tod ihrer Eltern im Jahre 1787 waren Friederike und ihre Schwester Sophie zu ihrem Bruder Christian gezogen, der damals in Rothau Pfarrer war.

1789 war sie dann zu Jugendfreunden nach Versailles, der Residenz des französischen Königs, gegangen, bis die Ereignisse der Revolution sie 1793 zwangen, Versailles zu verlassen und nach Rothau zurückzukehren. Ihr Bruder hatte die Pfarrei derweil aufgegeben, aber ihre Schwester war noch dort und fristete kümmerlich ihr Leben als Schneiderin. Friederike freundete sich mit der Jugend in Oberlins Haus an und wurde Hilfslehrerin im Waldersbacher Pensionat, wo sie bis 1801 unterrichtete.

Es ist unmöglich festzustellen, wie viele Menschen im Steintal vor den Schrecken der Zeit ihre Zuflucht fanden. Stoeber sagt, daß Oberlin ihm einmal eine große Anzahl von Briefen gezeigt habe von Leuten, die nach der Rückkehr in ihre Heimat mit Dankbarkeit an die stille Sicherheit in der Gemeinde und auch an die häufigen Begegnungen mit ihrem Seelsorger zurückdachten. Da sie aber über ganz Frankreich verstreut lebten, trug ihr Zeugnis auch sehr viel zur Verbreitung des Ruhms bei, den Oberlin als Menschenfreund in wachsendem Maße genoß. Hier ist besonders Oktavia von Berckheim hervorzuheben, deren Memoiren auch zu dieser Lebensgeschichte Oberlins beigetragen haben.

Als ein Beispiel für die Lobpreisungen, wie Stoeber sie erwähnt, bringe ich hier den Anfang eines Briefes von Augustin Perrier, einem erfolgreichen Industriellen, der auch ein einflußreicher Abgeordneter der Nationalversammlung wurde (er war es, der Adélaide de Villeneuve bei Oberlin in Sicherheit gebracht hatte): »Niemals werde ich den dreifach gesegneten, dreifach frommen Mann vergessen, den ich so verehrt habe dort in seinen friedevollen Bergen. Bis zu meinem Tode und darüber hinaus werde ich der frohen Tage gedenken, da jener heilige Zufluchtsort der Tugend für mich auch zum Heiligtum der Freundschaft ward.«[22]

11. KAPITEL

Der Bürger Pfarrer

»Ich war nie ein Pfaff. Ich war von Kindheit auf Soldat; meine Neigung zog mich zu den Waffen und den Kriegswissenschaften hin. Daß ich diesen Beruf nicht ergriff, kommt daher, daß man damals nicht gegen die Tyrannei stritt und ich im Gegenteil sah, daß man im Stande eines Landgeistlichen unendlich viel Gutes wirken kann.«

(Johann Friedrich Oberlin)[23]

Erster Sprecher im »Tempel der Vernunft«

Die Feindschaft der Revolutionsregierung gegen die Geistlichkeit schuf für die Kirchen im Steintal wie in ganz Frankreich neue Schwierigkeiten. Oberlin jedoch hielt in Treue weiterhin zu der Regierung, selbst dann noch, als Schmähung und Verleumdung des Christentums und Entweihung der Kirchen um sich griffen. Zweifellos war dies für ihn eine Schicksalsprüfung und eine Zeit großer Drangsal, doch fand er auch in dieser Not Trost und Hilfe in der Bibel, besonders in den Berichten von den Anfängen der Kirche, wie sie die Apostelgeschichte beschreibt. In seinen Predigten und anderen Reden verweilte er zu dieser Zeit sehr häufig bei den frühen Christen, deren Verhalten allen Gläubigen bis in die Gegenwart in Zeiten der Verfolgung zum Muster dienen solle. Einmal sagte er: »Die, die eine geistliche Hilfe nicht in Anspruch nehmen wollen, haben nie den Wert derselben ermessen. So haben sie auch nichts zu verlieren. Die, welche solche Quellen haben, finden deren Wert in ihrem Innern.« Aber auch seine eigene, im Grunde optimistische Natur war ihm ein Quell der Kraft; und hätte er davon gewußt, so hätte er vielleicht mit seinem Zeitgenossen Warren Hastings gesagt: »Auch dieses geht vorüber!« Denn er war überzeugt, daß die überhitzte Leidenschaft sich mit der Zeit abkühlen und am Ende der Glaube ganz neu erstehen werde, gereinigt und gestärkt. Ja, es gab sogar eine Gelegenheit für ihn, diese Empfindung auf scherzhafte Weise auszudrücken. Befragt von Mademoiselle de Berckheim, was er von der Art halte, wie der Staat die Religion jetzt untergrabe, gab er die Antwort:

»Was wir jetzt erleben, ist wie das große Samstagsputzen im Haus. Alles soll für den Sonntag schön und blitzsauber sein. Man schafft die Möbel aus jedem Raum heraus, wirbelt den Staub auf und stellt alles auf den Kopf; man wischt, klopft aus und bürstet überall, das Durcheinander ist enorm, man atmet Staub fast zum Ersticken, als lebte man in einem Schuppen. ... Dann aber ist alles wieder in Ordnung, der Raum ist fertig und die Möbel stehen alle wieder da; Ordnung und Sauberkeit erwachsen als schöne Frucht aus all dem Durcheinander voller Schrekken. Der Sonntag kommt, und alles glänzt. Der Herr des Hauses, der am Samstag floh, erscheint und denkt – so sollt' ich meinen, selbst wenn er es nicht sagt –, daß alles hübscher ist, als es am Freitag war.«[24]

Über das politische Geschehen hielt Oberlin sich auf dem laufenden, da er fleißig Zeitungen las, die er auch seinen Leuten weitergab und mit ihnen besprach. Eine weitere Quelle der Information war für ihn der Briefwechsel mit dem Abbé Grégoire, ein Austausch, der selbst dann noch fortdauerte, als Grégoire einer der führenden Männer im Nationalkonvent geworden war und die wichtigste Persönlichkeit unter den Geistlichen in Frankreich. Im August 1793, zur selben Zeit, als Grégoire mit aller Kraft die Abschaffung des Königtums betrieb, schrieb er einen besonders freundlichen, fast brüderlichen Brief an Oberlin, um ihm für seinen Brief »mit den Neuigkeiten aus dem Steintal« zu danken und ihn zu bitten, mit ihm »das ehrlose Geschlecht der Könige nur recht zu hassen«, bis sie alle vernichtet seien; »denn sie haben auf der Welt nur Böses getan, tun nur Böses, und werden auch in Zukunft nur Böses tun; ich sage Ihnen, ich würde die *zehn* Plagen Ägyptens *einem* König vorziehen. Mein Herz schaudert, wenn ich an diese Horde gekrönter Bösewichter denke.« Er gestand auch, er sehne sich nach vertrautem Umgang mit dem alten Freund in der Stille des Steintals. »Nie werde ich die Augenblicke vergessen, die wir zusammen verlebt haben, ja ich hoffe, daß sie wiederkehren werden.« Und er schließt: »Grüßen Sie mir das ganze Steintal! Schreiben Sie mir bisweilen ..., und seien Sie versichert, daß ich Sie ebenso sehr liebe, wie ich die Könige hasse. ...«[25]

So eifrig auch Oberlin die Republik zu fördern suchte und für die Vernichtung ihrer Feinde betete, so waren seine Reden dennoch niemals so leidenschaftlich wie die des Abbé. Mit ihm verglichen, ist Oberlins schlichtes Bild von den politischen Drangsalen als einem gründlichen Sonntagsreinemachen ein Ausdruck, der von kindlicher Unschuld zeugt.

Doch 1793 wehte der heiße Wind der Schreckensherrschaft auch durch das abgelegene Steintal. Durch Abgesandte des Bezirks-Direktoriums in Barr wurde Oberlin im Dezember 1793 vor den »Allgemeinen Sicherheitsausschuß« in Straßburg zitiert, damit er dort ein politisches Glaubensbekenntnis ablegte. Er folgte dieser Vorladung ganz ohne

Zögern oder Furcht, schrieb aber doch mit Sorgfalt nieder, was er bei der Gelegenheit zu sagen plante:

»Ich weiß nicht recht, über welche Artikel der Verfassung man meine Erklärung fordert. Ich stimme vollständig den strengen Maßregeln bei, durch die man dem schändlichen Wucher mit den Assignaten ein Ende gemacht hat. Ich betrachtete und schätzte sie zu Anfang als ein treffliches Mittel zur Rettung des Vaterlandes. Ich bin vollkommen damit einverstanden, daß man leere Zeremonien abgeschafft und alle unfruchtbaren Dogmen verbannt hat, die nur zu Streitigkeiten führen. Ich beschränke mich bei meinem Unterricht immer auf das, was meine Mitbrüder zu aufgeklärten, wackeren, fleißigen Menschen, guten Patrioten, guten Eltern, guten Soldaten und treuen, in jeder Lage brauchbaren Republikanern heranbilden muß. Den breiten Umlegekragen und den Talar habe ich schon vor einiger Zeit in einem Gottesdienst abgelegt; ich habe schon immer eine Abneigung gegen das Tragen eitler Zeichen der Würde gehabt. Was das Königtum anbelangt, so sollte seine Abschaffung nach meiner Ansicht nicht rückgängig gemacht werden; ich habe deshalb schon seit mehreren Jahren meinen Zuhörern republikanische Gesinnung einzuflößen gesucht.«[26]

Wir wissen nicht, ob Oberlin vor diesem Ausschuß zu den schriftlich fixierten Bemerkungen noch weitere Äußerungen getan hat, aber es ist nicht sehr wahrscheinlich. Man sollte eher meinen, daß er seine Gedanken deswegen in so genau vorüberlegte Worte faßte, wie er sie aufgeschrieben hat (statt nur als Notizen, wie für seine Predigten), um nicht Gefahr zu laufen, etwas Unbedachtes zu sagen.

Was auch immer sonst bei dem Verhör zur Sprache gekommen sein mag, die Entscheidung ist höchstwahrscheinlich von dem Bericht stark beeinflußt worden, den das Überwachungskomitee für Waldersbach an die vorgesetzte Instanz gesandt hatte. Der Bericht bescheinigte, daß der Bürger Oberlin sich in den 26 Jahren seines Amtes als Seelsorger als ein »seltener Mensch« erwiesen habe, der stets mit allem, was er war und was er hatte, für die Wohlfahrt der Armen gelebt habe, und der nicht nur in seinen Predigten, sondern auch durch sein Beispiel die Lehre des Höchsten wahrheitsgetreu verbreite. »Sogleich, als uns das Glück einer neuen Verfassung zuteil wurde, hat er sie mit frohem Herzen begrüßt und sein Äußerstes getan, unsere Jugend zu ermutigen, auszuziehen, um sie zu verteidigen; uns allen hat er sie erklärt und uns gelehrt, sie anzunehmen und zu lieben; und allezeit hat er die Gefühle eines wahren Republikaners an den Tag gelegt.« Unterzeichnet von den fünf Mitgliedern des Komitees in Waldersbach, trägt dieses Dokument das Datum: »28. Frimaire des Jahres II der Republik« (18. Dezember 1793). Drei

Tage darauf wurde der Fall für abgeschlossen erklärt mit dem lakonischen Bescheid aus Barr: »Gesehen, geprüft, gutgeheißen« und unterzeichnet von den vier Männern des dortigen Bezirks-Ausschusses.[27]

Gegen Ende des Jahres 1793 erreichte der Kampf gegen die Geistlichkeit in Frankreich erschreckende Ausmaße. Allerorten wurden nun die Kirchen geplündert oder zerstört und als Pulvermagazine oder gar Pferdeställe verwendet. In der Vendée führte die Hinrichtung Ludwigs XVI. zu Aufständen der Königstreuen - ein Feuer, das bald auf andere Bezirke des Westens übergriff. Der Bürgerkrieg ging über in blutiges Gemetzel. Überall im Lande lebten die Gläubigen, die Bürger und die Anhänger der alten Ordnung in Furcht und Schrecken. Das Steintal selber blieb vorläufig verschont. Doch eine andere Furcht befiel die Herzen, als die Gemeinde sich ganz plötzlich ohne den Trost und die gewohnte Tatkraft ihres getreuen Pfarrers sah: am 20. Januar wurde Oberlin vom Typhus befallen und lag zehn Wochen lang ernstlich krank. Viele Tage lang war er dem Tode nah, und zu dem ersten Gottesdienst nach der Genesung trat er, gestützt auf zwei der Ältesten, an den Altar.

Der Widerstand gegen Kirche und Geistlichkeit hatte sich unterdessen weiter verstärkt. Die Amtsräume des öffentlichen Anklägers am Revolutionsgerichtshof in Straßburg waren von dem als blutdürstig bekannten und gefürchteten Eulogius Schneider gestürmt und eingenommen worden. Und bald nach diesem Coup begann die Guillotine vor dem Hotel zum Roten Haus auf dem heutigen Kleberplatz ihr blutiges Werk. Die meisten Kirchen Straßburgs wurden nun beschlagnahmt und als Zeughäuser des Militärs verwendet. Am 17. November 1793 wurden auch alle öffentlichen Gottesdienste in Straßburg untersagt; das Münster wurde zum »Tempel der Vernunft« erklärt; das Bischöfliche Seminar wurde zum Gefängnis, wo man die Geistlichen gefangenhielt, ob Katholiken oder Protestanten. Auf Veranlassung von Louis de Saint-Just wurde Oberlins Bruder, Professor Jeremias Jakob Oberlin, verhaftet und mit den anderen Mitgliedern des Stadtrats in Ketten nach Metz gebracht, wo sie alle als »Verfassungsverräter« eingekerkert wurden. In den entlegenen Städten und Dörfern des Elsaß wurden die Kirchen entweder geschlossen oder zu »Klubhäusern« erklärt, wo alle zehn Tage ein »Volkserzieher« die Prinzipien der »natürlichen Moral« verkündete. Unter den Pfarrern und den Priestern legten einige ihr Amt nieder und wandten sich bürgerlichen Berufen zu. Manche gaben sogar ihren Glauben auf, während andere, die weiter fest zu ihrem Glauben standen, nun im geheimen in den Häusern Kinder tauften, das Abendmahl austeilten oder die Letzte Ölung gaben. Ein Berufswechsel wäre für Oberlin leicht gewesen; nicht nur wegen seiner Kenntnisse auf vielen Gebieten, sondern auch, weil er schon 1792 die

Erlaubnis beantragt und auch erhalten hatte, jeden von ihm gewünschten Beruf auszuüben. Der Hauptgrund für diesen Antrag war vermutlich, daß er mit dieser Lizenz den Handel rechtlich absichern wollte, den er in der Gemeinde trieb, um die Assignaten durch Ankauf und Verkauf von Waren allmählich aus dem Verkehr zu bringen.

Vorläufig aber war es noch nicht soweit. Inmitten all der Unruhen und Verfolgungen genoß Oberlin offenbar eine Art Immunität. Zwei Umstände machten das möglich: die Abgelegenheit seiner Gemeinde und die Treue, die ihm die meisten seiner Pfarrkinder wie auch die neugewählten Ortsvertreter hielten. Doch konnten sie ihn nicht die ganze Schreckenszeit hindurch gegen den immer wachsenden schweren Druck beschützen.

Als im April 1794 schließlich alle Kirchen geschlossen wurden, faßte Oberlin den Entschluß, auf seinem Posten auszuharren und seinem Volk und seinem Gott, so gut er konnte, weiterhin zu dienen, in kleinen, unwichtigen Dingen nötigenfalls Zugeständnisse zu machen, niemals jedoch seinen Glauben abzuleugnen, was auch immer die Folgen seien. So erfolgreich führte er diesen Entschluß durch, daß viele Beobachter immer wieder die Geschicklichkeit bewunderten, mit der er dem Rat zu folgen schien, den Christus seinen Jüngern gab, als er sie ausschickte, als »Schafe unter den Wölfen« zu leben: »Seid klug wie die Schlangen, doch ohne Falsch wie die Tauben.« (Matth. 10,16)

In seinem Tagebuch bemerkt er dazu: »Jede seelsorgerische Tätigkeit, was sie auch sei, wurde mir von der Revolutionsregierung Robespierres und der Jakobiner untersagt. So gründete ich denn einen ›Klub‹, damit wir unter diesem Titel, anstatt zum Gottesdienst, auch weiterhin zusammenkommen konnten.« Er nannte diese neue Organisation »société populaire«, die »Volksgesellschaft«. Die Regierung hatte bestimmt, daß in jeder Gemeinde regelmäßig Versammlungen abgehalten werden sollten, bei denen auserwählte Redner über Themen wie die Erklärung der Menschenrechte, die Rechte des Bürgers, die neue Verfassung und die rationalistische Vorstellung von einem Höchsten Wesen sprechen sollten. Der Klub sollte die Möglichkeit zur Durchführung dieser Anordnung bieten.[28]

Die erste Versammlung, die Oberlin zum Zweck der Gründung der »Volksgesellschaft« einberief, fand im Waldersbacher Schulhaus statt. Da aber der Raum viel zu klein war, um alle zu fassen, die dem Aufruf gefolgt waren, hatte Oberlin keine Schwierigkeit, hervorzuheben, daß für Zusammenkünfte dieser Art vielleicht ein anderer Raum im Dorf geeigneter wäre, nämlich, ein paar Schritte weiter, der »Tempel der Vernunft und des Ewigen«, wie die Kirchen nun offiziell genannt wurden. Jedermann stimmte zu, und so wurde die Kirche selbst das neue

Klubhaus. »Jetzt aber brauchen wir«, fügte er dann hinzu, »auch einen Präsidenten und einen Sekretär. Und dafür sollten wir uns doch wohl Männer wählen, die früher schon in anderen Vereinen ein Amt bekleidet haben und daher wissen, was ein solches Amt verlangt.« Sebastian Scheidecker und David Bohy, die beiden Lehrer, hatten im »Landwirtschaftlichen Verein« eine solche Tätigkeit ausgeübt und wurden jetzt auch hier vorgeschlagen, sich die Arbeit des neuen Präsidentenamtes zu teilen. Jean Claude wurde als Sekretär vorgeschlagen. Alle drei wurden gewählt.

Darauf wurde der neue Sekretär beauftragt, die Satzungen des Kreises Benfeld zu verlesen; sie sollten gemäß der Vorschrift vom 28. Dezember als Muster für die Gründung auch anderer Volksgesellschaften dienen. Sie wurden als Statuten angenommen. Der nächste Punkt der Tagesordnung war die Wahl des »Ersten Sprechers«. Für dieses Amt, darin war man sich einig, sei niemand sonst besser befähigt als der Bürger Oberlin. So wurde er denn gewählt.

Als nächstes gab es die weiteren Versammlungen zu besprechen. Die neue Kalenderrechnung der Republik setzte jeden Monat auf dreißig Tage fest und teilte ihn in drei »Dekaden« auf; außerdem hatte ein Erlaß den letzten Tag der Zehnerwoche zum Ruhetag bestimmt. Nach den Statuten sollten auch die Gemeindetreffen an diesem »Zehnten Tag« stattfinden. Sofort erhoben sich Stimmen, daß eine solche Anordnung ganz offenbar dem Gesetz Gottes widerspreche (»Sechs Tage sollst du arbeiten ...«). Zu diesem Einwand ergriff Oberlin das Wort. Zunächst zitierte er, was Paulus im Kolosserbrief sagt (Kap. 2,16): »So lasset nun niemand euch Gewissen machen über Speise oder über Trank, noch über Feiertage oder Neumonde, noch über Sabbate.« Dann hielt er eine Ansprache, die erste als »Erster Sprecher im Tempel der Vernunft«, und bewies für jedermann zu völliger Zufriedenheit, daß das Ausruhen und das Zusammenkommen seines Volkes dem Ewigen gleich wohlgefällig seien, ob das auf den zehnten Tag falle oder auf den siebten.

Dann sprach der Bürger Pfarrer weiter: Er sehe eine Möglichkeit, die Statuten so zu deuten, daß sie das Abendmahl nicht völlig zu verbieten schienen. Was wohl die Bürger dazu meinten? Nach langer Diskussion entschied man, daß es zu dieser Zeit vielleicht nicht klug sei, auch nur das Geringste zu tun, was gegen die Vorschriften verstoße. Oberlin stimmte völlig zu, doch fügte er das eine noch hinzu: »Ihr sollt jedoch nicht etwa denken, daß wir nun einfach völlig ohne dieses wichtigste der Sakramente bleiben müßten, nur weil wir es nicht mehr gemeinsam hier im ›Tempel des Ewigen‹ empfangen dürfen.« Und er sprach davon, wie seinerzeit die Jünger Christi und die Neubekehrten das Abendmahl ganz heimlich und im stillen in ihren Häusern abgehalten hätten, und riet den

Seinen, dasselbe zu tun. Wenn eine Familie nicht genug konfirmierte Erwachsene zähle, um eine richtige Feier daraus zu machen, und darum Gäste einladen wolle, so sei das billig und recht; denn die Freude, im eigenen Haus zu tun, was man wolle, sei immerhin eines der vielgerühmten neuen Menschenrechte. »Nehmt dann das Brot, das der Ewige euch hat zuteil werden lassen auf eurem eigenen Feld, und schneidet es auf einem Teller in kleine Stücke. Füllt dann ein Glas mit Wein, verlest die Worte der Einsetzung, wie Matthäus sie euch gibt, und laßt den Vater des Hauses einem nach dem anderen das Brot reichen und den Wein im Kreise herumgehen; lest das Gebet zum Abendmahl, wie ihr es im Gebetbuch findet, und wenn ihr könnt, singt auch ein Kirchenlied. Denn so haben es unsere Vorväter gehalten mit ihrem Abendmahl in den Gemeinden jener ersten Christen.«

Am Ende seiner Ansprache machte der Bürger Oberlin noch bekannt, ein Bruder Bürger sei gestorben und habe Schulden hinterlassen. Wenn aber die Freunde und die Nachbarn etwa die Bürde des Verstorbenen gemeinsam auf sich nehmen und die Schulden bezahlen wollten, so handelten sie nicht allein nach dem Willen des Höchsten, sondern auch völlig nach den republikanischen Idealen der Gleichheit und Brüderlichkeit.

Wenn man bedenkt, daß Oberlin im Innersten seines Herzens – und mit seiner ganz eigenen Auslegung – die Verfassung und die Erklärung der Menschenrechte nahezu gleichsetzte mit dem Reich Gottes hier auf Erden, dann ist es nicht schwer, sich auszumalen, wie viele Wege er zu finden wußte, um diese Volksgesellschaft zu einem Werkzeug im Dienst der göttlichen wie der weltlichen Obrigkeit zu machen. Ein Beispiel für eine glückliche Verschmelzung von Vereinssitzung und Gottesdienst mag genügen. Dank dem Tagebuch Oktavia von Berckheims, die als Flüchtling vor dem Terror zu dieser Zeit in Rothau lebte, besitzen wir eine eingehende Beschreibung einer solchen Zusammenkunft.

»Wir waren gerade rechtzeitig angekommen, um die Prüfung der Schulkinder im weltanschaulichen Unterricht mitzuerleben. In zwei Reihen aufgestellt, die Mädchen auf der einen, die Knaben auf der anderen Seite, wurden sie vor versammelter Gemeinde von einem der Vorsitzenden ausgefragt. Es handelte sich um die Menschenrechte, die sie alle tadellos auswendig wußten.« Dann verlas der Präsident den Sitzungsbericht von der Versammlung am vorigen »Zehnten Tag«, in dem auch die »Ansprache« erwähnt war, die »eines der Mitglieder« gehalten, aber aus Mangel an Zeit nicht zu Ende geführt habe. So wurde »selbiger Bürger« nun aufgefordert, den Rest seiner Rede vorzubringen. Ganz offensichtlich war es eine Predigt, die man hier haben wollte. Oberlin hatte unterdes in der Ecke auf einer der »Klubbänke« (lies: Kirchenbänke) gesessen. Nun aber ließ er seinen Mantel dort und bestieg die »Tribüne«, wie die alte Kanzel nun hieß. Er begann wie selbstverständlich mit Gebet, wie er es immer zu Beginn eines jeden Gottesdienstes gehalten hatte. Dann folgte eine durchaus christliche Predigt. Fräulein von Berckheim »bewunderte ihn sehr, weil die Predigt genau das war, was sie für diese Hörer hier sein sollte, und weil es viel Mut erforderte, auf diese Art zu sprechen. Es war mir eine große Freude, den guten Oberlin wieder zu hören. ... Ich fand ihn ganz denselben, mit derselben heiligen Begeisterung und derselben freien, offenen und ganz ihm eigenen Ausdrucksweise, die den Weg in alle Herzen findet. Der Predigt folgte wieder ein Gebet. Jedermann kniete dazu nieder, und fast alle Frauen verbargen ihr Gesicht in den Händen.«[29]

Dann stand ein anderer Bürger auf und bat, gehört zu werden. Er sprach zunächst über den Mißbrauch der Freiheit, erwähnte dann aber auch viel Gutes, das die neue Ordnung mit sich gebracht habe. Er sprach zum Beispiel von der neuen schnellen Art, wie man Felle gerben könne, was vorher eine jahrelange Arbeit war. Er erwähnte auch den Telegraphen.

»Darauf las man gemeinsam noch das Dorfblatt und ließ den Klingelbeutel seine Runde machen – denn Arme gibt es nach wie vor. Die Männer, oder, wie man sie nun nannte, die ›Klubisten‹, blieben noch zusammen; die Frauen aber und die jungen Leute gingen heim. Es waren viele von ihnen dagewesen.«

Die Unterschiede zwischen den Gottesdiensten, die man zuvor im Steintal kannte, und den Zusammenkünften dieser »Volksgesellschaft« sind weder zahlreich noch sehr wesentlich. Die Sonntagsprüfungen der Jugend hatte es lange schon gegeben, und auch zuvor waren die Fragen keineswegs auf religiöse Kenntnisse beschränkt. Auch zögerte Oberlin nie, in seinen Predigten von weltlichen Themen zu sprechen, wenn sie der Gemeinde zum Besten dienten und zum Erfolg für ihre Arbeit nötig und hilfreich waren. Und die Gebete, die die Volksgesellschaft an ihrem »Zehnten Tag« hörte, waren ohne Zweifel christlich, in Form und Inhalt.

Der Befehl, daß alle Kirchen geschlossen werden sollten, war gerade sechs Wochen alt, da kam der Obrigkeit in Straßburg der Verdacht, Oberlin habe sich diesem Gebot nicht gefügt und halte weiterhin Gottesdienste ab. So kam denn am 13. Mai eine Anfrage an den Gemeinderat des Steintals. Sie enthielt nur drei knappe Fragen: »Welchen Alters ist der lutherische Geistliche Oberlin? Hat er sein Amt als Seelsorger niedergelegt? An wen und an welchem Datum hat er seinen Rücktritt eingereicht?« Darauf antwortete der Rat, der Bürger Oberlin sei vierundfünfzig Jahre alt; der Rat habe von einem Amtsrücktritt keinerlei Kenntnis; zwar habe der Bürger Oberlin im Dezember 1793 vor dem Bürger Mainoni (damals Präsident des Sicherheitsausschusses in Straßburg) eine Erklärung abgegeben, bezüglich eines Rücktritts aber habe man zu jener Zeit keinerlei Fragen gestellt. Außerdem erklärte der Rat, Oberlin habe schon lange vor jenem Verhör in Straßburg bei einem öffentlichen Gottesdienst den Pfarrerskragen und den Talar abgelegt und man habe aus dem Talar inzwischen Kleidung für arme Frauen in der Gemeinde hergestellt; nach einer langen Krankheit habe er seine Arbeit wieder aufnehmen wollen, jedoch dann den Befehl erhalten, der alle geistliche Tätigkeit und Lehre nun verbiete, und er habe sich dem gefügt.[30]

Zehn Wochen später schlug der Blitz aber doch ein: am 17. Juli 1794 wurden Oberlin und sein Amtsbruder Pfarrer Böckel aus Rothau verhaftet. Oberlin notiert in sein Tagebuch: »Als ich mich bei der Taufmahlzeit bei Jonathan Banzet befand, wurde ich durch einen Kommissär aufgefordert, mich zum Arrest nach Schlettstadt zu begeben.« Stoeber erzählt den Vorgang so, wie Pfarrer Böckel ihn ihm berichtet hat:

»Der mit dieser Arretierung beauftragte Revolutionskommissär befand sich in sichtbarer Verlegenheit, sei es, daß die Tugenden Oberlins ihm imponierten, sei es, daß dieser unerschrockene Republikaner in diesem Falle nicht ganz ohne Besorgnis war, die Steintäler möchten im Notfalle ihren würdigen Geistlichen selbst mit Lebensgefahr verteidigen wollen. Der Sanscülottenkommissär* (er war aus Rosheim) befahl sodann die unmittelbare Abreise der beiden Geistlichen, sie erhielten jedoch einen Aufschub von 24 Stunden, um die nötigen Anstalten zur Reise zu treffen. Diese erfolgte tags darauf, da sie von dem Maire (Bürgermeister) und den Gemeinderäten gleichsam als Ehrengarde begleitet wurden. Die Gefangenen kamen durch das Villétal und langten zu Schlettstadt an. Hier wurden Oberlin und Böckel in einen Gasthof gebracht, indes alle andern Geistlichen und Pfarrer, die man durch eine allgemeine Maßregel hatte arretieren lassen, in einem Gefängnisse aufbewahrt wurden. Oberlin und Böckel speisten an derselben Wirtstafel mit den Distriktsbeamten, sämtlich wütenden Jakobinern. Diese Beamten mit der roten Mütze richteten unaufhörlich beleidigende Worte an sie und verlangten von ihnen, die Grundwahrheiten des Evangeliums zu verleugnen. Oberlin und Böckel antworteten so eifrig, als die Heiligkeit des Gegenstandes es forderte. Ein Vorfall eigener Art fand sodann statt.

* Spottbezeichnung für die Revolutions-Kommissare

Man beratschlagte darüber, ob man sie mit den andern Gefangenen nach Belfort oder Besançon transportieren solle; aber ihre Entschlossenheit imponierte so sehr, daß die Beamten bald den Ton wechselten und sie mit Achtung und Aufmerksamkeit behandelten. Die Jakobinerregierung erhielt bald hierauf die Nachricht vom Sturze Robespierres; dies war ein Donnerschlag für sie. Der neunte Thermidor, einer der schönsten Tage der Revolution, zerbrach die Ketten für das edelste Schlachtopfer der wahnsinnigsten Tyrannei.«[31]

Gleich am Tag nach Oberlins Verhaftung hatte Stoeber sich nach Waldersbach aufgemacht. Als er am Abend müde dort eintraf, öffnete niemand auf sein Klopfen. Er trat trotzdem ein und fand Louise Scheppler mit der Familie auf den Knien, versammelt im Gebet um die baldige Entlassung des Vaters. Solch tägliches Gebet für den »lieben Papa« vereinte viele der Familien in der Gemeinde während Oberlins Haft. Diese Bittgebete in aller Stille wurden sehr bald durch recht weltliche Bittgesuche praktisch ergänzt: Der Waldersbacher Rat und die fünf Bürgermeister im Tal sandten umgehend ein dringendes Memorandum an die Kreisverwalter. Darin erklärten sie, daß sie wie viele andere gute Patrioten durchaus der Meinung seien, daß man die Geistlichen bestrafen solle, die die Verordnungen nicht beachteten und »durch ihre zweifelhaften Sitten und gehässigen Predigten« in ihrer Gemeinde die Saat des Aufstands säten. Doch gebe es immerhin auch unter den Geistlichen im Land Bürger, deren republikanische Gesinnung und völlige Unterordnung unter die Gesetze jederzeit ein musterhaftes Beispiel für ihre Mitbürger geboten habe. »Wir ... zögern auch nicht einen Augenblick«, so schrieben sie weiter, »unter den letzteren den Bürger Oberlin zu nennen, der ehemals hier protestantischer Pfarrer war; ein geachteter älterer Herr und Vater einer zahlreichen Familie, der sich stets mit allerhöchstem Eifer als Verteidiger der Menschenrechte und der Revolution erwiesen hat. Schon lange vor der glückbringenden Katastrophe hat er in unserem Land den Boden zum Erfolg der Revolution bereitet.« Auf eine ausgiebige Liste von erwiesenen Wohltaten Oberlins an der Gemeinde und von aufopfernden Diensten an der Republik folgt am Ende des Dokuments das Gesuch selbst: »Angesichts dieser und anderer überall bekannter Tatsachen glauben wir, ... die Unterzeichneten, nicht, daß wir einen Schritt gegen die wohlwollende Ansicht des Volksvertreters oder der Behörden unternehmen, wenn wir hier für den Bürger Johann Friedrich Oberlin die bedingte Freilassung beantragen. Indem wir unsere persönliche Verantwortung verbürgen, geloben wir, darüber zu wachen, daß er im Schoß seiner Familie verbleibt, bis sein Verhalten untersucht und geklärt worden ist.«

Die Kunde, daß Robespierre gestürzt und hingerichtet und mit ihm die Herrschaft der radikalen Jakobiner beseitigt war, verbreitete sich unterdessen im ganzen Land. Knapp fünf Tage darauf, am 14. Thermidor des Jahres II (1. August 1794), sandte der Bürger Stamm - der staatliche Bevollmächtigte, der Oberlin stets wohlgesonnen gewesen war - den Gemeinderäten in Waldersbach und Rothau den Bescheid, daß beide, Oberlin und Böckel, sofort zur Rückkehr nach Hause freigelassen seien und daß man die Zivilbehörden verpflichte, keinen von beiden weiterhin zu behelligen.

Die Freude unter dem Volk war groß, als ihr Seelsorger heimkehrte. Doch aus Barr, Straßburg und Paris kamen noch jahrelang immer wieder neue Fragen und Herausforderungen, die Oberlins politische Gesinnung betrafen. Als letzte Antwort auf die Frage nach seiner politischen Gesinnung schrieb er im Oktober 1796: »Ich anerkenne die Souveränität der Gesamtheit der französischen Bürger und verspreche, den Gesetzen der Republik untertan und gehorsam zu sein.«[32]

Nun, da die Volksgesellschaft gegründet war und ihren Dienst tat innerhalb des Widerstands der Kirche gegen den Staat, fühlte sich Oberlin durch das Verbot christlicher Bräuche wahrscheinlich weniger gehemmt als durch die Beschränkung seiner pädagogischen Tätigkeit auf Schritt und Tritt. Er klagte oft darüber und mit Nachdruck, bis es ihm dank den guten Diensten des Kreisbevollmächtigten Stamm endlich gelang, die Sache in Paris vorzubringen, an hoher wie an höchster Stelle und schließlich vor dem Nationalkonvent.

Plötzlich sei ihm der Unterricht verboten worden, schrieb er in seiner Bittschrift. Er verstehe zwar und erkenne an, daß gewisse allgemeine Maßnahmen nötig gewesen seien, um die Verbreitung der »üblen Lehren« zu verhüten, die einige der Geistlichen in Umlauf gesetzt hätten. Er selber aber habe gehorcht und sich den strengen Regeln, wenngleich mit unendlich schwerem Herzen, unterworfen, obwohl seine eigenen Lehren in der Hauptsache mit den Zielen der Revolution übereingestimmt hätten. Nach schwerer Krankheit habe er sich dann beeilen wollen, die verlorene Zeit aufzuholen. So sehr viel hätte es noch zu sagen gegeben, um die jungen Leute darauf einzustellen, daß sie das alte System der Sonn- und Feiertage aufgeben und den neuen Kalender der Republik annehmen sollten. Aber das sei ihm nun untersagt worden, und er habe sich fügen müssen, allein schon um dem Volk ein gutes Beispiel zu geben. Nun aber hoffe er, daß das Komitee von seinem entschiedenen Patriotismus und seiner Hingabe an die Sache des Volkes überzeugt sei und ihm wieder die Erlaubnis gebe, daß er den Unterricht weiterführen dürfe. Mehrere der jungen Leute beiderlei Geschlechts hätten schon länger den Wunsch geäußert, er möge ihnen seine kleine Naturaliensammlung zeigen und erklären. »Da ich weiß, daß die Nationalversammlung, und ebenso jeder vernünftige Beamte, nicht dagegen sein würden, daß junge Leute die Wunder der Natur erkennen lernen, glaube ich, daß ich ihnen dies nicht verweigern sollte. Jedoch glaube ich ebenso, daß es meine Pflicht ist, Sie davon in Kenntnis zu setzen und Sie zu befragen. Sollte Ihnen dies mißfallen und sollten Sie meinen, daß Sie die Erlaubnis noch nicht geben könnten – aus Gründen, die Sie selber am besten kennen –, so würde ich mich guten Willens darein fügen.«[33]

Angesichts der Tatsache, daß Oberlin bereits das tat, wofür er hier so brav um Erlaubnis bittet, erscheint die Eingabe in ihrem Wortlaut nicht ganz so unschuldig und nicht völlig frei von schlauer Berechnung. Auch legte er den Bürger-Verwaltern von Schlettstadt in dieser Briefsendung ein Päckchen getrockneter Kräuter bei, die er als »National-Tee« bezeichnete. Wenn sie mehr davon wünschten oder auch einige der einheimischen Gewürze haben wollten, so ständen die ihnen gerne zur Verfügung; das eine wie das andere sei »wohlschmeckend und gesund« und komme von »Kräutern aus unseren Bergen«.

Die Antwort des Kreisbevollmächtigten Stamm kam umgehend (im April 1794), in Form eines brüderlich warmherzigen Briefes, in dem er seinen guten Bürger Korrespondenten überschwenglich lobt für seine beispielhafte Unterordnung unter die Staatsraison und für seinen ebenso lobenswerten Wunsch, den Unterricht wieder aufzunehmen, denn »es wäre doch ein Jammer, wenn wir solche Lehrer wie Sie verlören«. Jedoch könne er ihm nur raten, er möge sich in Geduld fassen, bis er in einigen Rechtsfragen, in denen er sich sofort an Paris gewandt habe, Klarheit habe.

Zu Oberlins Leidwesen erstreckte sich die Wartezeit über den ganzen Sommer. Doch als die Antwort endlich kam, enthielt sie die erstaunliche Nachricht, daß die Nationalversammlung nicht nur dem Bürger Oberlin Erlaubnis gab, wieder mit dem Unterrichten jedes beliebigen Stoffes ohne Auflagen zu beginnen, sondern auch (wie wir im 4. Kapitel schon berichtet haben) die lobende Erwähnung der Bürger Stuber und Oberlin wegen ihrer pädagogischen Verdienste.

In diesem hübschen Kompliment erkannte Oberlin die feine Hand des Abbé Grégoire, und so schrieb er ihm – zugleich mit einem Brief an den Präsidenten des Konvents – einen warmen persönlichen Dankesgruß. Das Lob, sagte er, scheine etwas übertrieben, doch könne er nicht leugnen, daß es für ihn eine sehr willkommene neue Ermutigung bedeute, »dieweil es allerlei Leute gibt, die an der Erklärung Gefallen finden, daß solche wichtigen Dinge wie Moralität und Tugendhaftigkeit heutzutage keinerlei Wert mehr haben«. Dann berichtet er, daß der

Bürger-Präsident seiner Volksgesellschaft die lobende Erwähnung im »Tempel des Ewigen« vor allen Leuten laut verlesen habe. »Ach, Bürger«, fährt er fort, »welche Genugtuung hätten auch Sie, lieber Freund, empfunden, hätten Sie die Tränen dankbarer Freude in den Augen all dieser guten Menschen gesehen – sie sind in der Tat die einzig wahrhaften Republikaner –, als am Ende der Zusammenkunft ein besonderer Segen für den Nationalkonvent und für die Urheber dieses Dokuments ausgesprochen wurde.«[34]

Fünf Monate später, am 22. März 1795, gab es im Steintal einen großen Dankgottesdienst: nach dem Ende des Terrors und der allmählichen Rückkehr zu normalen Verhältnissen war das Verbot des öffentlichen Gottesdienstes in seiner traditionellen Form wieder aufgehoben worden.

So hatte Oberlin seine Gemeinde also durch die Jahre der Verfolgungen gebracht, ohne daß den drei Kirchen im Steintal etwas geschehen war. Daß er das jedoch mit der vollen und bedingungslosen Zustimmung aller Bürger in seiner Gemeinde erreicht hätte, kann man nicht behaupten. Selbst nach der Aufhebung des Verbots, im Februar des Jahres 1795, gab es noch überall Unsicherheit und Verwirrung in bezug auf den Kirchenbesitz. Und so konnte es denn auch geschehen, daß eine kleine Gruppe von verärgerten Mitgliedern der Waldersbacher Volksgesellschaft tatsächlich vorschlug, man solle das alte Pfarrhaus verkaufen und den Erlös dem Staat übergeben. Auf diesen Vorschlag schrieb Oberlin eine Antwort, die von dem Sekretär des Vereins bei der Sitzung am 2. Juli 1795 verlesen werden sollte. Mit genauen Daten lenkt Oberlin darin die Aufmerksamkeit auf die Tatsasche, daß die Beschlagnahme von protestantischem Kircheneigentum im Elsaß in keiner Weise genehmigt worden sei. Im Gegenteil, alle solchen Besitztümer seien, dank der Bemühungen des sehr fähigen Straßburger Juristen Koch, sogar unter den besonderen Schutz des Gesetzes gestellt worden. Auch bedeutet er ihnen, wie unbedacht es sei, freiwillig etwas zu unternehmen, was die Armut der Gemeinde gar noch verschlimmern würde, und erinnert sie daran, wie unangesehen, ja sogar verachtet die Gemeinde dahinvegetiert habe, bis Stuber und er sie wieder zu Ehren gebracht hätten. Sein Schreiben schließt mit den Worten:

»Man schwätzt von der Republik und bleibt Egoist. Ich habe Euch ein ganz anderes Beispiel gegeben. Wenn ich Geld hatte, habe ich es nicht zur Verschlimmerung der Lage anderer, sondern zu deren Verbesserung angewandt, ich habe es angewandt zur Erbauung und Unterhaltung der Schul- und Gemeindehäuser, zur Anschaffung von Heilmitteln und einer Menge Ackerbaugerätschaften, zur Ausbesserung und Erhaltung der Kirchen, zu Straßenanlagen nach allen Seiten hin, zur Eröffnung einer Handelsstraße in das unwegsame Steintal, zur gleichmäßigen Austeilung des Ertrags von jedem guten Werk, zur Aufmunterung der Schüler durch unzählige Preise, zur Aufstellung und Besoldung von Vorsteherinnen, zu einer unentgeltlichen Leihbibliothek für Schulen und Familien, zur Vertilgung des Bettels, zur Unterstützung der Armen, zur Wiederherstellung des Kredits, zur Bezahlung der Schulden . . . Ach, erspart Euch die Reue! Kein Mensch kann Euch von den Pflichten der Dankbarkeit und des Anstands freisprechen.«[35]

Danach wurde ein solcher Vorschlag niemals wieder gemacht.

Das Diakonissenamt

Auf der Sitzung des »Landwirtschaftlichen Vereins«, der inzwischen nicht bloß landwirtschaftliche Fragen diskutierte, sondern alle Probleme in der Gemeinde und der hohen Politik, schlägt Oberlin am 8. Mai 1791 den anwesenden Männern (Frauen waren nicht zugelassen) eine wichtige Neuerung vor:

»Da es Gott ist, der alles Geschehen auf Erden lenkt, bedeutet das Lesen von Zeitschriften, Tageszeitungen, Dorfblättern und anderen Neuigkeiten des Tages . . . etwas wie ein Lesen der Geschichte der Werke Gottes. Jeder, der ihn liebt, möchte die Werke Gottes kennen; und jeder wahre Bürger interessiert sich darum auch für alles, was sein Vaterland angeht. Da es nun aber das weibliche Geschlecht ist, das unsere Erziehung in den ersten Jahren des Lebens fast allein beeinflußt und uns die allerersten Wege weist für unseren Geschmack, unsere Liebhabereien und unsere Neigungen, so ist es nur recht und billig, daß man heutzutage überall den starken Wunsch hegt, daß doch auch Frauen sich unterrichten möchten über die Bestimmungen und die gelegentlich auch unerwarteten Wirkungen unserer neuen Verfassung. Aus diesem Grunde hat man den Frauen schon vielerorts die Tore geöffnet und sie zugelassen, sogar zu den Sitzungsräumen unserer erhabenen Nationalversammlung.«[36]

Man solle also »alle Personen des weiblichen Geschlechts« zu den Sitzungen einladen und, damit der Platz reiche, die Sitzungen vom Schulhaus in die geräumigere Kirche verlegen. Um möglichen Einwänden gleich die Spitze zu nehmen, fügt Oberlin noch hinzu: »Wenn sich die Frauen dann auf die hinteren Bänke setzen, werden sie uns sicherlich in keiner Weise stören.« Der in den Schulen schon existierende gemeinsame Unterricht der beiden Geschlechter wurde nun auch in der Bildung der Erwachsenen verwirklicht.

Bei diesem Schritt blieb Oberlin jedoch nicht stehen. Bereits vier Tage später kam er beim Bibelabend der Frauen auf sein Thema zurück. Gegenstand war das letzte Kapitel des Römerbriefs, das mit einer Lobpreisung der Schwester Phöbe beginnt, »welche im Dienst ist der Gemeinde zu Kenchreä«. Oberlin wußte, daß den Bischöfen in den frühchristlichen Gemeinden Laien zur Seite gestanden hatten. Der Apostel Paulus hatte sie »Diener« oder »Diakone« genannt. Oberlin selbst hatte in seiner eigenen Kirche die Aufgaben seiner Helfer tatsächlich nach diesem Muster aufgeteilt, doch nannte er sie weiterhin »Älteste«, wie das ortsüblich war. An diese Laien erinnerte Oberlin jetzt und interpretierte die Worte des Apostels Paulus über die Frauen von Kenchreä als Hinweis darauf, daß Frauen auf dieselbe Weise dienen sollten wie diese »Diakone«. Deshalb spricht er in seiner Andacht ganz unerschrocken von »Diakonissen« und fragt die anwesenden Frauen: »Worin bestand denn das Diakonissenamt unter den ersten Christen nach dem Auftrag der Apostel? Habt ihr je darüber nachgedacht? Gibt es dieses Amt unter uns? Ist es für uns zum Guten oder zum Schlechten, daß wir es nicht haben? Wie könnten wir wohl diesem Mangel abhelfen und dem Vorbild näher kommen, das Gott allen Christen durch die ersten Gemeinden gegeben hat?« Und er schließt die Diskussion mit dem schlichten Rat: »Und nun, meine lieben Schwestern, laßt die Frauen in dieser Gemeinde sich untereinander umsehen, ob es Diakonissen unter uns gibt. Finden sie aber keine, so bitte ich sie zu bedenken: erstens, ob sie gerne welche hätten, und zweitens, wie man es dann am besten anstellen könnte, welche zu finden.«[37]

Die Anregung, Frauen zu seelsorgerlichen Diensten, außerdem für die Kinderfürsorge und die Familienberatung in der Gemeinde heranzuziehen, hat Oberlin offenbar aus einem Buch von August Gottlieb Spangenberg, dem Nachfolger Zinzendorfs in Herrnhut, über die Äußere Mission der Herrnhuter Brüdergemeine[38]. Besonders beeindruckt hat ihn, als er das Buch in den letzten Wochen des Jahres 1790 las, was er darin über die Beteiligung von Frauen an der Missionsarbeit fand.

Schon am folgenden Bibelabend der Frauen, am 26. Mai, entwickelt Oberlin seinen Gedanken weiter, was alles dazugehöre, des Diakonissenamtes würdig zu sein: Eine dazu Erwählte müsse Jesus lieben und dürfe nicht vergessen, andere dazu anzuhalten, seine Gebote zu bedenken und danach zu leben; sie müsse sanft und demütig sein und nicht herrisch oder überheblich. Wenn sie selbst Kummer und Schmerz erlitten habe, könne sie besser Mitleid mit anderen haben und würde sie

Johann Friedrich Oberlin im Alter von 82 Jahren. (Nach einer Zeichnung von Delacluse.)

nicht verurteilen, sondern sie trösten, stützen und ermutigen. Eine solche, von Liebe und Demut erfüllte Frau diene auch ihrem Mann in Treue und kümmere sich um das Heil ihrer eigenen Kinder, aber auch – wie Jesus selbst – in Liebe und Hingabe um das Heil aller anderen Kinder.

Noch am gleichen Abend macht er praktische Vorschläge zur Verwirklichung: »Wo immer fünf, sechs oder sieben Frauen einander kennen als gleichgesinnt in der Zuversicht auf ihre Erlösung . . ., sollen sie sich zusammentun in ihrem Wunsch, eine Diakonisse zu wählen. Für die Wahl sollen sie einen Zeitpunkt ansetzen, sich aber unterdes noch etwa eine Woche Zeit gönnen für Gebete und stilles Nachdenken.« Was er dann für die Amtseinsetzung der Diakonissen anrät, bezeugt nicht nur seine demokratische Auffassung von diesem neuen Amt, sondern auch von den Beziehungen zwischen den Bürgern und ihren gewählten Vertretern:

»Die Wähler sollen die Gewählte feierlich befragen, ob sie über sie wachen wolle; sie zu tadeln, sollten sie irre gehen; sie zu mahnen; sie Gottes Gnade anzuempfehlen und ihnen in jeder Weise auf dem Wege zu dem großen Werk der Heiligung beizustehen. Wenn die Gewählte allem dem zustimmt, sollen die anderen alle ihr die Hand auf das Haupt legen und sie durch diese Geste mit dem Amt der Diakonisse betrauen. Dann sollen alle Frauen ihrer Diakonisse geloben, daß sie ihr, als ihre Schwestern, dieselben Dienste erweisen werden wie die, mit denen sie sie selbst beauftragt hätten, nämlich: sie zu tadeln, sollte sie irren, sie zu warnen und zu mahnen und sie Gottes Gnade anzuempfehlen.«

So werde die Diakonisse keinerlei Autorität und Macht haben, der sie nicht selber unterstehe, und sie könne niemandem ein Vorrecht zugestehen, das sie nicht für sich selbst in gleicher Weise erwarten könne. »Denn sind wir nicht alle gleich vor unserer heiligen Verfassung?«

Am Sonntag, dem 14. August 1791, brachte er die Sache erneut vor, diesmal vor versammelter Gemeinde in der Kirche von Waldersbach, und eine Woche später ebenso beim Gottesdienst in Fouday.[39] Zugleich erweiterte er aber auch den Umfang der Wählerschaft beträchtlich. Sie umfaßte nun alle Frauen der Gemeinde, sowohl als Wähler wie auch als Kandidatinnen für das Amt. Er schlug vor, insgesamt zwischen dreizehn und sechzehn Frauen zu wählen, zwischen einer und drei für jeden Ort. Die Amtszeit, meinte er, solle ein bis zwei Jahre dauern, jedoch solle Wiederwahl möglich sein.

Die Einrichtung des Diakonissenamts war in der Geschichte der Lutherischen Kirche im Elsaß etwas völlig Neues – vielleicht ähnlich neu wie jetzt vor einigen Jahren die Einsetzung weiblicher Pfarrer. (Was wohl Oberlin dazu sagen würde, daß 1973 eine Frau, Marie-Louise Caron, als Pfarrer in seiner Gemeinde eingesetzt wurde?) Mit der Wahl dieser Diakonissen durch alle Frauen ist Oberlin seiner Zeit voraus; denn auch die vielgerühmte »Erklärung der Menschen- und Bürgerrechte« und die französische Verfassung von 1791 geben den Frauen keinerlei Rechte. Andererseits zieht Oberlin die Grenzen dieses Diakonissenamtes sehr eng: sie sind für die Frauen in der Gemeinde da, so wie die Diakone für die Männer. Und, durchaus Kind seiner Zeit, war eine der ersten Forderungen, die er an die Diakonissen stellte, die, »ihrem Manne untertan« zu sein. Er weist sie zudem darauf hin, daß eine Diakonissin, wenn sie etwas mit dem Pfarrer zu besprechen habe, nicht vergessen dürfe, daß »keine Frau jemals ohne Begleitung zu irgendeinem Manne geht, wer er auch sei, außer zu ihrem eigenen Gatten«.

Das Diakonissenamt in Waldersbach hat – in den 35 Jahren unter Oberlin und danach – in einer großen Zahl hingebungsvoller Frauen viele treue Dienerinnen gefunden. In seiner frühen Entwicklungsgeschichte gibt es eine interessante Parallele zu den Kleinkinderschulen. So wie Sara Banzet, bevor Oberlin seine erste Strickschule gegründet hatte, kleine Mädchen bei sich zusammengeführt hatte, um sie stricken zu lehren und ihnen aus der Bibel zu erzählen, so hatte auch die junge Sophie Bernard schon vor der Wahl der ersten Diakonissen vernachlässigte, hilflose Kinder zu sich genommen, um ihnen ein Zuhause zu geben. Selbst nach ihrer Verheiratung noch und als sie dann eigene Kinder hatte, führte sie ihr Liebeswerk auf lange Zeit weiterhin fort, mit ihrem Mann zur Seite. In dem baufälligen alten Pfarrhaus, das der Familie Oberlin die ersten zwei Jahrzehnte gedient hatte, nahm sie Waisen und andere Kinder, die in Not waren, auf und zog sie mit ihren eigenen zusammen groß. Ihr Beispiel hatte in der Gemeinde aber auch einen weitreichenden und andauernden Einfluß. »Wenn hier ein armer Vater oder eine Mutter von einer Schar von Kindern wegstirbt, so ist es selbstverständlich, daß andere Arme die Waisen zu sich nehmen, so daß in vielen Familien im Steintal ein oder zwei adoptierte Kinder leben. Aber nur sehr selten kommt es jemandem in den Sinn zu erwähnen, daß sie nicht die eigenen seien.«[40] Sophie Bernard war mit unter den ersten, die man zu Diakonissen wählte.

V

Die Jahre der Erfüllung (1804–1826)

12. KAPITEL

Ein neuer Beginn

»Laß dein Brot über das Wasser fahren,
so wirst du es wiederfinden nach langer Zeit.«
(Prediger 11,1)

Kampf gegen den Diebstahl

Die Französische Revolution war vorbei, in Paris wie im Steintal. Die bürgerliche Regierung, das Direktorium, hatte Ruhe und Ordnung wiederhergestellt. Und doch waren die Zustände im Steintal nicht mehr die alten. Die Bauern hatten den Geruch der Freiheit gespürt. In ihrer Naivität nahmen sie die schönen Worte »Freiheit, Gleichheit, Brüderlichkeit«, die in der Verfassung standen, wörtlich und sahen darin einen Freibrief, tun und lassen zu können, was sie wollten: Freiheit, das mußte jetzt, nachdem die Fesseln der Lehnsherrschaft gefallen waren, doch heißen, daß man auch über den schönen Wald des Lehnsherrn und über sein saftiges Weideland verfügen durfte! Doch so einfach lagen die Dinge nicht. Wald und Weideland waren zwar nicht mehr im Besitz der Familie des verstorbenen Barons von Dietrich, aber damit waren sie längst noch nicht Gemeindeland geworden, denn der Staat hatte sie an einen neuen Besitzer verkauft. Ja sogar der Prozeß, den die Gemeinde wegen der Wald- und Weiderechte lange vor der Revolution begonnen hatte, hatte Revolution und Schreckensherrschaft überdauert und war jetzt, im ersten Jahrzehnt des 19. Jahrhunderts, immer noch nicht abgeschlossen.[1]

Oberlin mußte mit ansehen, wie die Bauern in fremdes Weideland eindrangen, wilderten und heimlich Holz schlugen. Ihn bedrückte dieses Verhalten zutiefst, denn er erwartete von seinen Leuten dieselbe Redlichkeit in ihrer Handlungsweise wie von sich. Er war der Meinung, daß erlittenes Unrecht keineswegs zu Räuberei berechtigte, und er sprach unablässig und mit Leidenschaft davon, wie unrecht Diebstahl sei. Doch machte er zur gleichen Zeit auch dem neuen Besitzer des Landes, dem Herrn Champy, Vorhaltungen mit ungefähr denselben

Worten der Warnung und der Anklage, mit denen er die Sünder in seiner Gemeinde zur Verantwortung zog. Im Grunde seines Herzens teilte er mit dem Volk die Überzeugung, daß dessen natürliche und gesetzliche Rechte in der Tat verletzt wurden.

In der Nähe von Bellefosse, im Wald, der nun Champy gehörte, hatte im Frühjahr 1806 ein Trupp von unbekannten Tätern fast hundert Buchen abgeholzt, dem Förster Müller die Fenster eingeschlagen und zwei Köhlerhütten abgebrannt. Darauf hielt Oberlin im Juni eine Predigt, für die er Jeremia 3,12.13 als Text aussuchte: »Kehre wieder, du abtrünnige Israel, ... so will ich mein Antlitz nicht gegen euch verstellen. Denn ich bin barmherzig ... und will nicht ewiglich zürnen. Allein, erkenne deine Missetat, daß du wider den Herrn, deinen Gott, gesündigt hast.« Er rief die Schuldigen auf, die Tat von selber zu bekennen. Und wer andere Schuldige nennen könne, den forderte er auf, vorzutreten und das zu tun, was im 3. Buch Mose 5, 1 geschrieben stehe: »Wenn jemand also sündigen würde, daß er einen Fluch aussprechen hört und des Zeuge ist, weil er's gesehen oder erfahren hat, es aber nicht aussagt, der ist einer Missetat schuldig.« Und wie damals, als es um die »Brücke der Barmherzigkeit« gegangen war oder um den Mord an dem Hausierer, berief er sich auch hier auf das Mosaische Gesetz, in dem es heißt, daß eine solche Missetat alle belastet und daß darum auch alle sie zu sühnen haben. Er ordnete an, daß jeder seine Unterschrift unter die Erklärung setzen solle, daß sie alle diese Tat verabscheuten und versprechen würden, für den Schaden aufzukommen. Zuletzt forderte er sie dazu auf, in jedem Dorf eine Polizeitruppe aufzustellen, die solche Verbrechen bestrafe und in Zukunft verhindere.[2]

Als die Erklärung die Runde machte, um alle Unterschriften zu sammeln, schrieb Oberlin an Champy einen Brief, in dem er um eine Klärung bat, die das Verhalten seiner Förster vielleicht begreiflich machen könne. »Wollen sie wirklich dieses Volk aufreizen zu Gewalttaten solcher Art, wie die Verzweiflung sie erzeugt? Die Leute leben inmitten der Wälder, dennoch haben sie nicht Holz genug, ihre Kartoffeln garzukochen, noch sich und die Familie in der grausamen Jahreszeit zu schützen. Gewiß, wenn Gott hernach jeden so behandelt, wie er vorher auf Erden andere behandelt hat, dann werden diese Herren, die jetzt so grausam mit unseren Mitmenschen umgehen, ganz sicherlich recht frieren dort im Jenseits. Ach, wollten sie doch aus dem Heiligen Buch Barmherzigkeit zu üben lernen! Sie werden es auch nicht bereuen; der Tod kommt immerhin mit jedem Tage näher.«[3]

Ein paar Wochen darauf schrieb Oberlin ein zweitesmal an Champy und sandte ihm dabei nun fünfzig Francs und fünfzig Centimes: »Verschiedene Bürger haben mir etwas von ihrem Anteil gebracht an dem

Schaden, den sie an Ihrem Besitz angerichtet haben. Auch andere haben beigetragen, obwohl sie sich selbst gar nichts vorzuwerfen hatten. ... Sie alle, ob schuldig oder unschuldig, bitten Sie nun, die kleine Summe doch nicht zu verachten. Und alle beten sie zu Gott, daß er Sie segne und Sie entschädige für den noch immer hohen Verlust, den sie mit ihren schwachen Kräften nicht auszugleichen fähig sind.« Auf seinem Entwurf für diesen Brief, den er sich aufgehoben hatte, steht außerdem die Notiz von seiner Hand: »Champy hat mir die ganze Summe selbst zurückgebracht und mich gebeten, ich solle sie verteilen unter die Armen der Gemeinde, die einer Gabe würdig seien.«[4]

Während er sich mit solchen Vergehen auseinandersetzte – das angeführte Beispiel ist sicher ein extremer, aber nicht der einzige überlieferte Fall –, bemühte er sich auf der anderen Seite immer wieder mit ganzer Seele um einen Weg, der allzu strengen Einschränkung der Forst- und Weiderechte zu begegnen, die noch immer das Volk zu solcher Missetat herauszufordern und zu ermutigen schien. Wie wichtig ihm das war, läßt sich daraus ersehen, daß seit jeher die Inschrift »Hab Gnade, Herr, und mache dem Rechtsstreit nun ein Ende!« oben auf der Liste der Menschen und Dinge gestanden hatte, deren er im Gebet gedenken wollte. Er hatte sich sehr gründlich mit der langen Geschichte des Falls beschäftigt und die Überzeugung gewonnen, daß weiteres Prozessieren nur neue Kosten verursachen würde. So setzte er denn seine ganze Hoffnung auf einen gütlichen Vergleich, ohne alle weitere Prozeßmacherei. Doch wußte er sehr wohl, daß das nur zu erreichen war unter dem Segen Gottes und mit sehr viel Hilfe von Menschenhand. Vor allem mußte sich jemand finden, der selber aus dem Volke kam und es darum am wirksamsten vertreten konnte. Zweitens brauchte man dazu einen hochgestellten Beamten, den alle wegen seiner Gerechtigkeit und wegen seines Mitgefühls mit dem Volk achteten und dessen hohes Ansehen auch bei Herrn Champy seine Wirkung haben würde.

Für die erste dieser beiden Rollen in dem Schauspiel, das er nun hinter den Kulissen zu dirigieren im Begriffe war, wählte Oberlin sich einen der fähigsten und besten jungen Leute seiner Gemeinde, Theophil Scheidecker aus Belmont, den Sohn seines geliebten treuen Freundes Sebastian Scheidecker. Er machte ihn mit der Geschichte des Falles vertraut und lehrte ihn die Regeln der Redekunst vor Gericht. Bei jeder möglichen Gelegenheit setzte er ihn als Sprecher für die Gemeinde ein; auf diese Art sorgte er dafür, daß alle mit der Zeit ihn auch von sich aus stets als ihren Wortführer betrachteten. Die zweite Rolle angemessen zu besetzen, hatte das Schicksal schon das Seinige getan, indem es 1810 den Grafen Adrian de Lezay-Marnésia zum Präfekten für das Département Niederrhein bestimmte. Lezay war ein vorbildlicher Beamter, unbestechlich, gerecht und unparteiisch, ein Mann auch, der sich nicht damit begnügte, bequem vom Schreibtisch aus seines Amtes zu walten, sondern der Straßburg oft verließ, um sich mit dem Volk vertraut zu machen. Durchaus ein frommer Mann, sogar mit einem Hang zur Mystik, war er besonders angetan von dem, was ihm, dem Neuling hier, über den Pfarrer Oberlin berichtet wurde. So kam es, daß Lezay eine seiner ersten Reisen als Präfekt nach Waldersbach ins Pfarrhaus lenkte.

Die beiden Männer standen vom ersten Augenblick ihrer Bekanntschaft an in bestem Einvernehmen. Oberlin achtete den Beamten als einen ehrlichen, gewissenhaften Mann, und der Präfekt verehrte den Pfarrer als einen, dessen tiefer Glaube sich in ungewöhnlichem Maße in guten Werken erwies. Als der elsässische Journalist Merlin ein paar Jahre darauf Oberlin fragte, ob er den Grafen Lezay-Marnésia gut gekannt habe, antwortete er: »Ja, und wir haben oft miteinander diese Gegend durchstreift. Einige Male kam er auf mehrere Tage zu mir in meine bescheidene Wohnung und hat mir sein Herz geöffnet. Da er sich einen lebendigen Glauben wünschte, aber diesen Wunsch nicht immer in Einklang bringen konnte mit den Einwänden, die ihm seine Vernunft wider seinen Willen machte, so unterstellte er seine Zweifel meinem Urteil. Wir sprachen daraufhin miteinander darüber, und jedesmal, wenn ich die Schwierigkeiten besiegt hatte, die er mir entgegengehalten, so war er so glücklich über seine Niederlage, wie ich es war über meinen Sieg.«[5] So wußte Oberlin denn auch, daß er einen einflußreichen Freund vor Gericht haben würde, wenn die Zeit käme, den alten Rechtsstreit beizulegen.

Im Frühjahr 1812 kamen die Bürgermeister der acht Dörfer zu Oberlin und baten ihn um Hilfe bei der Festlegung ihrer Strategie. So gab er ihnen den folgenden Rat:

»Was ich an eurer Stelle täte, und was ich wünschen würde, daß ihr es tätet: 1. Nehmt euch Theophil mit und sucht Herrn Champy auf. 2. Entwerft mit ihm den Grundriß eines Abkommens (denn ohne Gegenseitigkeit kommt Ihr niemals zum Ziel). 3. Legt die Artikel dann einem gerechten Friedensrichter vor, und fragt den um Rat. Aber ja nicht irgendeinem Anwalt, denn wollte man das Ende suchen durch die Anwälte, das hieße, nie ein Ende finden. 4. Sollte der Richter meinen, das eine oder andere müsse geändert werden, so geht erneut zu Herrn Champy, *immer jedoch mit Theophil zur Seite.* 5. Macht weiter so, ohne Unterlaß. Und gebt nach, wo es nötig ist. Denn Er, der uns dieses befohlen hat, ist in der Tat allmächtig. 6. Wenn dann schließlich der Richter meint, man habe sich über die Artikel nun geeinigt, so laßt euch dies sofort vom Volk bestätigen, ohne sonst irgend jemanden zu befragen.«

Der »gerechte Friedensrichter« in diesem Fall war einer, den Lezay-Marnésia vorgeschlagen hatte. Alle Streitpunkte wurden schnell beigelegt, nur einer nicht: das Recht, auf dem Hochfeld oben Torf zu stechen, was Champy nicht zuließ. Am 25. Mai 1812 schreibt Oberlin auch darüber an seine Bürgermeister:

»Nachdem ich die Antwort der Anwälte des Herrn Champy, die das Torfstechen auf dem Hochfeld betrifft, gelesen habe, ist dies mein Rat an die Gemeinden: Erwartet nun nichts mehr von menschlicher Gerechtigkeit! Um Mitleid, Gnade und Hilfe wendet euch dagegen nun an ihn, den Anwalt aller Unterdrückten, an Jesus Christus, unseren Herrn, und bittet ihn im Namen Gottes, er möge unserem armen Steintal zu Hilfe kommen. Denn sonst (würde der Rat der Anwälte des Herrn Champy befolgt) wäre das so unfruchtbare, dürftige Steintal nun wirklich ganz und gar verloren, und von des Kaisers Untertanen würden siebenhundert Familien nun geopfert, damit es einer einzigen wohlergehe, einer, die nicht nur angenehm dahinlebt, sondern sogar in großem Reichtum schwelgt.«[6]

Noch um ein weiteres Jahr zog sich die Sache hin. Dann aber, am 17. Juni 1813, wurde unter dem Einfluß Lezay-Marnésias, der bei der Unterzeichnung des Abkommens selber den Vorsitz führte, der Rechtsstreit (nach weit mehr als einem Jahrhundert) einem Ende zugeführt, das für beide Teile befriedigend zu sein schien. Die wichtigsten Punkte der Vereinbarung waren, daß Champy ein Drittel des Waldes auf die Dörfer übertrug, daß sie das Recht auf Weideland behalten sollten auf denselben Stellen wie bisher, daß Weideland auf dem Hochfeld für jährlich zwanzig Francs von jedem der Dörfer gepachtet werden könnte, solange diese Nutzung nicht in Konflikt geriet mit der Torfstecherei, die Champy für sich dort oben reservierte.

Auf dem Heimweg von diesem historischen Treffen in Straßburg ging der gesamte Trupp der Bürgermeister zunächst zu Oberlin ins Pfarrhaus, berichtete ihm die Einzelheiten der Abmachung und übergab ihm feierlich die Feder, mit der das Dokument unterzeichnet worden war, als Souvenir. Mit einem Dankgebet auf den Lippen befestigte er diese Siegestrophäe an der Wand über seinem Schreibtisch. Diese Vereinbarung bedeutete für ihn eine der wichtigsten Leistungen seiner Amtszeit. Oberlin hatte erkannt, daß der Sache der Steintäler nicht mit dem Beharren auf Rechtspositionen gedient war, die sich vor keinem weltlichen Gericht durchsetzen ließen. Er hatte gesehen: Wenn Recht gegen Recht steht, siegt immer die Gewalt. Und dieser gewaltsamen Auseinandersetzung hatte er ein Ende bereitet nicht durch einen erzwungenen Kompromiß (wie hätte er den auch erzwingen sollen?), sondern durch einen rechtsgültigen und dauerhaften Vertrag, mit dem beide Parteien zufrieden waren, weil sie von ihm mehr Nutzen hatten als vom dauernden Streit. Oberlin war der Held des Tages.

Er hatte die Einigung zuwege gebracht, ohne dabei das Wohlwollen und die Hochachtung Champys zu verlieren; er blieb ihm viele Jahre lang ein guter Nachbar und Freund. Zwischen einzelnen Dörfern jedoch kam es zu Auseinandersetzungen, die nun innerhalb des Tals eines Rechtsspruchs bedurften. Die Urkunde hatte die Ländereien ungeteilt zum öffentlichen Gut erklärt. Doch nun verlangte jedes Dorf den Löwenanteil an der Beute. Versuche, einen Plan für eine gerechte Verteilung des Besitzes zu entwickeln, führten zu manchen Schwierigkeiten: wie sollten solche Faktoren wie die Einwohnerzahl des Dorfs, die Entfernungen zwischen dem Dorf und dem Land, die ungleichen Schwierigkeiten des Zugangs zu ihm, die Ergiebigkeit der einzelnen Parzellen usw. gewertet und ausgeglichen werden? Die Verhandlungen darüber wurden weiterhin dadurch erschwert, daß die politischen Grenzen im Tal inzwischen verändert worden waren und einige der Dörfer zum Département Vogesen gehörten mit St. Dié als Sitz der Bezirksregierung, während der Rest der Gerichtsbarkeit des Départements Niederrhein mit Schlettstadt unterstand.

Solange keine Einigung zwischen den Dörfern erzielt war, gab es Vergehen wie Holzdiebstahl und andere Übergriffe auf fremdes Land immer noch – nur war der Geschädigte jetzt eine der anderen Gemeinden im Tal. Oberlin war also nicht am Ziel. Noch im Dezember 1815 sah er sich gezwungen, einen Rundbrief herumzuschicken, in dem er sich »an die Holzdiebe« wandte – und sie dennoch mit »Liebe Freunde« anredete. Dann aber brandmarkte er alle, die unbefugt das Holz von anderen fällten, als Knechte des Antichrists und als Verräter an ihren eigenen Gemeinden. Von denen, die ertappt und für schuldig erklärt waren, verlangte er Ersatz für das gestohlene Gut an den Besitzer. Gelegentlich belief sich das auf Summen, die nur durch eine lange Reihe von Teilzahlungen abgezahlt werden konnten. Oberlin nannte das »Tilgung der Walddelikte« und überwachte es mit Sorgfalt, indem er ebenso geduldig und gewissenhaft Buch führte, wie er es bei dem Einziehen der ungültigen Assignaten getan hatte, bis das sittliche Bewußtsein der Gemeinde schließlich so weitgehend verändert war, daß die Steintäler den Holzdiebstahl als ebenso verachtenswert betrachteten wie jedes andere Verbrechen auch.[7]

Legrand – Helfer in der Not

Zur gleichen Zeit, zu der er sich so stark bemühte, den hundertjährigen Rechtsstreit zu beenden, machte sich Oberlin auch Sorgen darüber, wie man die Spinnerei und Weberei in den Häusern neu beleben könnte. Die Herstellung von Baumwollstoffen, die Reber, von Oberlin angeregt, in den siebziger Jahren schon als Heimarbeit begonnen hatte, war zu Beginn des neuen Jahrhunderts aus drei Gründen ernstlich bedroht. Der erste war, daß die Kontinentalsperre Napoleons gegen England allen Handel stark beschränkte und zwischen 1806 und 1813 die Baumwolleinfuhr deutlich behinderte. Der zweite Grund war, daß zur selben Zeit der englische Ingenieur Heywood – unter Umgehung des britischen Ausfuhrverbots für Maschinen und für Entwürfe dafür – Zeichnungen und Angaben für Spinn- und Webmaschinen nach Frankreich schmuggelte. Damit begann die verderbliche Konkurrenz von maschinell hergestellten Textilien, die die Heimindustrie in ganz Europa schwer gefährdete. Die Gefahr kam bis an die Schwelle des Steintals, als 1810 derselbe Heywood – nach einem fehlgeschlagenen Versuch, in Straßburg Fuß zu fassen – in Schirmeck, keine 15 Kilometer vom Steintal entfernt, eine Spinnerei einrichtete mit einer Maschine, deren über hundert Spindeln von der Breusch angetrieben wurden. Das dritte Mißgeschick – und eines, das das Schnurren der Spinnräder und das Klappern der Webstühle im Steintal fast verstummen ließ – war die lange, ernste Krankheit, die Reber befiel und die ihn so mitnahm, daß er nicht einmal seinen Umzug in das Gebäude schaffte, das er sich in Fouday hatte bauen lassen.

Die Lage im Steintal war schon kritisch, als 1813 die Rettung in Gestalt des Basler Textilfabrikanten Jean-Luc Legrand nahte.[8] Legrand, der Theologie studiert hatte und sich neben seiner geschäftlichen Tätigkeit als Förderer demokratischer Politik und neuzeitlicher Erziehungsmethoden hervortat, besaß unter anderem eine Fabrik in Saint-Morand im Elsaß, einem Dorf in der Nähe von Altkirch. Dort stellte er nach einem neuen, patentierten Verfahren Seidenbänder her. Ein Besuch, den ihm Oberlins Sohn Heinrich Gottfried abstattete – vielleicht angeregt durch Lavater –, machte Legrand auf die schlechte wirtschaftliche Lage im Steintal aufmerksam. Eifriger Verehrer Oberlins, der er war, entschloß er sich kurzfristig zu einem Besuch in Waldersbach.[9]

Das neue, aber noch leere Gebäude, das Reber oberhalb von Fouday auf einem Hügel errichtet hatte, fand Legrand wunderbar geeignet als Warenlager, Kontor und Weberei. Dort könnte man die Rohseide lagern, um sie dann unter die fünf Dörfer zum Spinnen in den Häusern zu verteilen. In der Fabrik würde man den gesponnenen Faden zu

Seidenband verarbeiten, das dann zum Verkauf hinausgehen würde. Das einzige, was Legrand hinderte, seinen Betrieb sofort nach Fouday zu verlegen, war die Verantwortung, die er für seine kleine Schweizer Kolonie in Saint Morand fühlte. Als jedoch ein knappes Jahr darauf die alliierten Truppen das obere Elsaß überrannten und dabei auch sein Fabrikgebäude beschlagnahmten – denn auf der Heerstraße nach Paris war es das erste größere Gebäude innerhalb der Grenzen Frankreichs –, um es nun als Lazarett und als Quartiermeister-Station zu benutzen, und als es darum nun unmöglich wurde, den Betrieb dort weiterzuführen, nahm Legrand das zum Anlaß, das ganze Unternehmen nach Fouday zu verlegen.

Im Jahre 1814 ließ Legrand sich im Steintal nieder mit seiner Frau und seinen beiden Söhnen Daniel und Friedrich. Er blieb dort bis zu seinem Lebensende im Jahre 1836. Die Ankunft der Familie Legrand zu dieser Zeit schien ganz besonders durch göttliche Vorsehung bewirkt zu sein, denn dies war das Jahr einer großen Mißernte im Tal, die sich noch viel verhängnisvoller ausgewirkt hätte, wenn Legrand nicht das neue Unternehmen gleich wirksam in Gang gebracht und genügend Rohseide beschafft hätte. In den Dörfern waren alle Spinnräder und Webstühle wieder in Betrieb, und zwar zu Arbeitslöhnen, die manche Familie vor der Hungersnot bewahrten.

Der ehrwürdige Patriarch Oberlin, 72 Jahre alt, heiter und gelassen in seinem unerschütterlichen Glauben und unbeirrbar in seinen Zielen und seinem Vertrauen auf soziale Gerechtigkeit, und der vornehme Fabrikant, der durch ein wechselvolles Leben im Dienst an seinen Mitmenschen mit 57 Jahren den Weg zurückgefunden hatte zum pietistischen Glauben seiner Jugend: beide sahen und erkannten von Anbeginn die geistige Verwandtschaft ihres Wesen und die Gemeinsamkeit in allem, was ihr soziales Gewissen zu bewegen schien. Und so erwuchs aus der Hochachtung des einen für den anderen eine wohl für beide in ihrem langen, an Freunden reichen Leben einzigartige Freundschaft.

Von Anfang an war Legrand lebhaft an Oberlins vielen Unternehmungen interessiert. Um aber auch selber der Gemeinde mehr Zeit und Kraft widmen zu können, überließ er allmählich die Verwaltung der Textilfirma den beiden Söhnen. Das Wohl der Kinder und der jungen Leute lag ihm besonders am Herzen, und er verbrachte den größeren Teil seiner Zeit als freiwilliger Lehrer in den Schulen. Selbst in den letzten Jahren seines Lebens, als Achtzigjähriger und am Erblinden, ließ er aus den verschiedenen Dörfern noch immer Kinder zu sich kommen, um sie bei sich in seinem Arbeitszimmer weiterhin zu lehren.

Seine stets tätige Anteilnahme an den Angelegenheiten der Gemeinde und seine immer großzügigen Schenkungen, die ihm sein stattliches

Vermögen erlaubte, sollten auch Oberlins langgehegten Traum von einer Berufsschule erfüllen, in der die jungen Leute aus dem Tal auf eigenem Boden das erlernen konnten, was für die Verbesserung der Landwirtschaft vonnöten war - denn diese war immer noch die Haupterwerbstätigkeit in der Gemeinde. Außerdem vermittelte die Schule kaufmännische Grundkenntnisse und das nötige Wissen für die Textilfabrikation. Legrand errichtete für die Schule das Gebäude und bezahlte auch die gesamten Ausgaben für den Unterricht.

Zweifellos hätten die Legrands aus ihrem Unternehmen viel höhere Einnahmen erzielen können, hätten sie die Handarbeit ganz auf Maschinen umgestellt. Für sie jedoch bedeutete das Menschliche weit mehr als finanzieller Gewinn. Und irgendwie gelang es ihnen, konkurrenzfähig zu bleiben, obwohl ein großer Teil des Bearbeitungsprozesses der Waren weiterhin in Heimarbeit geschah.

Die Legrands paßten sich auch in ihrem Lebensstil der einheimischen Bevölkerung an. Sie wohnten selbst in dem Gebäude, von dem aus sie ihre Geschäfte leiteten; und ihre Wohnung war fast so schlicht und so bescheiden wie alle anderen in ihrer bäuerlichen Nachbarschaft. Vielerlei Zeichen gegenseitiger Liebe und Hochachtung verbanden die Familien Legrand und Oberlin, und so wie die übrige Steintaler Jugend nannten die Legrand-Kinder Oberlin »Papa«, während in der Familie Oberlin Legrand immer nur »Onkel« hieß, und allmählich wurde das die allgemein übliche Anrede für Legrand. Außer der so kräftigen Hilfe, die er Oberlin bei der Erziehung und Ausbildung der Jugend leistete, wandte Legrand viel Zeit, Kraft und Geld an missionarische Unternehmen und an die Verbreitung der Bibel.

Die Ernte wird eingebracht

Für Oberlin waren die Jahre mit Legrand vor allem eine Zeit der Erfüllung und der Ernte. Am 31. August 1810 hatte Oberlin schon unter reger Anteilnahme seiner Steintäler und der Freunde von nah und fern den siebzigsten Geburtstag gefeiert - weit entfernt davon, sein Amt im Steintal, das er seit mittlerweile 43 Jahren verwaltete, niederzulegen. Die großen Kämpfe um die sittliche und moralische Hebung der Waldersbacher Gemeinde, die er als junger Seelsorger (zuerst zusammen mit seiner Frau und nach deren Tod fast allein) durchgefochten hatte, waren gewonnen. Aus den Kindern, die als erste die Kleinkinderschulen bevölkert hatten, waren schon lange Hausfrauen, Erzieherinnen, Landwirte, Handwerker, Lehrer und Älteste geworden. Ihre Kinder lebten jetzt in sauberen, gepflegten Häusern, wo Andacht und Gebet, Lesen, Musik und Heimarbeit lange schon die mürrische Zänkerei und das trostlose Nichtstun der früheren Zeiten verdrängt hatte. Und ihre Enkel besuchten die Kleinkinderschulen, die nun von geschulten und fachkundigen Kindergärtnerinnen geleitet wurden. Sie waren ausgebildet worden von ihren eigenen Vorgängerinnen und von Wegbereitern wie Sara Banzet, Sara Caquelin und Louise Scheppler. Alle Kinder gingen zur Schule, und zwar in Gebäuden, die, von allen Bürgern im Tal errichtet und bezahlt, nun auch von ihnen unterhalten wurden. Die Jugend wurde unterrichtet von würdigen Nachfolgern der ersten Lehrer, Männern wie Bohy, den Massons, den Scheideckers und den Claudes. Die Feindseligkeit der frühen Jahre gegen den alles reformierenden Pfarrer war abgeklungen, zum Teil deswegen, weil Oberlin mit zunehmendem Alter durch manche bittere Erfahrung gelernt hatte, daß menschliche Bemühungen mehr erreichen, wenn man die Armut und Sorge lindert, und daß ein auf allmähliche Überzeugung gerichtetes Argumentieren mehr ausrichtet als Zornesausbrüche und Standpauken.

Mit der allgemeinen Bildung hatten sich auch der Geschmack und die Sitten gebessert. Das samstägliche Rowdytum war sportlichen Wettkämpfen bei Volksfesten und Jahrmärkten gewichen. Die Rüpeleien der Jugendlichen waren durch Sport und Ausflüge abgefangen und umgelenkt worden. Wohlversorgt von Leuten wie Theophil Scheidecker, lagen nun auch die Gemeindeangelegenheiten meist in jüngeren Händen.

Mit seinen über siebzig Jahren war Oberlin in einem Alter, das damals nur wenige Menschen erreichten. Und so erlebte er nicht nur den Tod mancher treuer Weggenossen (wie den Stubers, der schon 1797 starb), sondern auch den Tod eigener Kinder: den Tod der so geliebten ältesten Tochter, Fidélité Caroline, kurz vor seinem siebzigsten Geburtstag, und neun Jahre später den Tod Heinrich Gottfrieds, der nach 1814 Vikar bei seinem Vater gewesen war.

Im biblischen Alter, in dem er stand, konnte Oberlin, dessen Gesundheit anfälliger wurde und dessen Sehkraft stark nachgelassen hatte, auch in der Gemeinde nicht mehr den Männern beim Bau von Wegen und Brücken zur Seite stehen, konnte nicht mehr Gräben ausheben, Steinmauern errichten oder Bäume pflanzen. Doch sein Geist und Sinn blieben wach und tätig. Er predigte weiterhin in den drei Kirchen, fuhr fort, die Kinder zu lehren und Andachtsstunden für Erwachsene abzuhalten. Auch blieb es bei den Mittwochstreffen mit den Lehrern. Er ging zu allen Sitzungen des landwirtschaftlichen Vereins, beschaffte Fachschriften für dessen Mitglieder und sorgte auch dafür, daß ihnen die neuesten wissenschaftlichen Erkenntnisse über Ackerbau und Viehzucht zugänglich waren. Auch seine eigenen Experimente führte er weiter, stets auf der Suche nach neuen, noch besseren Pflanzensorten, Zuchttieren und Saat. Immer noch verwaltete er die öffentliche Leihbibliothek, den Werkzeugladen und die Darlehenskasse und das Einziehen der Assignaten. Gleichzeitig beriet er Bürgermeister und Ortsvorstände in juristischen Fragen, vor allem bei ihren Verhandlungen mit der Obrigkeit und mit den vorgesetzten Behörden in Schlettstadt und Paris. Auch war er neben seinem treuen Freund Sebastian der einzige in der Gemeinde, der ärztlichen Beistand leisten konnte.

Alle seine Unternehmungen und Pflichten verlangten das Schreiben vieler Briefe – sei es, um Rat zu geben oder einzuholen, sei es, um Freunde um Unterstützung zu bitten, wie im Fall eines großen Brandes in Belmont, der zehn Familien obdachlos machte. Für uns, die wir mit Füllfederhalter und Kugelschreiber, mit Schreibmaschinen und Fotokopierern arbeiten, ist es schwer, die ungezählten Stunden der Arbeit richtig einzuschätzen, die eine ausgedehnte Korrespondenz zu jener Zeit erforderte, da alles noch mit selbstgeschnittenen Federkielen geschrieben wurde – einem Werkzeug, das nur bei häufigem sorgsamem Schneiden und Stutzen eine saubere, lesbare Schrift erzeugt – und da eine Kopie von einem Brief oder Dokument auch nur durch die Mühe einer Abschrift zu haben war.

Besonders belastet war Oberlins Briefwechsel zur Zeit der großen Hungersnot von 1816/1817, die im Steintal Ausmaße annahm, wie man sie seit dem Dreißigjährigen Krieg nicht mehr gesehen hatte. Schon im Sommer 1816 waren einige Familien, wie vor Oberlins Zeiten so oft, gezwungen, ihre Nahrung mit wilden Wurzeln, mit Kräutern und mit Gräsern zu ergänzen. Und dennoch, selbst in solch äußerster Not trug die Steintal-Gemeinde noch einen Hilfsfonds zusammen für die katholische Nachbargemeinde von Ranrupt, als ein sommerlicher Hagelschlag dort die ganze Ernte bis auf den letzten Halm zerstört hatte. Als aber der Winter kam – und er kam früher noch als in den anderen Jahren – und dem Sammeln in Wald und Wiesen ein Ende machte, da warf das Gespenst der Hungersnot einen dunklen Schatten auf jedes Dorf, auf jeden Flecken und jeden Hof im Tal. Täglich, auf den Straßen, in Schulen und Kirchen, im eigenen Arbeitszimmer, in Wohnräumen und Krankenstuben, traf Oberlin auf abgezehrte, hagere Gesichter, auf ausgemergelte Glieder und trostlose Gemüter. Es konnte für ihn kein Zweifel sein, daß dies eine Not war, mit der die tapfere Gemeinde nicht alleine fertig werden konnte.[9]

Diese Einsicht trieb ihn an zu fieberhafter Tätigkeit. Er setzte Denkschriften auf, in denen er seine Gemeinde beschrieb und ihre Tugenden hervorhob; dann aber legte er die Ausmaße ihres Elends dar. Er schrieb auch Briefe zum Abdruck in Zeitungen und Kirchenblättern im Elsaß, in der Schweiz, in Deutschland. Die Antwort ließ nicht lange auf sich warten; sie kam schnell, von vielen Seiten und mit weit offener Hand: Protestantische Gemeinden und Wohlfahrtsorganisationen in Deutschland und in der Schweiz leisteten großzügige Hilfe; und aus dem eigenen Land kam manche Gabe, nicht nur von Gemeinden im Elsaß selbst, sondern aus anderen Bezirken ebenso, aus Montbéliard, aus Grenoble, aus Anduze in den Cevennen und aus Paris. Sogar aus London kamen Spenden. Schon öfter hatten die armen Steintäler, von Menschenliebe beseelt und dem Rate des Predigers Salomo folgend, ihr karges Brot über das Wasser fahren lassen, und siehe da, sie fanden es auch wieder nach langer Zeit. Der alte Pfarrer aber, obgleich er am Erblinden war und seine Hände sich verkrampften, dankte unverzüglich im Namen der Gemeinde für jede Gabe mit einem Brief von eigener Hand.

Unter den zahlreichen Urkunden aus jener Zeit fand Stoeber ein anonymes Briefchen, darunter in Oberlins Handschrift: »Ich weiß nicht, von wem. Herr! du kennst ihn! Teurer Heiland, lohne ihn dafür.«[10]

13. KAPITEL

Über das Steintal hinaus

Oberlin und die Berühmtheiten seiner Zeit

Mit Ausnahme von zwei kurzen Zeitspannen hat Oberlin jeden Tag seines langen Lebens im Elsaß, seinem Geburtsland, verbracht. Er hat offenbar auch nie irgendwo anders als in seinen eigenen Kirchen gesprochen, sei es als Prediger oder als Redner über weltliche Dinge, und keine Bücher veröffentlicht. Angesichts einer solchen Verborgenheit seines Schaffens ist sein Ruhm um so erstaunlicher. Vor Oberlins Zeit hatte das Wort Steintal – wenn man überhaupt etwas von ihm wußte – unter den Elsässern nur Mitleid oder gar Verachtung ausgelöst. Als er starb, war sein Werk weithin bekannt und kamen viele Menschen von weither, um selber zu sehen, wie das schlichte Volk im Steintal lebte, und die Besucher kehrten heim, um Bericht zu geben und Aufsätze zu schreiben, in denen sie das Leben dort und die Person Oberlins schilderten.

Jenseits der Grenzen des Elsaß war Deutschland das erste Land, in dem sein Name weithin bekannt wurde. Soweit wir wissen, war die erste Veröffentlichung über ihn ein anonymer Artikel, der 1774 – im siebten Jahr seiner Amtszeit – im *Leipziger Intelligenzblatt* erschien. Weit verbreitet und offenbar auch vielerorts in Zeitschriften verschiedener Art immer neu abgedruckt, mag dieser Artikel früh schon allerlei Reisebesuch nach Waldersbach gelenkt haben, wie er wohl auch in Augsburg Urlsperger bewegte, bei ihm anfragen zu lassen, ob Oberlin zu Missionarsarbeit in Nordamerika bereit sei.

Einen wesentlichen Anteil an der Verbreitung seines Namens hatten aber persönliche Briefe, nicht nur seine eigenen, sondern auch die anderer. Es war das goldene Zeitalter des Briefwechsels. Weil Bücher fast unerschwinglich und oft schwer zu bekommen waren (ein Grund für Oberlins Leihbibliothek) und weil das Reisen lang dauerte und mit hohen Kosten und vielen Strapazen verbunden war, fand der geistige Austausch auf brieflichem Wege statt. Leute, die gleiche Interessen hatten, bildeten Korrespondenz-Zirkel, in denen der Briefwechsel unablässig hin- und herging im Austausch von ernsten Gedanken, gelegentlich auch von allerlei Klatsch, alles abgefaßt in den reichlich geblümten Phrasen, wie sie im »Zeitalter des Gefühls« Mode waren. Daß Oberlin mit einer ganzen Reihe berühmter Zeitgenossen, mit Theologen, Philosophen, Pädagogen, in brieflicher Verbindung gestanden hat, ist in diesem Buch immer wieder deutlich geworden.

Zu denen, die sich besonders für Oberlin interessierten und viel zur Verbreitung seines Namens beitrugen, gehörte die große bunte Gruppe der Eschatologen, der Chiliasten und der Visionäre, die das Erdendasein als eine Übung in der Heiligung deuteten, die auf das Tausendjährige Reich Gottes auf Erden vorbereiten sollte. Einer der einflußreichsten Köpfe dieser Bewegung, die auch im Pietismus Unterstützung gefunden hat, war der streng pietistisch erzogene und eine Zeitlang sogar in Straßburg lebende Arzt Heinrich Jung, genannt Jung-Stilling.[11] Seine spiritualistischen *Szenen aus dem Geisterreich* haben die Mystik und die romantisch-phantastische Literatur beeinflußt. Im Jahre 1801 nimmt Jung-Stilling zu Oberlin, der zu seinen Verehrern gehörte, brieflich Kontakt auf: »An den Prediger der Gerechtigkeit in der Vogesischen Wüste: Leide Du als guter Streiter Christi! Bald kommt's zum Siege – dann umarmen wir Verklärte uns in Solyma* und freuen uns, so viel gelitten zu haben! – freuen uns aber auch, daß uns so viel vergeben ist. Von Ihrem Bruder und Mitglied am Leibe Jesu, Jung-Stilling.«

Die beiden Männer begegneten sich offenbar zum erstenmal im Jahre 1809. Später, im August 1812, kam Jung-Stilling mit seiner Familie ins Steintal zu Besuch. Wie stark ihn Oberlin und sein Werk im Steintal beeindruckte, geht daraus hervor, daß er am 8. September schon in einem Brief an »Papa Oberlin« den »unwiderstehlichen Drang« zum Ausdruck brachte, sein Biograph zu werden, und in Erwartung solcher Arbeit erbat er sich auch gleich die Antwort auf mehrere Fragen. (Mit seinen Haupt-Biographen, Stoeber und Leenhardt, bedauere ich aufrichtig, daß Jung-Stillings Buch niemals geschrieben worden ist.) Der Briefwechsel zwischen den beiden hielt an, bis Jung-Stilling 1817 – neunzehn Jahre vor dem von ihm erwarteten Weltende – starb. Für Oberlin war dies eine bedeutungsvolle Freundschaft; in Jung-Stillings

* Von Jung-Stilling in seinem Roman *Das Heimweh* gewählte Bezeichnung für das von ihm in Mittelasien gesuchte »Land des Friedens«, d. h. den Bergungsort, auf den in Offenbarung 12,1–6 hingewiesen wird.

Büchern fühlte er sich in seinen tiefsten Ansichten von Leben und Tod bestätigt; in seinen Briefen und in seiner Zuneigung fand er Trost. Die Freundschaft trug aber auch erheblich zur Verbreitung von Oberlins Ruhm bei, denn durch Jung-Stillings zahlreiche Publikationen und seine unzähligen Briefe wurde Oberlins Name weit bekannt in den Kreisen, zu denen Jung-Stilling Zugang hatte, teils persönlich, teils durch seine Schriften. Seine Leserschaft umfaßte Bürger wie Aristokraten, einfache Leute wie Gelehrte. Diese Freundschaft führte auch zu dem Kontakt mit einer Frau, durch deren Vermittlung der stille Landpfarrer in all seiner Bescheidenheit ganz persönlich die Anerkennung und Bewunderung von einem der mächtigsten Herrscher Europas erfuhr, von Alexander I.

Die Baronin Barbara Julie von Krüdener war eine der überspanntesten Persönlichkeiten in diesem an Sonderlingen reichen Zeitalter. Ernest John Knapton, der hervorragendste unter ihren Biographen, hat ihr Leben in einem einzigen inhaltsreichen Satz zusammengefaßt:

»Ihr Leben führt uns von einer einfachen Kindheit in Livland zum Schmetterlingsdasein in Frankreich in den letzten Tagen des Ancien Régime; aus dem diplomatischen Glanz von Venedig und Kopenhagen in die literarischen Kreise um Bernardin de Saint-Pierre und Madame de Staël; von dem Paris des Direktoriums und des Konsulats nach Berlin und Königsberg, von den Mährischen Brüdern in Schlesien und den Pietisten im Rheinland zu der letzten Koalition gegen Napoleon und zu den prächtigen Träumereien des Zaren Alexander I.; von der wirtschaftlichen Not und dem religiösen Fanatismus der Schweiz und Süddeutschlands während der ersten Jahre der Restauration zu einer Zeit der Abgeschiedenheit in Livland; aus einem langen Leben voll rastlosen Tuns zu einem fast mystischen Ende in der abgelegenen Einsamkeit der Krim.«[12]

Die Baronin mit dem bewegten Leben und Oberlin trafen sich auf ihre Initiative im Jahre 1809 in Villé, einer kleinen Stadt, die gleich weit entfernt liegt von Waldersbach und von Sainte Marie-aux-Mines, wo sie den Januar verbrachte. Sie war eben von Herrnhut angekommen, wo sie für kurze Zeit am Leben der Brüdergemeine teilgenommen hatte. Unterwegs hatte sie auch Jung-Stilling in Karlsruhe besucht. Oberlin interessierte sie nicht so sehr wegen seiner guten Werke und seiner Reformen wie wegen seiner Beschäftigung mit mystischen Prophezeiungen und Visionen. So verbrachten die beiden denn auch den Abend in ernster Unterhaltung über das bevorstehende Kommen des Weltendes und die Beschaffenheit und den Ablauf des Lebens nach dem Tod. Der eigentliche Zweck des Besuchs der Baronin in Sainte Marie-aux-Mines war gewesen, daß sie sich der Gemeinde anschließen wollte, die ein religiöser Fanatiker, Jean-Frédéric Fontaines, dort gegründet hatte; sie wollte sich zusammentun mit der Seherin dieser Gemeinde, Maria Kummer; und schließlich wollte sie dann ihren Plan verwirklichen, eine ideale Gemeinschaft zu bilden, die intensiv nach einem Leben in heiliger Vollkommenheit strebte. Ehe sie und Oberlin sich in Villé trennten, offenbarte sie ihm diesen Plan und lud ihn ein, mit ihr zusammen ihre Kolonie in Württemberg zu gründen; doch er lehnte das ab, indem er erklärte, Gott habe ihn ins Steintal geschickt, und dort werde er auch bleiben.

Nach dem Scheitern ihres Versuchs einer idealen Gemeinschaft kam die Baronin noch mehrere Male ins Steintal, zuletzt im September 1814. Auf das Jahr 1815 - nicht lange also nach ihrem letzten Aufenthalt in Oberlins Gemeinde - fiel Frau von Krüdeners erste Begegnung mit Zar Alexander I., und damit begann ihre Verquickung mit den »prächtigen Träumereien« und der hohen Politik, die ihr den Beinamen »Dame der Heiligen Allianz« eintragen sollte. Sie stand neben dem russischen Zaren, als er mit dem Kaiser von Österreich und dem König von Preußen das Bündnis der »Heiligen Allianz« unterzeichnete.

Außer dieser indirekten Verbindung gab es andere Beziehungen zwischen Oberlin und Alexander. Der Zar hatte von Jung-Stilling, Frau von Krüdener und anderen aus dem Kreis der religiösen Schwärmer schon viel vom Steintal und von seinem Pfarrer gehört. So hatte er auch, als seine Truppen 1813 zuerst durch das Elsaß nach Frankreich einmarschierten, in Sorge um die Sicherheit des Pfarrers und um das Wohl seiner Gemeinde, Oberlin einen Boten geschickt mit einer Garantie für freies Geleit, und er hatte seinen General Koliwanzky angewiesen, das Steintal nicht zum Kriegsschauplatz zu machen.

Zu einer weiteren Beziehung zwischen dem Herrscher und dem Pfarrer kam es im Jahre 1819. Vermittler war diesmal Franz Karl von Berckheim, ein ehemaliger Schüler und alter Bewunderer Oberlins, der Juliette Krüdener, die Tochter der Baronin, geheiratet hatte und vom Zaren mit wichtigen Aufgaben betraut worden war. Daß durch ihn eine Verbindung hergestellt wurde, in der auch das Menschliche gedieh, zeigt ein Brief, den Berckheim an Dr. Christian Gottlob Barth geschrieben hat, den bekannten Missionsschriftsteller und guten Freund Oberlins. Berckheim, der den Zaren gebeten hatte, Oberlin besuchen zu dürfen, überliefert in diesem Brief eine Äußerung des Zaren über Oberlin: »Herr Oberlin ist mir bekannt, ich weiß, daß er ein wahrer Diener des Herrn ist. Sagen Sie ihm, daß ich ihn liebe und verehre und daß ich mich seinem Gebet anempfehle.«

Über Oberlins Reaktion auf den Gruß des Zaren weiß Berckheim zu berichten: »Am Abend vor meiner Abreise (von Waldersbach) küßte mir Papa Oberlin die Hand und sagte tief gerührt zu mir: ›Tue dies in meinem Namen dem Zaren und versichere ihn meiner Verehrung und meines Wunsches, daß der Wille des Herrn ihn geleiten möge.‹« Im Oktober, schreibt Berckheim, habe er dann den Zaren wiedergesehen: »›Sire‹, sagte ich zu ihm, ›ich habe mich einer heiligen Pflicht zu entledigen, indem ich Sie der Verehrung des Pfarrers Oberlin versichern soll.‹ Als ich ihm über das, was in Waldersbach vorgegangen war, berichtete, gab mir der Zar zur Antwort: ›Es ist an mir, die Hand eines wahren Priesters des Herrn zu küssen. Sie wissen, daß ich mir niemals von irgend jemandem die Hand küssen lasse, um so weniger also von einem Geistlichen.‹ – ›Sire, ich weiß es‹, sagte ich, indem ich ihm trotz seines Widerstrebens die Hand küßte, ›aber ich kann nicht die Spur der Lippen des Papa Oberlin auf meiner Hand ruhen lassen.‹ Der Zar umarmte mich dreimal und sagte: ›Das ist für Papa Oberlin!‹«[13]

Wenn es manchmal wahr sein mag, daß der Prophet nichts gilt in seinem Vaterland, so ist es gewiß ebenso wahr, daß ein protestantischer Prophet kaum gepriesen wird in einem katholischen Land – selbst dann nicht, wenn es sein eigenes ist. Was Oberlin in Frankreich über die offiziellen Ehrungen hinaus an Beifall fand, reicht nicht entfernt an das heran, was ihm in Deutschland oder England zuteil geworden ist. Es war der katholische Geistliche Henri Grégoire, der in Frankreich die öffentliche Ehrung Oberlins durchsetzte und ihm gerade in den schwierigen Zeiten der Französischen Revolution eine Hilfe war. Wir haben in diesem Zusammenhang schon von ihm gehört. Es lohnt sich, seine Lebensgeschichte kurz zu skizzieren. 1789 als Abgeordneter des ersten Standes, der Geistlichkeit, in die Generalstände gewählt, wurde der katholische Priester bald einer der führenden Köpfe der Französischen Revolution. Er schlug die Abschaffung der Monarchie vor und gehörte zu denen, die ein Gerichtsverfahren gegen den letzten König, Ludwig XVI., verlangten. Abbé Grégoire sprach sich aber gleichzeitig gegen die Todesstrafe für den König aus. 1792 wurde er Bischof von Loire-et-Cher, einem Département in Mittelfrankreich. Unter der Schreckensherrschaft der Jakobiner wurde er allgemein bekannt durch seine mutige Verteidigung nicht nur seiner eigenen Kirche, sondern aller religiösen Einrichtungen überhaupt. Standhaft weigerte er sich, die Kleidung des Geistlichen abzulegen, und er rettete viele religiöse Bücher und Kunstwerke vor der Zerstörung. Die Rede, die er im Dezember 1794 vor dem Konvent hielt, wurde ausschlaggebend für die Wiederzulassung der Religionsfreiheit. Die Neuordnung einer nun verfassungsmäßigen Kirche wurde von ihm entworfen und geleitet. Als Senator unter dem Konsulat Napoleons wandte er sich jedoch gegen das Konkordat von

1801 mit Rom; aus Protest dagegen gab er sein Bischofsamt auf und wurde wieder einfacher Priester. Obgleich er sich gegen Napoleon und sein Kaisertum gestellt hatte, erhob dieser ihn bald zum Grafen. 1819 wurde er zum Parlamentsabgeordneten gewählt, doch als einem radikalen und widersetzlichen Priester verweigerte man ihm den Sitz. Er starb in Armut, im Jahre 1831.

Dieser unerschrockene Mann hatte Oberlin schon kennengelernt, als er noch in Embermenil in Lothringen ein einfacher Priester war.[14] An Oberlin faszinierte ihn zum einen die biblische Begründung für seine Ansichten über die Gesellschaft und für seine praktischen Reformen – das, was wir unter dem Stichwort »Heiligung« zusammengefaßt haben. Zum anderen traf er sich mit Oberlin in der Vorstellung, daß das Christentum eine Gemeinschaft *aller* Gläubigen sein müsse. Oberlins ökumenische Einstellung zeigt sich nicht nur in der Zulassung von Christen aller Glaubensrichtungen zum Abendmahl, sondern auch an der provozierenden Bezeichnung »Evangelisch-Katholischer Seelsorger«, die er gelegentlich seiner Unterschrift hinzufügte. Grégoire war es gewesen, der mit seinem preisgekrönten Aufsatz *Die politische, physische und moralische Erneuerung der Juden* zur Verbesserung der Lage dieser unterdrückten Volksgruppe in Frankreich beigetragen hatte.

Ins Waldersbacher Pfarrhaus kam der Abbé zum erstenmal im Jahr 1787. Es blieb nicht sein einziger Besuch, denn er fand Frieden und Erholung in der Gegenwart seines schlichten und bescheidenen Amtsbruders. Nicht immer, meint Stoeber, habe der Priester in ihm der Versuchung widerstanden, den Freund vielleicht doch zu bekehren; aber die langen, ernsten theologischen Diskussionen, die Priester und Pfarrer beschäftigten, wurden stets mit gegenseitiger Hochachtung und warmer Zuneigung geführt. Der Abbé war einer der wenigen Briefpartner, mit denen Oberlin sich duzte.

Grégoire war es auch, der Oberlin öffentliche Ehren verschaffte – nicht nur für die Verbreitung der französischen Sprache, sondern auch wegen seiner Verdienste für die Landwirtschaft. Vermutlich verdankt Oberlin auch ihm, daß er 1819 zum Ritter der Ehrenlegion ernannt wurde, der höchsten Auszeichnung, die die Nation zu vergeben hatte. Als alle Korrespondenz darüber abgeschlossen war, trug Oberlin die Dokumente zusammen – die Verfügung des Königs Ludwig XVIII., die Briefe vom Innenministerium und von verschiedenen Präfekturen, Gratulationsbriefe von zahlreichen Freunden, mitsamt all seinen Antworten – wickelte sie ein, schnürte sie mit einem Band zusammen und schrieb oben darauf mit fester Hand und gewiß auch mit einem gedankenvollen, schelmischen Lächeln: »Ein Ritter von achtzig Jahren!«[15]

Der missionarische Gedanke

Die Verbreitung seines Namens über die Küsten des kontinentalen Europa hinaus begann, als Oberlin selber den ersten Kontakt mit der »Britischen und Ausländischen Bibelgesellschaft« aufnahm. Von früher Jugend an hatte Oberlin sich lebhaft für christliche Missionsarbeit interessiert, sei es im Heimatland oder in fremden Ländern. Er unterstützte das Werk der Inneren Mission in den Franckeschen Stiftungen in Halle; er korrespondierte mit dem Predigerverband der Brüdergemeine in Herrnhut; er tauschte Briefe aus mit Pfarrer Christian Gottlieb Blumhardt von der Basler Mission, einem der bedeutendsten unter den vielen Missionsverbänden, die das 19. Jahrhundert in der ganzen Christenheit hervorbrachte. Und als er im Jahre 1804 erfuhr, daß in London die »Britische und Ausländische Bibelgesellschaft« gegründet worden war, schrieb er an ihren Sekretär und begann damit eine fruchtbare Zusammenarbeit, die bis zu seinem Lebensende dauern sollte.[16]

Der Brief erwuchs aus seinem Wunsch, daß »das geliebte, das sehr geliebte Buch« jedem – Männern, Frauen und Kindern – in seinen Gemeinden zugänglich sein möge. Die Antwort kam sofort. Die Gesellschaft hatte zwar zur Zeit keine französischen Bibeln zur Hand, schickte dafür aber eine Gabe von 30 Pfund Sterling – für die damalige Zeit eine hohe Summe. In seinem Dankesschreiben schrieb Oberlin ausführlich über seine Gemeinde und erzählte von dem Leben und der Arbeit derer, die dank dieser Gabe die ersten drei Bibeln empfangen hätten, die er habe besorgen können. Dieser Brief, vom 3. November 1804, wurde bei der ersten Jahressitzung der Bibelgesellschaft als besondere Beigabe verlesen, und er hinterließ einen solch tiefen Eindruck, daß die Gesellschaft sofort Oberlin zu ihrem ersten korrespondierenden Mitglied im Ausland wählte und beschloß – unter dem Eindruck von Oberlins Bemerkungen über den Beitrag der Frauen zum religiösen Leben seiner Gemeinde –, auch innerhalb ihrer eigenen Organisation eine besondere Abteilung für Frauen zu gründen: das Steintal als Vorbild für das aufgeklärte London!

In Waldersbach gründete Oberlin eine Niederlassung der Französischen Bibelgesellschaft, und mit Hilfe früherer Schüler aus seinem Pensionat (unter ihnen auch der Pariser Verleger Treuttel) rief er ähnliche Zweigstellen in anderen Orten Frankreichs ins Leben. Im Jahre 1816 unternahm Oberlins Sohn Heinrich Gottfried im Namen der Gesellschaft eine ausgedehnte Missionsreise durch das südliche Frankreich. Ein halbes Jahrhundert also, nachdem sein eigener Plan, in der Neuen Welt, in Ebenezer, das Wort Gottes zu verbreiten, sich zerschlagen hatte, spielte Oberlin (obwohl indirekt) noch eine Rolle in den großen Missionsbewegungen seiner Zeit. Die Beständigkeit seines – und, nebenbei bemerkt, auch Louise Schepplers – Wirkens für die Bibelanstalten spiegelt sich in dem folgenden Brief, den Jean-Luc Legrand am 17. Juli 1825, in Oberlins letztem Lebensjahr, als dieser wegen seiner schlechten Augen nicht mehr schreiben konnte, an die Bibelgesellschaft in Paris gerichtet hat: »Da alles, was unser ehrwürdiger Patriarch empfängt oder besitzt, nur verwendet wird, das Reich Gottes zu verbreiten, hat er mir wieder einmal hundert Francs überreicht, damit ich sie Ihnen überweisen solle. Seine treue Louise hat für denselben Zweck noch zehn Francs dazugelegt, und zehn weitere für die Missionsgesellschaft von Paris. Sie besitzt ein kleines Stückchen Land, und diese Summe stellt das Pachtgeld dafür dar. Möge der Herr diese Gabe ganz besonders segnen!«[17]

Die Verbindung mit den Bibelgesellschaften hatte, wie sich herausstellte, einen wesentlichen Anteil an der Verbreitung von Oberlins Ruhm, in England wie schließlich auch in Übersee. Im Jahre 1818 kam John Owen, der Sekretär der »Britischen und Ausländischen Bibelgesellschaft«, im Laufe einer Reise durch Frankreich und die Schweiz ins Steintal, »um seine Ehrfurcht vor Pfarrer Oberlin in Waldersbach zu bezeugen . . ., vor diesem außerordentlichen Mann mit der Schlichtheit eines Patriarchen und dem Eifer eines Apostels«[18]. Nach seiner Rückkehr nach London schrieb Owen einen langen Bericht über seinen Besuch mit eingehenden Beschreibungen des Steintals, von Oberlin selbst und einigen seiner Pfarrkinder, von den Schulen, von der guten Arbeit der Hortnerinnen und der Diakonissen, von den Kirchen und dem Gottesdienst.

Zwei Jahre später kam weiterer Besuch aus England: der frühere Sekretär der »Gesellschaft zur Förderung Christlicher Wissenschaft«, Karl Friedrich Steinkopf, und Francis Cunningham mit ihren Frauen – alles Freunde von Sarah Atkins und wichtige Persönlichkeiten in der »Britischen und Ausländischen Bibelgesellschaft« und der »Gesellschaft zur Förderung Christlicher Wissenschaft«. Sie blieben fast vierzehn Tage lang zu Gast bei Oberlin, bei den Legrands und in anderen Familien. Die beiden Damen führten eifrig Tagebuch während des Aufenthalts mit genauer Beschreibung der Bevölkerung und einzelner Persönlichkeiten, der Häuser, Schulen und Kirchen, der häuslichen Gewohnheiten und des Tagesablaufs. Diese Berichte wurden wie der von Owen gedruckt und von vielen Freunden der britischen Mission gelesen. Mrs. Cunninghams Tagebuch steuerte auch erheblich zu dem Buch von Sarah Atkins, *Memoirs of John Frederick Oberlin,* einer der frühesten Oberlin-Biographien, bei. Das Buch von Frau Atkins machte auch in Amerika die Runde.

Sechs Jahre nach Oberlins Tod, 1833, wurde in Ohio die Stadt Oberlin und das Oberlin-College gegründet, und zwar von dem Wanderprediger John Jay Shipherd, der im Mississippibecken (dem »Tal des sittlichen Todes«, wie er es nannte) einen Feldzug gegen das Wirken des Satans unternahm, also in einem Gebiet, dreizehnmal so groß wie die Bundesrepublik. In einem Brief an seinen Bruder schildert Shipherd die Gründung wie folgt:

»Ich hatte eben im *Christian Spectator* einen Bericht über Dr. Hendersons Leben in Island gelesen. Begeistert, wie ich war, von der Einsicht und der frommen Schlichtheit der dortigen Eingeborenen, habe ich Bruder Stewart vorgeschlagen, daß wir eine Kolonie gründen sollten zur Förderung einer ähnlichen, wenn nicht gar noch tieferen Einsicht und christlichen Schlichtheit. Pfarrer Oberlins Steintal kam zur Sprache und unterstützte meinen Vorschlag. . . . In den Beispielen, die die Isländer und Pfarrer Oberlin gegeben haben, ist Gott in der Tat hoch geehrt worden. Und wohl jeder, der diese beiden Vorbilder mit christlichem Auge betrachtet hat, mag Scham empfunden haben über seine bequeme Anpassung an diese selbstsüchtige Welt. – Nun also, sagten wir, laßt uns Träger des rechten Geistes sammeln und sie in dieses dunkle Tal verpflanzen, damit aus ihnen Beispiele erwachsen, Pfarrer Oberlins Herde gleich. Dann werden sie unsere Kirchen mit ihrer so unheiligen Verbundenheit mit dieser Welt beschämen.«[19]

Nachdem so der Name für die neue Ansiedlung gefunden war, legte Shipherd zusammen mit Philo Penfield Stewart, einem Laienmissionar bei den Indianern im Staat Mississippi, die Satzung fest. Sie richtet sich deutlich nach dem Steintaler Vorbild: Fleiß und Sparsamkeit, kein Streben nach irdischen Gütern, Bescheidenheit in Kleidung, Wohnung und Nahrung, Förderung der Erziehung sind ihre Grundsätze. Und zugleich wird die Absicht formuliert, über die im Staat schon bestehenden Volksschulen und Höheren Schulen hinaus auch eine Hochschule, ein »College«, zu gründen, das besonders begabten Schülern zur Vorbereitung für die höheren weltlichen Berufe dienen und zugleich besonders »Erweckten« und »Neugeborenen« unter ihnen »die bestmögliche Ausbildung für das geistliche Amt« bieten sollte.

Die Gründung dieser Siedlung, das schnelle Anwachsen der Kolonie und des »Oberlin Collegiate Institute« – später in »Oberlin College« umbenannt – unter der Leitung des berühmten Erweckungspredigers Charles Grandison Finney, die stürmischen Erlebnisse der Kolonisten beim Kampf gegen die Sklaverei und im anschließenden Bürgerkrieg; das Aufblühen des Instituts im 20. Jahrhundert zu einer Hochschule für Geisteswissenschaften – alles das ist eine Geschichte für sich. Nur ein

Punkt soll hier erwähnt werden. Die Gründer des Instituts handelten nämlich durchaus im Geiste Oberlins, indem sie als erste Regel festlegten, kein qualifizierter Studienanwärter dürfe wegen seines Geschlechts, seiner Hautfarbe oder seiner Rasse abgewiesen oder als zugelassener Student anders als die anderen behandelt werden. Die Bewohner der Ansiedlung und die Angehörigen des Instituts verbreiteten im ganzen Land (vor allem aber im Nordosten der USA) ihre Ansichten durch Vorträge und Veröffentlichungen und spielten dadurch sehr früh eine führende Rolle im Feldzug für die Befreiung der Sklaven, der schließlich zum Amerikanischen Bürgerkrieg von 1861–1865 und der Abschaffung der Sklaverei führte. In wenigen Jahrzehnten machten die Stadt Oberlin und das »Oberlin College« den Namen und die Grundsätze Oberlins auf dem nordamerikanischen Kontinent weithin bekannt.

Eine weitere soziale Aufgabe, die die Gründer der Kolonie in Ohio mit Johann Friedrich Oberlin verband, hat sich noch weit bis ins 20. Jahrhundert erhalten, nämlich die christliche Mission. In den Jahren nach 1890 war eine Gruppe von zehn Missionaren – alle hervorgegangen aus dem theologischen Seminar in Oberlin, das zum College gehörte – nach China in die Provinz Schansi gegangen. Sie fielen alle dem Boxeraufstand (gegen die Fremdherrschaft in China) zum Opfer. Das von ihnen geplante Erziehungswerk wurde trotzdem verwirklicht und »Oberlin in China« genannt. Diese Oberlin-Stiftung hat Krieg und Revolution überdauert, obwohl sie seit 1951 ihren Ort dreimal wechseln mußte, erst nach Indien, dann nach Taiwan und schließlich zurück nach China, wo sie heute noch auf altem Grund und Boden weiterbesteht.

In Europa lebt Oberlins Name auf vielerlei Art fort. Die erste Stiftung ihm zu Ehren war das »Institut Oberlin«, das Legrand 1827 in Schirmeck-le-Broque zur Ausbildung von Kindergärtnerinnen schuf.[20] Stoebers (unvollständige) Liste der Geldspender weist auf Gaben aus Deutschland, Frankreich, England und der Schweiz hin. Der großzügigste Beitrag von allen kam von Oberlins erster Biographin Sarah Atkins, die ihr gesamtes Autorenhonorar aus den *Erinnerungen* spendete.

In vielen protestantischen Gemeinden Deutschlands und der Schweiz haben lokale »Oberlin-Gesellschaften« die Einrichtung von Kleinkinderschulen unterstützt. Die bedeutendste Erziehungsstätte in Europa, die seinen Namen führt und heute noch besteht, ist wohl das Oberlinhaus in Potsdam-Babelsberg in der DDR. 1874 in der Weberstadt Nowawes gegründet (wie Babelsberg damals hieß), bildete es zuerst Kindergärtnerinnen aus, von denen die ersten schon 1879 als Diakonissen eingesegnet werden konnten. Zum Diakonissenmutterhaus kam eine Poliklinik, wenig später eine Krankenstation und eine Alten- und

Pflegestation. 1887 begann das Oberlinhaus mit der schwierigen Aufgabe der Rehabilitation Körperbehinderter und (meist jugendlicher) Taubblinder. Es wurde zum ersten Rehabilitationszentrum für Taubblinde auf deutschem Boden.

»Es zählt ... mit zu dem Atemberaubendsten«, heißt es in einer Informationsbroschüre des Oberlinhauses, »daß es ... möglich wurde, mit Hilfe eines Fingeralphabets frühertaubten-blinden Schülern Schul- und Berufsausbildung zu vermitteln. Gleichzeitig lernen sie, sich der Blindenpunktschrift zu bedienen und eine künstliche Artikulation anzuwenden. Erst dann lebt ein Mensch nicht mehr im Abseits, wenn er sich seiner Umwelt verstehbar machen kann und selber Anteil gewinnt an Bildung und Erkenntnissen, die ihm andere vermitteln.«

Heute zählt das Oberlinhaus mehr als 400 Mitarbeiter. Neben dem Diakonissenmutterhaus und einem Altersheim für Diakonissen gehören zu ihm eine der größten orthopädischen Kliniken in der DDR, Lehrwerkstätten zur Berufsausbildung Behinderter mit angeschlossenem Internat, beschützende Werkstätten zur Arbeitstherapie, ein Heim für schwerstbehinderte Jugendliche, ein Taubblindenheim und natürlich Kindergarten und Kinderkrippe.

Oberlin als literarische Gestalt

Neben diesen geistlichen Bewegungen, die sich in ihrem Wirken auf Oberlin berufen, ist Oberlin schon früh Gegenstand literarischer Beschäftigung geworden – durch Büchners Novelle »Lenz«, über die wir im 7. Kapitel schon das Nötige erfahren haben. Auf eher indirektem Weg fand Oberlin auch Eingang in die französische Literatur. 1828 nämlich veröffentlichte Mademoiselle Guizot unter dem Titel *Der Gelehrte, oder Raoul und Victor* einen vierbändigen Roman, in dem ein aufsässiger junger Tunichtgut in die Schule zurückgebracht wird durch einen Priester, der ihm ein dreißigseitiges Manuskript über den Pfarrer Oberlin vorliest. Dieser Roman des Fräulein Guizot ist ein frömmelndes Werk ohne literarischen Wert und wäre kaum erwähnenswert, wenn es nicht der Zufall gewollt hätte, daß ausgerechnet Honoré de Balzac in seinem Beruf als Setzer dieses Buch gesetzt hätte. Drei Jahre später entsann sich Balzac dieser Episode und nahm Oberlin zum Muster für beide Hauptpersonen seines Romans *Der Landarzt,* für den Arzt wie für den Pfarrer.[21] Außerdem nahm er Oberlin – er ist der einzige protestantische Geistliche in all seinen Werken – zum Modell, als er unter dem

Einfluß von Swedenborg, Lavater und Mesmer zwei Jahre später seinen rhapsodischen Roman *Seraphita* schrieb. Keines dieser Werke hat als solches zum Ruhm Oberlins beigetragen; Balzac erwähnt seinen Namen nicht und äußert sich auch sonst nirgendwo zu dieser Vorlage. Wir führen sie nur an als Beispiel für die Bekanntheit der Person Oberlins und die Bewunderung, die ihm die Schriftsteller seiner Zeit zollten.[22]

Durch Friedrich Lienhards Roman *Oberlin – Roman aus der Revolutionszeit im Elsaß* wurde der Name Oberlin in protestantischen Familien deutscher Sprache gang und gäbe. Das Buch, das von 1910 bis 1935 immer wieder neu aufgelegt wurde, brachte es im ganzen auf 169000 Exemplare. Die historischen Tatsachen in dem 450 Seiten dicken Buch stimmen fast alle, denn der Verfasser war ein erfahrener Historiker und arbeitete, wo irgend möglich, an Hand von originalen Dokumenten. Die historischen Persönlichkeiten – Oberlin selbst und Pfeffel, die Dietrichs, die Türckheims und andere – sind klar gezeichnet und richtig beschrieben. Die Episoden, in denen diese Personen auftreten, und die Perspektive des Werks gehören jedoch ins Reich der Dichtung. Die Gestalt Oberlins wird dadurch verzerrt, daß er eher als Angehöriger der Straßburger Aristokratie dargestellt wird, den es ins Steintal verschlagen hat, denn als Pfarrer des schlichten Volks im Steintal. Es ist kein literarisch bedeutender Roman; sein Erfolg erklärt sich wohl eher aus der Einstellung der Deutschen in der Zeit zwischen dem siegreichen Krieg von 1870–71 und dem Ersten Weltkrieg. Die monarchistische Tendenz des Werkes fand im Zeitalter von Bismarck und Wilhelm II. Gefallen, und diese Art von Heimatdichtung stand in einer Zeit des nationalistischen Überschwangs überall in Blüte. Das Buch brachte das Germanische in der Kultur der einst »verlorenen, doch nun stolz heimgeholten« Provinz Elsaß zum Ausdruck. Auch befriedigte es zur gleichen Zeit den Hang der Deutschen zur Romantik, indem es Oberlin in das Reich der Phantasie versetzte, wo er mehr im »innerlichen Himmel des Gemüts« lebte als inmitten des harten Lebens im Steintal.[23]

14. KAPITEL

»Die Lehrer werden leuchten …«

Am 18. November 1825 zogen Oberlins Tochter Friederike Bienvenue und ihr Mann Ludwig Rauscher von Barr nach Waldersbach. Rauscher war fünfzehn Jahre in Barr Pfarrer gewesen; jetzt wurde er Vikar in Waldersbach und nach Oberlins Tod sein Nachfolger. So konnte Oberlin die letzten Monate seines Lebens in der Fürsorge seiner jüngsten Tochter leben, die damals, als die Mutter starb, neun Wochen alt gewesen war. Dank ihrer Erinnerungen verfügen wir über zuverlässige Berichte über des Vaters letztes Halbjahr.[24]

Die strenge Selbstzucht, die ihn durchs ganze Leben begleitet hatte, hielt Oberlin unvermindert bis zum Schluß ein. Sein Gang blieb fest und sicher, seine Haltung weiterhin kerzengerade. Wenn es ihm dennoch manchmal schwerfiel, von seinem Lehnstuhl aufzustehen, dann hörte man ihn vor sich hinreden: »Komm, alter Fritz, du liederlicher Kerl; wo ist dein alter Mumm? Was ist denn nur aus dir geworden?« Doch wenn er oben im Hause war und etwas aus dem Erdgeschoß brauchte oder auch umgekehrt, ließ er niemanden es für sich holen; er sagte dann, Bewegung sei gesund für seine alten Knochen. Um zehn Uhr abends legte er sich ins Bett, wie immer schon, stand aber jetzt meist erst um sechs Uhr auf. Beim Essen blieb er so enthaltsam wie stets, doch mit einer kleinen Ausnahme: Viele Jahre vorher hatte er aus Protest den Luxus des Morgenkaffees aufgegeben, denn sowohl der Kaffee als auch der Zucker wurden unter grausamer Ausbeutung schwarzer Sklaven auf den Plantagen geerntet. Jetzt aber war ihm Kaffee als anregendes Mittel vom Arzt verordnet worden. So nahm er denn beim Erwachen jeden Morgen ein paar Schluck süßen Kaffee, doch nach wie vor unter Protest und nie ohne eine Äußerung seines Unwillens, denn ihm schien jede

Kaffeebohne, jedes Zuckerkörnchen mit dem Blut mißhandelter, bemitleidenswerter Sklaven befleckt zu sein. Zu Mittag aß er eine Gemüsesuppe, ein wenig Fleisch und trank ein Glas Wein und abends nahm er Suppe und Kompott zu sich.

Sein Antlitz blieb nach wie vor beseelt von ausdrucksvoller Güte, doch seinen Augen fehlte der alte Glanz. Die kleinen Wege jeden Tag die Dorfstraße entlang freuten ihn durch Begegnungen mit allerlei Leuten. Kam jemand auf ihn zu, so hielt er ihm die Hand entgegen und fragte, wer er sei; Gesichter ließ ihn sein schwaches Augenlicht nicht mehr unterscheiden; vertraute Namen belebten aber seine Züge schnell mit der liebevollen Wärme, die Freunde und Besucher von jeher an ihm bemerkt hatten. Mit besonderer Herzlichkeit sprach er mit jungen Leuten; wenn's aber ein alter, getreuer Mitarbeiter im Dienste für das Reich Gottes war, so begrüßte er ihn manchmal mit Tränen der Freude in den Augen: »Gott segne Dich! Du bist auch einer von denen, die meiner lieben, armen Gemeinde schon so lange im Gebet gedenken!«

Die eine Gnade aber, die so vielen Alten den Lebensabend zu beglükken scheint, wurde ihm nicht zuteil: die Freude nämlich, im Rückblick auf sein so langes, arbeitsreiches Leben zu finden, daß es gut gewesen sei und sein Versprechen auch gehalten habe. Oberlin kannte diese Freude nicht; und häufig, wenn er meinte, er sei allein und unbeobachtet, verriet seine Haltung Niedergeschlagenheit und Trübsinn, und Friederike konnte ihn dann hören, wie er vor sich hinsprach und traurig flehte: »Erweise, Herr, meiner armen Gemeinde Deine Gnade!«

Am 28. Mai 1826 konnte Oberlin sein Bett nicht mehr verlassen. Am Morgen des 1. Juni versagte ihm die Sprache, doch eines konnte er noch tun: mit der letzten Bewegung, der er fähig war, zog er die Mütze vom Kopf und faltete still die Hände. Fünf Stunden lag er so, stumm und bewegungslos, doch atmete er noch. Man mag sich fragen, was wohl der Inhalt der letzten Stunden, der letzten Augenblicke eines solchen Lebens gewesen sei. War er der Welt um sich enthoben und schon in der ersten jener sieben Welten, die er als »Wohnungen der Seligen« früher so oft gezeichnet hatte? Wäre ihm die Sprache geblieben, hätte er jetzt sagen können, ob seine Vorstellungen von den letzten Dingen sich als Wahrheit enthüllt hatten oder als Irrtum. Die Antwort bleibt sein Geheimnis. Der Tod kam auch zu ihm, wie er zu allen kommen muß: in undurchdringlicher Heimlichkeit. Er starb in aller Stille um elf Uhr.

Das Begräbnis fand am 5. Juni in Fouday statt.

Schon früh am Morgen kamen die Leute von überall herab ins Tal. Aus Nachbardörfern und aus Städten jenseits der Berge kam das Volk und aus dem ganzen Elsaß die Geistlichkeit; alle kamen sie nach Waldersbach gezogen.

Den Morgen über stand der glasgedeckte Sarg draußen im Pfarrhof von Waldersbach unter den Bäumen. Zur Mittagszeit sah die Familie die Bürgermeister und die Ältesten aus den acht Dörfern der beiden Pfarrbezirke des Steintals kommen, den Sarg nach Fouday zu tragen. Im Kreise standen alle um den Sarg, als nun der Präsident des Konsistoriums in Barr die Pfarrer-Amtstracht und der Vizepräsident die Bibel darauf niederlegten. Der Waldersbacher Bürgermeister befestigte noch das Kreuz der Ehrenlegion am Talar. Dann zogen die Bewohner der acht Dörfer gemeindeweise an dem Sarg vorbei, zwei volle Stunden lang.

Um zwei Uhr, unter dem Klang der Glocken überall im Tal, begann die letzte Reise nach Fouday. Der Älteste von allen Bürgern der Gemeinde ging dem Sarg voran und trug das Kreuz aus Schmiedeeisen, das auf dem Grab errichtet werden sollte (Louise Scheppler hatte es ihm gereicht). Die Bürgermeister und die Ältesten trugen den Sarg und zogen nun als erste durch die Waldersbacher Kirche (die zwei Portale hat). Vor dem Altar hielten sie eine Weile an. Oberlins Gemeinde folgte dem Leichenzug.

Den ganzen Weg entlang reihten sich die Besucher von weither und ließen still den langen Trauerzug der acht Dörfer an sich vorüberziehen, um sich ihm selbst anzuschließen. Ein Kinderchor marschierte tapfer mit und sang in froher Zuversicht: »Nein, nein, nein, kein Feind soll Gideon besiegen« und andere Choräle. Es war ein langer Weg, und dennoch, als die ersten in dem langen Zug nach einer halben Stunde Fouday erreichten, waren die letzten immer noch in Waldersbach.

Der Platz vor der Kirche in Fouday war umringt von Frauen aus einem katholischen Nachbardorf; in tiefem Schwarz knieten sie im Gebet. Der Sarg wurde in die Kirche getragen und auf den Stufen des Altars niedergesetzt, um den herum zwei katholische Priester den amtierenden protestantischen Geistlichen zur Seite standen. So viele Menschen, wie die kleine Kirche nur fassen konnte, drängten sich hinein; die anderen blieben draußen vor der Tür, füllten den Vorplatz, den Friedhof und die Straße.

Der Gottesdienst begann mit dem mehrstimmigen Gesang der Gemeinde. Dann bestieg Pfarrer Jaegli die Kanzel. Er war ein naher Freund von Oberlin und Konsistorialpräsident in Barr. Er verlas den Nachruf auf den Freund und den Abschiedsgruß, den Oberlin seiner Gemeinde für sein eigenes Begräbnis zugedacht und niedergeschrieben hatte, als er im Jahre 1784 hoffte, er dürfe seiner Frau bald ins Grab nachfolgen. Dann predigte Pfarrer Jaegli über zwei Texte, die Oberlin selbst für seine Beerdigung ausgewählt und vorgeschrieben hatte: »Lobe den Herrn, meine Seele, und was in mir ist seinen heiligen Namen ...« (Ps. 103,

Oberlins Grab auf dem Friedhof in Fouday

1-4), und: »Diese sind es, die gekommen sind aus großer Trübsal und haben ihre Kleider gewaschen und haben sie hell gemacht im Blute des Lamms.« (Offb. 7,14) Der Gottesdienst schloß nach der Predigt mit einem Choral und mit dem Abschiedssegen.

Dann wurde der Sarg durch die Menge hindurch auf den Friedhof hinausgetragen. Die Grabstätte liegt auf einem kleinen Hügel, unter der großen Trauerweide, die auf dem Grab von Heinrich Gottfried wächst. Nach einer langen Grabrede des Vizepräsidenten des Konsistoriums von Barr, Pfarrer Braunwald, verlas Ehrenfried Stoeber noch sieben Strophen eines von ihm selbst verfaßten deutschen Gedichts. Anschließend wurde der Sarg in das Grab gesenkt. Erde zu Erde, Asche zu Asche. Aber noch ehe die erste Schaufel Erde fiel, lief eine Bewegung durch die Menge, und es erhob sich eine Stimme. Der katholische Bezirksarzt aus dem Nachbarort trat vor und sagte, unmöglich könne man von dieser Stätte scheiden, ohne daß auch ein katholischer Christ ein Zeichen der Verehrung und der Liebe gebe. Die seinen waren die letzten Worte.

Das Grab liegt in der Mitte des Friedhofs von Fouday. Zu Oberlins Füßen ist ein kleiner freier Platz, bedeckt mit Kiefernnadeln, von dem aus man das Kreuz und den Stein betrachten kann. Zu seiner Rechten liegt sein Freund Jean-Luc Legrand, zu seiner Linken sein Sohn Heinrich Gottfried, und ihm zu Häupten Louise Scheppler. Eine große Platte aus rotbraunem Vogesen-Sandstein deckt das Grab, und darauf steht in französischer Sprache:

»Hier ruht die sterbliche Hülle von Johann Friedrich Oberlin, Pfarrer der Gemeinde Waldersbach - geboren am 31. August 1740, gestorben am 1. Juni 1826.«

Um den Rand des Steines herum läuft eine Inschrift mit Worten aus dem letzten Kapitel des Buches Daniel: »Die Lehrer aber werden leuchten wie des Himmels Glanz; und die, so viele zur Gerechtigkeit weisen, werden leuchten wie die Sterne immer und ewiglich.« Es sind dieselben Worte, die Oberlin fast sechzig Jahre vorher als Motto seiner Dissertation vorausgeschickt hatte.

Das Unvergeßlichste jedoch steht auf dem Eisenkreuz, das der Greis dem Trauerzug vorangetragen hatte und das dann vom Volk auf dem Grab errichtet wurde:

»PAPA OBERLIN«

ZEITTAFEL

1740	Johann Friedrich Oberlin wird in Straßburg geboren.
1747	Oberlins spätere Frau, Magdalena Salomé Witter, wird in Straßburg geboren.
1755–61	Theologie-Studium an der Universität Straßburg.
1760	Oberlin setzt seine – später mehrfach erneuerte – »Akte der Gottesweihe« auf.
1762–65	Hauslehrer im Haushalt des Straßburger Arztes Ziegenhagen.
1766	Oberlin lernt den Steintaler Pfarrer Stuber kennen. Erster Besuch im Steintal.
1767	Oberlin wird als Nachfolger Stubers zum Pfarrer des Steintals ernannt. Er behält dieses Amt bis zu seinem Tod 1826. Oberlin legt sein theologisches Abschlußexamen ab und legt seine Dissertation vor.
1768	Verlobung und Heirat mit Magdalena Salomé Witter.
1770	Ordination. Er gründet Strickschulen in Belmont, Bellefosse und Waldersbach.
1771	Das Steintal, vorher Lehen des Grafen d'Argenson, wird von Baron Johann von Dietrich als Lehen gekauft.
1773	Einführung der Baumwollspinnerei und -weberei im Steintal durch den Fabrikanten Reber auf Initiative Oberlins.
1774	Oberlin erwägt die Auswanderung nach Ebenezer in der britischen Kolonie Georgia in Nordamerika. Die Sache zerschlägt sich aber.
1778	Januar–Februar: Aufenthalt des Dichters J. M. R. Lenz in Waldersbach. Oberlin macht eine Bildungsreise in die

Markgrafschaft Hochberg bei Freiburg und gründet einen »Landwirtschaftlichen Verein«.

1780 Zweite Bildungsreise Oberlins nach Köndringen und Colmar.

1782 Gründung der »Christlichen Gesellschaft«, die jedoch schon nach 16 Monaten wieder aufgelöst wird.

1783 Tod von Frau Oberlin. Von den neun Kindern aus dieser Ehe überleben sieben.

1784 Oberlin verfaßt seinen Lebenslauf, der 1826 bei seinem Begräbnis verlesen wird.

1785 Gründung einer Leih- und Kreditanstalt.

1789 Der Sturm auf die Bastille, das Pariser Stadtgefängnis, leitet die Französische Revolution ein. Ihre Folgen werden bis ins Steintal spürbar.

1791 Oberlin begründet das Diakonissenamt im Steintal.

1793 Tod des ältesten Sohnes Friedrich Jeremias als Soldat in Weißenburg.

1794 Januar–März: schwere Krankheit Oberlins. April: Oberlin werden alle Amtshandlungen untersagt. Er gründet den »Volksklub«. – Juli: Oberlin wird verhaftet und nach Schlettstadt gebracht, jedoch nach wenigen Tagen wieder auf freien Fuß gesetzt.

1804 Dritte und letzte Reise Oberlins, diesmal nach Mühlhausen und St.Dié. Beginn der Korrespondenz mit der Herrnhuter Brüdergemeine.

1808 Oberlins Sohn Charles Conservé wird Pfarrer in Rothau.

1811 Oberlin ist schwer krank und schreibt sein Testament.

1812 Jung-Stilling besucht Oberlin im Steintal.

1813 Der Sohn Heinrich Gottfried wird Vikar in Waldersbach. Jean-Luc Legrand verlegt auf Oberlins Bitte seine Seidenbandfabrikation ins Steintal. – Juni: Der schon hundert Jahre laufende Prozeß zwischen den Steintaler Gemeinden und dem Besitzer des Tals (damals Champy) um die Wald- und Weiderechte wird durch Oberlins Vermittlung gütlich beendet.

1814 Schutzbrief des russischen Zaren Alexander für Oberlin.

1817 Tod des Sohnes Heinrich Gottfried.

1819 Ludwig XVIII. ernennt Oberlin zum Ritter der Ehrenlegion.

1826 Tod Oberlins. Er wird auf dem Foudayer Friedhof beigesetzt.

ANMERKUNGEN

Die genauen Titel der in den Anmerkungen genannten Bücher finden sich im Literaturverzeichnis. Der Anmerkungsteil ist gegenüber der amerikanischen Ausgabe stark gekürzt und beschränkt sich auf die notwendigen Quellenangaben. Nach Möglichkeit habe ich auf deutschsprachige Quellen verwiesen.

In diesem Zusammenhang ein Wort zur Zitierweise: Lautstand und Zeichensetzung wurden bei allen Zitaten stillschweigend modernisiert. Die Erläuterungen in Klammern stammen von mir. Bei Übersetzungen aus dem Französischen - die Mehrzahl der Oberlin-Zitate - wurde nach Möglichkeit die Burckhardtsche Übersetzung (Stoeber-Burckhardt) herangezogen, jedoch meist mit dem französischen Original verglichen und sprachlich modernisiert.

TEIL I

1 *Deuxième centenaire de l'arrivée au Ban de-la-Roche de J.F. Oberlin,* 1767 bis 1967, S. 3 u. Anm. 4
2 a.a.O., S. 11-22
3 Johann Wolfgang Goethe, *Werke,* Hamburger Ausgabe, Bd. 9, S. 477
3 *Deuxième centenaire,* S. 11-22
4 Stoeber-Burckhardt, Bd. 2, S. 67-71
5 a.a.O., Bd. 2, S. 72-74
6 a.a.O., Bd. 2, S. 78 f
7 Edmond Parisot, *Un educateur moderne au XVIIIe siècle,* S. 26
8 H. Strohl, *Etudes sur Oberlin,* S. 241-44
9 Leenhardt, S. 213 f, Anm. 3
10 Oberlin, *De Commodis et Incommodis studii theologici;* in: *Deutsches Pfarrerblatt,* 76. Jg., S. 324, 2. Abschnitt
11 Stoeber-Burckhardt, Bd. 2, S. 81 f
12 Parisot, S. 26 f
13 Leenhardt, Anh. I, S. 417-20
14 Stoeber-Burckhardt, Bd. 2, S. 106-08
15 Straßburger Stadtarchiv, Dok. 203/10: *De virium vivarum atque mortuarum mensuris;* vgl. Gutfeldt, S. 15
16 Emil Ermatinger, *Deutsche Kultur im Zeitalter der Aufklärung,* S. 219
17 Stoeber-Burckhardt, Bd. 2, S. 98
18 a. a. O., Bd. 2, S. 101 f
19 Leenhardt, S. 16; Stoeber-Burckhardt, Bd. 2, S. 92
20 G. Meyer, Ms. aus der Sammlung A.M. Meyer
21 Stoeber-Burckhardt, Bd. 2, S. 111 f
22 a. a. O., Bd. 2, S. 113 f; Psczolla S. 44 f
23 Siehe Anm. 10
24 Leenhardt, S. 24 f
25 Masson, S. 73, 137-42
26 Zur frühen Geschichte des Steintals siehe Boch, S. 3-71
27 Stoeber-Burckhardt, Bd. 2, S. 32
28 Boch, S. 98
29 Stoeber-Burckhardt, Bd. 2, S. 37
30 a. a. O., Bd. 2, S. 38
31 Boch, S. 93 f
32 a. a. O., S. 53
33 Baum, S. 67 ff
34 a. a. O., S. 71 f
35 Leenhardt, S. 43, Anm. 1
36 Straßburger Stadtarchiv, Ms. 185
37 Leenhardt, S. 36
38 Heinsius, S. 29 f
39 Straßburger Stadtarchiv, Ms. 185

TEIL II

1 J. F. Oberlin, *De commodis et incommodis*, S. 326
2 Psczolla, S. 57
3 Oberlin, *De commodis et incommodis*, S. 325
4 Heinsius, S. 34
5 Zum folgenden Leenhardt, S. 26, 421 ff (Anh. II)
6 Emil Ermatinger, *Deutsche Kultur im Zeitalter der Aufklärung*, S. 271 ff
7 Straßburger Stadtarchiv, Ms. 203, fasc. 11
8 Heinsius, S. 33
9 a. a. O., S. 42
10 Stoeber-Burckhardt, Bd. 2, S. 147 f
11 Elsässisches Museum, Mss. von 1770 (zu »Poêles à Tricoter«); auch Leenhardt, S. 59 ff
12 Wie Anm. 10; auch Psczolla, *Louise Scheppler*, S. 47 f
13 Psczolla, a. a. O., S. 96 f
14 Leenhardt, S. 476 ff (Anh. VIII)
15 Psczolla, S. 83 f
16 Stoeber-Burckhardt, Bd. 2, S. 121 ff
17 a. a. O., Bd. 2, S. 152 ff
18 Georg Meyer, Ms. aus der Sammlung A.M. Meyer
19 Heinsius, S. 34 f
20 Leenhardt, S. 38; Stoeber-Burckhardt, Bd. 2, S. 122–25
21 Leenhardt, S. 37, 40 (Anm. 2), 41
22 Stoeber-Burckhardt, Bd. 2, S. 125
23 a. a. O., Bd. 2, S. 126 f
24 Wie Anm. 18
25 Stoeber-Burckhardt, Bd. 2, S. 127 f
26 Leenhardt, S. 41 f, Anm. 4; S. 42, Anm. 2
27 Oberlin, Predigt aus der Sammlung A.M. Meyer
28 Parisot, S. 105, Anm. 1
29 Leenhardt, S. 41–45
30 Heinsius, S. 37
31 Leenhardt, S. 38 f
32 a. a. O., S. 39 f
33 a. a. O., S. 39, Anm. 1
34 a. a. O., S. 45 ff, Anm. 1
35 a. a. O., S. 47
36 a. a. O., S. 46 f
37 Zum folgenden vgl. Stoeber-Burckhardt, Bd. 2, S. 136–39; Leenhardt, S. 47 f, Anm. 2
38 Heinsius, S. 38 f
39 Boch, S. 221
40 Stoeber-Burckhardt, Bd. 2, S. 140
41 Leenhardt, S. 51 f
42 Zum folgenden vgl. Heinsius, S. 41 ff
43 Leenhardt, S. 34
44 Stoeber-Burckhardt, Bd. 2, S. 337; Leenhardt, S. 34 f
45 Psczolla, *Pädagogische Impulse in den Predigten Oberlins;* in: *Evangelische Kinderpflege*, Jg. 1966, S. 1–7
46 Mme Ernst Roerich, *J.F. Oberlin;* in: *Revue Alsacienne*, 12. Jg., Nr. 11, S. 363
47 Stoeber-Burckhardt, Bd. 2, S. 356 f
48 The Eccentricities of John Edwin, London, [2]1791, Bd. 1, S. 74
49 Oberlin, *De commodis et incommodis*, S. 327, 10., 12. und 13. Abschnitt
50 Rosenberg, S. 199
51 Leenhardt, S. 142
52 a. a. O., S. 154
53 a. a. O., S. 159 f
54 a. a. O., S. 156
55 a. a. O., S. 285 ff; auch Stoeber-Burckhardt, Bd. 2, S. 218–221
56 Stoeber-Burckhardt, Bd. 2, S. 221
57 Zu diesem und dem folgenden Zitat vgl. a. a. O., S. 222 f
58 Zu den folgenden Aufzeichnungen über den Gottesdienst vgl. Leenhardt, S. 148 ff
59 a. a. O., S. 150 f
60 Straßburger Stadtarchiv, Oberlins Ms. »Lenz«
61 Leenhardt, S. 161
62 a. a. O., S. 155
63 a. a. O., S. 152
64 Wohlfahrt, Bd. 2, S. 11 f
65 Stoeber-Burckhardt, Bd. 2, S. 307 f und Heinsius, S. 65
66 Zu diesem und dem nächsten Zitat vgl. Leenhardt, S. 191
67 Psczolla, S. 109
68 Leenhardt, S. 41 f, Anm. 4
69 Das folgende nach einer handschriftlichen Übersetzung von A.M. Meyer aus Mme Ernst Roerich, *Le Ban de la Roche*
70 Stoeber-Burckhardt, Bd. 2, S. 262

71 Leenhardt, S. 193
72 a. a. O., S. 208, Anm. 1
73 a. a. O., S. 209; auch Heinsius, S. 66 f
74 Heinsius, S. 67
75 Leenhardt, S. 434 f (Anh. VIII)
76 a. a. O., S. 210 ff
77 Psczolla, S. 146
78 Leenhardt, S. 225 ff
79 George Eliot, *Middlemarch*, 3. Kapitel: »... it would be as if the spirit of Oberlin had passed over the parishes to make the life of poverty beautiful!«
80 Boch, S. 153
81 Heinsius, S. 46
82 Leenhardt, S. 142
83 Zu Wegebau: a. a. O., S. 90 ff; Stoeber-Burckhardt, Bd. 2, S. 229 f
84 Heinsius, S. 49 f
85 Stoeber-Burckhardt, Bd. 3, S. 2 f
86 Tomy Fallot, *J.F. Oberlin;* in: F. Buisson, *Nouveau dictionnaire de pédagogie,* nach Leenhardt, S. 92
87 Leenhardt, S. 93-96
88 G. Meyer, eine unveröffentlichte Schrift (Sammlung A.M. Meyer)
89 Heinsius, S. 48, nach einer eigenhändigen Aufzeichnung Oberlins »Produkt der Reise nach Straßburg, Köndringen, Emmendingen und Freiburg«, im Besitz von Dr. R. Jung
90 Oberlin, Henri-Gottfried, *Propositions géologiques ... sur les éléments de la chorographie ... du Ban de la Roche,* Straßburg 1806. (261 S., Kopie im Waldersbacher Museum)
91 Dies und die folgenden Zitate nach Leenhardt, S. 100 ff
92 Zum folgenden: a. a. O., S. 102-107, Unterkapitel »Industrie«
93 a. a. O., S. 104
94 Gutfeldt, S. 43-43 b - eine vollständige Aufstellung von etwa 50 großen und kleinen Leistungen, Verbesserungen und Errungenschaften Oberlins
95 Leenhardt, S. 125-29, Unterkapitel »Charité«
96 a. a. O., S. 112-119, Unterkapitel »Prozeß und Schulden«; auch Stoeber-Burckhardt, Bd. 2, S. 273-77
97 Leenhardt, S. 114 f. Der Satz in Klammern wurde aus Leenhardt ergänzt.
98 a. a. O., S. 105
99 Stoeber-Burckhardt, Bd. 2, S. 264 ff; Leenhardt, S. 106 f
100 Leenhardt, S. 134
101 a. a. O., S. 125-28
102 a. a. O., S. 127
103 Heinsius, S. 53-61. Die Ausführungen zur Übernahme des Steintals durch Baron von Dietrich stammen aus Oberlins eigenhändigem Bericht darüber, den Heinsius im *Alemannischen Jahrbuch 1955* zum ersten Mal veröffentlichte.
104 Leenhardt, S. 297. Die Art der »Taktlosigkeiten« wird nicht näher ausgeführt.

TEIL III

1 Leenhardt, S. 236-39; Stoeber-Burckhardt, Bd. 3, S. 233-40
2 Leenhardt, S. 241 f
3 Edmond Parisot, *Un éducateur moderne,* S. 23
4 Leenhardt, S. 159
5 Baum, S. 90
6 Atkins, S. 220-23; deutsche Übersetzung in Stoeber-Burckhardt, Bd. 1, S. 210-14
7 Offb. 21, 11-21
8 Chr. Gottlob Barth, *Ein Besuch bei Oberlin 1824;* zit. nach Psczolla, S. 124 ff
9 Stoeber-Burckhardt, Bd. 2, S. 194 f
10 a. a. O., S. 207-210
11 Scheuermann, S. 168 f
12 Straßburger Stadtarchiv, Ms. 185, S. 153 und 146
13 Leenhardt, S. 243
14 Ms. von Georg Meyer aus der Sammlung A.M. Meyer

15 Mme Ernst Roerich, *J.F. Oberlin;* in: *Revue Alsacienne,* 12. Jg., Nr. 11, S. 363 ff
16 Klaus Göbel (Hrsg.), *Georg Büchner »Lenz« und J.F. Oberlins »Tagebuch« mit Materialien,* Stuttgart 1979, S. 39
17 a. a. O., S. 51
18 a. a. O., S. 49
19 a. a. O., S. 54
20 *Deuxième Centenaire,* S. 29
21 Georg Meyer, *Kritisches zur Oberlinforschung,* S. 516 f
22 Leenhardt, S. 246
23 a. a. O., S. 246 ff
24 a. a. O., S. 249 f, 449 ff
25 Psczolla, *Louise Scheppler,* S. 71 ff
26 a. a. O., S. 77 ff
27 a. a. O., S. 135–39; Leenhardt, S. 361–64
28 Stoeber-Burckhardt, Bd. 2, S. 174
29 Leenhardt, S. 262; Benoit, S. 197 f
30 Straßburger Stadtarchiv, Mss. 4 und 97
31 Zu Bengel und Oetinger: Heinsius, S. 80; Leenhardt, S. 261 f
32 Leenhardt, S. 263 ff; Heinsius, S. 115, Anm. 149
33 Leenhardt, S. 259 ff
34 Straßburger Stadtarchiv, Mss. 13, 35, 42, 56, 61, 70, 77, 81, 97, 102, 113, 116, 118, 135, 155, 202
35 Rosenberg, *J. Fr. Oberlin* . . ., S. 233–36 und S. 214 f; Psczolla, S. 123 ff
36 Benoit, S. 195 f
37 Leenhardt, S. 290 ff
38 a. a. O., S. 453–64
39 a. a. O., S. 256 ff
40 Rosenberg, *Der Christ und die Erde,* S. 264–269
41 Chr. Gottlob Barth, *Ein Besuch bei Oberlin 1824;* in: *Christoterpe,* S. 259 ff, zit. nach Psczolla, S. 126
42 Leenhardt, S. 257
43 a. a. O., S. 474
44 a. a. O., S. 253 ff
45 a. a. O., S. 294, Anm. 2

TEIL IV

1 Psczolla, S. 96
2 Leenhardt, S. 469
3 a. a. O., S. 471–74
4 a. a. O., S. 474 f
5 W.D. Behschnitt, *Die Französische Revolution. Quellen und Darstellungen,* Stuttgart 1978, S. 49
6 Leenhardt, S. 299 f
7 a. a. O., S. 319 f
8 Heinsius, S. 82
9 Stoeber-Burckhardt, Bd. 2, S. 373–77
10 a. a. O., S. 378 f
11 Leenhardt, S. 329–34 und 480 ff (Anh. XXVI); Stoeber-Burckhardt, Bd. 2, S. 442–58; auch Heinsius, S. 83 f
12 Stoeber-Burckhardt, Bd. 2, S. 444
13 a. a. O., S. 448
14 a. a. O., S. 449
15 a. a. O., S. 457
16 a. a. O., S. 480–84
17 a. a. O., S. 458
18 Leenhardt, S. 54, Anm. 2 und S. 55
19 Stoeber-Burckhardt, Bd. 2, S. 462–74
20 Zu den Aufzeichnungen über Fr. v. Dietrich vgl. Stoeber-Burckhardt, Bd. 2, S. 422 ff
21 Leenhardt, S. 328 f
22 Heinsius, S. 89 f
23 Stoeber-Burckhardt, Bd. 2, S. 406 f; auch Heinsius, S. 85 f
24 Leenhardt, S. 308
25 Stoeber-Burckhardt, Bd. 2, S. 394–97
26 Leenhardt, S. 311, Anm. 2; auch Stoeber-Burckhardt, Bd. 2, S. 404 f
27 Leenhardt, S. 311 f
28 a. a. O., S. 315 ff
29 a. a. O., S. 317 ff (Begleiterin Mlle de Berckheims bei diesem Besuch war Friederike Brion.)
30 a. a. O., S. 321 ff
31 Stoeber-Burckhardt, Bd. 2, S. 409 ff
32 a. a. O., S. 405 ff
33 Leenhardt, S. 321 f

34 a. a. O., S. 322, Anm. 1 und S. 476 ff (Anh. XXIV)
35 a. a. O., S. 325 f; auch Heinsius, S. 90
36 Leenhardt, S. 57 f
37 a. a. O., S. 205 f
38 P. Philippi, *Die Vorstufen des Diakonissenamtes,* S. 12, Anm. 1
39 Leenhardt, S. 206, Anm. 1 und S. 207
40 Atkins, S. 162 ff; dass. in deutscher Sprache: Stoeber-Burckhardt, Bd. 1, S. 158 f

TEIL V

1 Zur Geschichte der Wald- und Weiderechte vgl. Boch, S. 120-23
2 Leenhardt, S. 350
3 a. a. O., S. 351; auch Stoeber-Burckhardt, Bd. 3, S. 11 f
4 Leenhardt, S. 351 f; Stoeber-Burckhardt, Bd. 3, S. 10 f
5 Stoeber-Burckhardt, Bd. 3, S. 219
6 Leenhardt, S. 348 f
7 a. a. O., S. 350 ff
8 Zu Legrand vgl.: Stoeber-Burckhardt, Bd. 3, S. 221-29; Leenhardt, S. 367-70; G. Wyss in: *Allgemeine deutsche Biographie,* Bd. 13, S. 128-32
9 Masson, S. 147 ff
10 Stoeber-Burckhardt, Bd. 3, S. 99-103
11 Zu Jung-Stilling vgl. Stoeber-Burckhardt, Bd. 3, S. 205-209
12 Ernest John Knapton, *The Lady of the Holy Alliance,* S. 3 f, 118 f
13 Stoeber-Burckhardt, Bd. 2, S. 512-16
14 a. a. O., Bd. 3, S. 194-99
15 a. a. O., S. 119-29
16 Atkins, S. 167-78, 224-30
17 a. a. O., S. 304 f
18 John Owen, *Extracts of Letters on the Object and Connections of the British Bible Society,* Teil 5, London 1818, S. 423 ff
19 Fletcher, Bd. 1, S. 207 f
20 Stoeber-Burckhardt, Bd. 3, S. 338 ff
21 Gugenheim, S. 121-25
22 Mme Claire Richardot, *Oberlin, Balzac et Swedenborg;* in: *Evangile et Liberté,* 8.7.1971, S. II-VII
23 Friedrich Lienhard, *Oberlin. Roman aus der Revolutionszeit im Elsaß,* Stuttgart 1910
24 Zu den letzten Tagen, Tod und Begräbnis Oberlins vgl. Stoeber-Burckhardt, Bd. 3, S. 296-322; Leenhardt, S. 404-15

PERSONENREGISTER

LITERATURVERZEICHNIS

Atkins, Sarah: Memoirs of John Frederick Oberlin, Pastor of Waldbach in the Ban de la Roche, 3. Aufl. London: Holdsworth und Paul, 1831 [siehe auch Stoeber-Burckhardt]

Baum, Johann Wilhelm: Johann Georg Stuber, der Vorgänger Oberlins im Steinthal und Vorkämpfer einer neuen Zeit in Straßburg, Straßburg: Silbermann, 1846

Benoit, Jean Paul: Brücke der Barmherzigkeit. Das Leben Johann Friedrich Oberlins, Konstanz: Christliche Verlagsanstalt, 1956. Aus dem Französischen übersetzt von Marguerite Wolf und F.W. Gerhard Schneider

Berckheim, Octavie de: Souvenirs d'Alsace. Correspondance des demoiselles de Berckheim et de leurs amis (1797–1846), précédée d'un extrait du Journal de Mlle Octavie de Berckheim (1789–1795), 2 Bde., Paris: Monnerat, 1889 [Da dieses Buch mir unzugänglich war, sind Zitate daraus entweder Leenhardt oder Mme E. Roerichs »Le Ban de la Roche. Notes historiques et souvenirs« entnommen.]

Boch, Karl Eduard: Das Steintal im Elsaß. Eine geschichtliche Studie über die ehemalige Herrschaft Stein und deren Herren, sowie über die Entwicklung des gesamten Wissenschafts- und Geisteslebens im Steintal, Straßburg: Trübner, 1914

Deuxième Centenaire de l'arrivée au Ban de la Roche de J.F. Oberlin, mars-avril 1767–1967, hrsg. von Roger Henninger, Gustave Koch, Robert Lutz, Rodolphe Peter und Georges Wild, unter Mitwirkung von Claire Richardot, Straßburg: Editions Oberlin, 1967 [Siehe auch Lutz, R.]

Ermatinger, Emil: Deutsche Kultur im Zeitalter der Aufklärung, Potsdam: Athenaion, o.J.

Fletcher, Robert Samuel: A History of Oberlin College From Its Foundation Through the Civil War, 2 Bde., Oberlin, 1943

Ford, Franklin: Strasbourg in Transition, 1648–1789, Cambridge: Harvard University Press, 1958

Gugenheim, Georges: Balzac et Oberlin; in: Etudes alsatique, Bd. I, Publications de la Faculté de l'Université de Strasbourg. Paris: Mélanges, 1947

Gutfeldt, Horand: Johann Friedrich Oberlin. Eine wissenschaftliche Untersuchung seiner Pädagogik und seines Einflusses auf die Welt, mit einer kurzen Biographie, Wien: o.J. [enthält eine nahezu vollständige Bibliographie]

Gutfeldt, Horand: Oberlin and Swedenborg; in: New Church Magazine Nr. 638 (Oct. 1966), S. 55–58; a. a. O., Nr. 639 (Nov. 1966), S. 11–15

Heinsius, Wilhelm: Johann Friedrich Oberlin und das Steintal, Lahr: Schauenburg, o.J.

Knapton, Ernest John: The Lady of the Holy Alliance. The Life of Julie de Krüdener, New York: Columbia University Press, 1939

Leenhardt, Camille: La Vie de J.-F. Oberlin 1740–1826 de D.-E. Stoeber. Refondue sur un plan nouveau, complétée et augmentée de nombreux documents inédits, avec neuf planches hors texte, Paris: Berger-Levrault, 1911

Lienhard, Friedrich: Oberlin. Roman aus der Revolutionszeit im Elsaß, Stuttgart: Greiner und Pfeiffer, 1910

Lutz, R.: Les ancêtres de Jean-Frédéric Oberlin; in: Deuxième Centenaire de l'arrivée au Ban de-la-Roche de J.-F. Oberlin, Straßburg: Editions Oberlin, 1967

Masson, J.B.: Die Siedlungen des Breuschtals (im Elsaß) und der Nachbargebiete, Zabern: Fuchs, 1911

Meyer, Anne-Margrit: Licht und Schatten über dem Leben des Johann Friedrich Oberlin,

Straßburg: Editions Oberlin, 1971
Meyer, Anne-Margrit: Les Visions de Jean Frédéric Oberlin à la lumière de la Bible, Traduction et revision de la 1ère édition allemande par Maria Siegfried, Selbstverlag, 1973
Meyer, Georg: Kritisches zur Oberlinforschung; in: Straßburger Monatshefte, Sept./Okt. 1937, S. 515–18
Parisot, Edmond: Un Educateur moderne au XVIIIe siècle: Jean-Frédéric Oberlin (1740–1826), 2. Aufl. Paris: Colin, 1907
Philippi, Paul: Die Vorstufen des modernen Diakonissenamtes (1789–1884) als Elemente für dessen Verständnis und Kritik. Eine motivgeschichtliche Untersuchung zum Wesen der Mutterhausdiakonie, Neukirchen: Erziehungsverein, o.J.
Psczolla, Erich: Johann Friedrich Oberlin 1740–1826, Gütersloher Verlagshaus Gerd Mohn, 1979
Psczolla, Erich: Louise Scheppler, Mitarbeiterin Oberlins, Witten: Luther Verlag, 1963
Richardot, Claire: Oberlin, Balzac et Swedenborg; in: Evangile et Liberté, 8. Juli 1971
Roerich, Mme Ernest: Le Ban-de-la-Roche. Notes historiques et souvenirs, Paris: Fischbacher, 1890
Rosenberg, Alfons: Der Christ und die Erde. Oberlin und der Aufbruch zur Gemeinschaft der Liebe, Freiburg im Breisgau und Olten: Walter, o.J.
Rosenberg, Alfons: J. Fr. Oberlin. Die Bleibstätten der Toten, Bietigheim: Turm Verlag, 1974
Schering, Ernst: Sternstunde der Sozialpädagogik. Johann Friedrich Oberlin, Gründer der ersten Kindergärten und Wegbereiter der Inneren Mission, Bielefeld: Bechauf, 1959
Scheuermann, Wilhelm: Ein Mann mit Gott. Das Lebenswerk Joh. Friedr. Oberlins, Berlin: Deutsche Buchgemeinschaft, o.J.
Schubert, G. H. von: Die Symbolik des Traumes, Leipzig: Brockhaus, 1814 (4. Aufl. 1862 mit Anhang: »Berichte eines Geistersehers, über den Zustand der Seelen nach dem Tode«, S. 276–309, mit Abdruck von Oberlins Manuskript)
Schubert, G. H. von: Züge aus dem Leben des Johann Friedrich Oberlin, gewesenen Pfarrers im Steintal. 7. Aufl. Nürnberg: Raw, 1842
Steinhilber, W.: J.F. Oberlin. Sein Leben und Wirken im Lichte der Bibel, Straßburg: Editions Oberlin, o.J.
Stoeber-Burckhardt: Johann Friedrich Oberlins, Pfarrer im Steintal, vollständige Lebensgeschichte und gesammelte Schriften. Hrsg. von Dr. Hilpert, Stoeber und andern. Mit Berücksichtigung aller Hilfsmittel zusammengestellt und übertragen von W. Burckhardt, Pfarrer. Vier Teile (in 2 Bde.), Stuttgart: Scheible, Rieger und Sattler, 1843 [Siehe auch Atkins und Leenhardt]
1. Teil: Gedenkschrift über Johann Friedrich Oberlin, nebst einer kurzen Nachricht über Luise Schöpler (!) [Übers. der 9. Aufl. der Oberlin-Biographie von Sarah Atkins]
2. Teil: Leben und Wirken Johann Friedrich Oberlins 1740–1789, von Daniel Ehrenfried Stoeber
3. Teil: Leben und Wirken Johann Friedrich Oberlins 1789–1826, von Daniel Ehrenfried Stoeber
4. Teil: Zion und Jerusalem, nebst einem Anhang über den goldenen Rauchaltar und die levitischen Schaubrote [ein anonymes Werk, das irrtümlicherweise Oberlin zugeschrieben wurde]
Strohl, H.: Etudes sur Oberlin, Paris: Alcan, 1926
Wohlfahrt, Jean-Daniel: Le sort des trépasses dans la théologie de Jean-Frédéric Oberlin (1740–1826), 3 Bände, Masch., Diss. Univ. Straßburg, o.J. [1. Band enthält die Dissertation, 2. und 3. Bd. enthalten Abschriften von Predigten]

INHALTSÜBERSICHT